余 霜◎著

贵州

新型城镇化进程中的土地问题研究
——贵州省实证案例

LAND ISSUES IN THE PROCESS OF NEW URBANIZATION
–EMPIRICAL CASES IN GUIZHOU PROVINCE

经济管理出版社
ECONOMY & MANAGEMENT PUBLISHING HOUSE

图书在版编目（CIP）数据

新型城镇化进程中的土地问题研究：贵州省实证案例/余霜著．—北京：经济管理出版社，2018.11

ISBN 978－7－5096－6028－7

Ⅰ．①新…　Ⅱ．①余…　Ⅲ．①城市化—土地问题—研究—中国　Ⅳ．①F321.1

中国版本图书馆 CIP 数据核字(2018)第 215052 号

组稿编辑：胡　茜
责任编辑：任爱清
责任印制：司东翔
责任校对：陈　颖

出版发行：经济管理出版社
（北京市海淀区北蜂窝 8 号中雅大厦 A 座 11 层　100038）
网　　址：www. E－mp. com. cn
电　　话：(010) 51915602
印　　刷：北京玺诚印务有限公司
经　　销：新华书店
开　　本：720mm×1000mm/16
印　　张：16.5
字　　数：350 千字
版　　次：2018 年 11 月第 1 版　　2018 年 11 月第 1 次印刷
书　　号：ISBN 978－7－5096－6028－7
定　　价：59.00 元

本书由以下基金资助

2017 年度贵州省哲学社会科学十大创新团队“安顺学院贵州山地特色新型城镇化研究团队”

安顺学院校级重点支持学科（安学科合字 ZDXK〔2017〕07 号）

安顺学院博士人才科研启动基金（Asxybsjj201506）

2016 年贵州省教育科学规划课题（2016B219）

2013 年贵州省教育科学规划课题（2013C038）

边远贫困地区、边疆民族地区和革命老区人才支持计划科技人员专项计划

贵州省高校优秀科技创新人才支持计划（黔教合 KY 字〔2013〕148 号）

贵州省科技厅安顺市政府安顺学院联合基金计划（黔科合 LH 字〔2014〕7502）

贵州省教育厅创新群体重大研究项目（黔教合 KY 字〔2016〕050）

前　言

新型城镇化是21世纪我国经济社会发展的重大主题之一，伴随着中国全面复兴的进程，将带来人类历史上规模最大的一次城市化浪潮。目前，在政府的政策层面和中外学者的研究层面，已经把城市化看成了中国现代化的必由之路和21世纪中国最大的变化特征。党的十八届三中全会提出，推进新型城镇化是新时代条件下全面建成小康社会，加快社会主义现代化建设的重大战略。新型城镇化强调以生态文明为背景，以人、自然、社会协调发展为依据。新型城镇化建设要保证人民利益，提高乡村居民收入，缩小乡村与城市的差距，最终达到共同富裕的目的。新型城镇化发展关系到农民生活的提高、社会的进步和国家的发展。

土地承载着万物，人类是其中至关重要的一部分，土地利用结构变化与人类活动息息相关。从古至今，自然环境因素引起土地利用变化的幅度相对而言都比较小，人类活动主要的作用在强度上远远超过了自然因素。近年来，我国加快了又好又稳地推进新型城镇化的步伐，新型城镇化自然成为人类改造土地利用的主导因素。贵州省地处我国西南喀斯特地区的中部，生态环境极为脆弱。由于历史和经济原因导致贵州省的城镇化率一直偏低，然而近年来，在西部大开发和扶贫攻坚两大战略的共同推动下，贵州省的城镇化建设和房地产业取得了长足的进步。随着贵州省新型城镇化的持续推进，在土地领域也出现了一些新的亟待解决的问题，它涉及土地利用、土地流转、土地生态、房地产业等方面的问题。

本书以新型城镇化的发展为研究背景，基于贵州省的实证案例，针对新时代下土地领域出现的新问题展开分析。对贵州省在新型城镇化进程中的土地问题进行专题性研究，以案例实证研究为特色，注重从实践出发，在定量的层面上进行分析，以期为相关部门制定有关土地资源管理方面的对策提供参考。本书的主要研究内容如下：

第一，土地利用问题实证案例。首先，在实地调查的基础上，通过比较分析安顺市新型城镇化前后各类土地面积的变化，得出新型城镇化对安顺市土地利用结构带来的各种影响。并将产业结构与土地利用结构有机地结合起来，寻找出土地利用与产业结构调整之间的内在联系。通过运用比较研究法和参考借鉴文献资料法等来分析当前安顺市土地利用中存在的问题，并针对这些问题提出相关建议。同时，探讨贵阳市土地利用的数量和结构变化，发现贵阳市的土地利用变化特征和驱动力，进而提出科学合理的对策和建议，达到提高建设用地节约集约利用的目的。其次，本书以城镇化进程为背景，运用PSR模型等评价方法，对毕节市的土地集约状况进行评价。最后，从习水县概况以及土地利用总体规划入手，对耕地保有量、基本农田保有量、建设用地指标、土地开发整理补充耕地义务量等规划目标的执行情况进行实施效果评价。

第二，土地流转问题实证案例。首先，通过对六盘水市红果镇三个行政村开展问卷调查，从农户自身角度探讨了资源型地区的土地撂荒问题。针对近年来喀斯特地区愈发严重的土地撂荒现象，本书在数据采集的基础上通过运用Logistic模型来分析喀斯特地区农户耕地撂荒的影响因素。同时，针对当前农村地区开展的土地整治工作，运用定量研究方法开展农民对土地整治项目的满意度评价。鉴于农村的情况千差万别，农户对宅基地退出的意愿也各有不同，对其意愿的影响因素也各有不同。本书以榕江县塔石乡为例，开展黔东南城镇化进程中农户宅基地退出的意愿分析。其次，对普定县朵贝村的农户土地流转意愿进行了问卷调查，从而对当前农户的土地流转意愿形成比较清晰的认识。另外，本书通过理论分析农村土地流转与农民收入两者之间的关系，以盘县珠东乡的实地调查数据为基础，对收集的数据整合后运用多元回归模型进行分析。最后，以少数民族地区兴义市雄武乡异地搬迁的失地农民为对象，实地调查失地农民的生活状况、社会交往、就业、社会保障、身份认同等问题。

第三，土地生态问题实证案例。首先，本书以天柱县为研究区域，在综合考虑少数民族地区土地利用现状的基础上，建立土地生态安全评价指标体系，利用综合指数评价法，对天柱县2005～2014年的土地生态安全值进行计算。其次，以花溪区十里河滩为例从植物、水环境、生物多样性、气候因素等方面分析土地利用变化对该区域的影响以及土地利用中存在的问题，并提出相应对策。通过分析生物农药在土地可持续利用中存在的问题及影响土地可持续利用的因素，概述生物农药产业的发展、市场、推广应用现状及趋势，并对未来生物农药的发展提出了展望。基于纳桃村的生态养殖现状及规模，开展生态养殖各阶段物质循环过程的分析以及综合效益估算，总结在生态养殖产业链中经济、生态和社会效益之间的协调关系。运用SWOT分析法，对景区云南禄丰世界恐龙谷地质公园的旅游发展从优势、劣势、机会、威胁四个方面进行分析，找出阻碍景区发展的问题，为其发展提出切实可行的发展对策。最后以生态文明为视角对安顺市的地理环境、人文素质等进行研究，探索促进安顺新型城镇化的可持续发展之路。

第四，房地产业发展实证案例。首先，从国内外危房改造的相关研究入手，分析了当前我国农村传统民居危房在改造过程中存在的问题，并尝试给出一些对策和建议。其次，从贵州省的角度出发，结合城镇化和房地产市场理论，分析了贵州省房地产市场供需状况和发展趋势，以及贵州省房地产市场与城镇化发展的关系，从而对当前房地产的发展形势做出判断。

由于本人水平所限，书中定会存在不妥甚至错误之处，欢迎读者批评指正，以利于今后改正和提高。该书在写作过程中，得到了有关老师、朋友和同事的帮助与支持，在此表示真诚和衷心的感谢。

最后，我将这本书献给我的家人。特别要感谢我爱人李光教授，在事业和家庭的双重压力下，是他不断的鼓励和无私的付出才促成了本书的最终出版。

余 霜

2018 年 7 月于贵州安顺

目　录

第一章　土地利用问题实证案例

土地承载着万物，人类是其中至关重要的一部分，土地利用结构变化与人类活动息息相关。土地既是自然的产物，同时，土地利用结构变化也自然受到环境因素的影响。除此之外，土地利用结构变化还受到很多因素的影响，是多种因素共同作用的结果。从古至今，由自然环境因素引起土地利用结构变化的幅度相对而言比较小，起主要作用的始终是人类活动，在强度上也远远超过了自然因素。新型城镇化是以城乡统筹、城乡一体、产城互动、节约集约、生态宜居、和谐发展为基本特征的城镇化，是大中小城市、小城镇、新型农村社区协调发展、互促共进的城镇化。近年来，我国加快了又好又稳地推进新型城镇化的步伐，新型城镇化自然成了人类改造土地利用的主导因素。

第一节　新型城镇化对土地利用结构的影响
——以安顺市为例

新型城镇化已成为国内外学者研究的焦点，当前新型城镇化建设对安顺市土地利用结构有着重要的影响。安顺市在全国还处于比较落后的层面，新型城镇化建设对于安顺市的发展来说是一个契机，合理安排土地利用结构是城镇化建设的基础。研究新型城镇化建设对安顺市土地利用结构的影响，做好城镇化建设规划的总体布局，合理而有效地促进安顺的发展，为决策部门制订有关计划、规划提供参考。本节在实地调查的基础上，通过比较分析安顺市新型城镇化前后各类土地面积的变化，得出新型城镇化对安顺市土地利用结构带来的各种影响，并提出建设新型城镇化的建议，指导新型城镇化向更好的方向发展。

一、新型城镇化与土地利用变化

新型城镇化建设是近年来国家为促进城镇化而提出的新概念，它与以往的城镇化不同，它的核心不是以牺牲农业和粮食、生态和环境为代价，而是着眼于农民，涵盖农村，实现城乡基础设施一体化和公共服务均等化，进而促进经济社会发展，实现共同富裕[1]。对于现在不以牺牲环境为代价的发展中国家具有重要的意义。新型城镇化建设是一个全面的复杂的系统工程，正确分析和处理城镇化建设对土地利用结构带来的影响及变化，如新型城镇化中影响土地利用结构的影响因素，城镇化率与各类土地变化之间的关系等。并通过理论研究，为安顺市的新型城镇化建设提供可利用的意见，指导安顺市的新型城镇化建设向更好的方向发展。加强安顺市新型城镇化对土地利用结构的研究，尤其是城镇化率与各类土地变化之间的关系，可为安顺市的新型城镇化建设提供更科学、更具体的方案。

（一）文献综述

城镇化一直是学术界研究的热点课题。相对于传统城镇化，我国新型城镇化的提出不仅在各地区域实践中得到了全面应用，也在理论界引起了广泛的共鸣。近年来，诸多学者对新型城镇化开展了大量的研究，尤其在新型城镇化的内涵、特征、动力机制、发展路径与模式等方面推出了一大批相关研究成果[2]。综观新型城镇化的理论与实践，国内学者对新型城镇化的研究成果主要集中在对新型城镇化的概念界定、发展阶段与特征分析、动力机制、发展模式、推进路径、评价指标、实践探索等方面的研究，概括起来主要集中在以下几点：对新型城镇化概念的解析、对新型城镇化发展阶段与特征的研究、对新型城镇化动力机制的研究、对新型城镇化模式的研究、对新型城镇化路径的研究、对新型城镇化评价指标的研究、对各地新型城镇化实践探索的研究、其他相关的研究等。目前，新型城镇化建设的经验相对不足，很多示范区点的建设都处在探索阶段[3]。在新型城镇化研究方面，单卓然[4]（2013）提出了建设新型城镇化六大核心目标：平等、幸福、转型、绿色、健康和集约。邱俊杰[5]（2013）认为，新型城镇化建设必须破解现存的金融环境，探索一系列的创新融资模式。张占斌[6]（2013）认为，新型城镇化是全面建设小康社会、实现中国梦的强力引擎。沈清基[7]（2013）认为，新型城镇化建设应当以实现生态文明为基础，并提出了实现生态文明的中国特色新型城镇化的举措。虽然国外的一些成功案例有许多地方值得借鉴，但每个国家的实际情况相比起来都有很大的差异，因此，国内新型城镇化建设的道路任重而道远。

目前，虽然国外学者对新型城镇化的内涵、特征、模式、路径、动力、评价等方面做了大量的研究，也取得了实质性的进展，但还有些问题有待进一步深入研究和分析，主要包括以下几方面的内容：

（1）近年来，新型城镇化的研究不管是在理论方面还是在实践方面都取得了较大的突破，但是对于新型城镇化是如何具体影响城市居民生活、城市经济发展、居民的文化素质以及制度建设等方面还有很多不足，这些内容仍需要广大学者的深入解析以便促进新型城镇化更好地发展。

（2）新型城镇化是以人为本的城镇化，尽管现有的各种研究均涉及这方面的论述，但对于和民生息息相关的户籍制度、社会保障、文化教育、医疗卫生等体制机制方面的研究相对空乏[8]。

（3）新型城镇化的发展涉及数学、生态学、气象学、规划学等多种学科，目前，各界学者对新型城镇化的研究都比较片面，大多集中在地理学和经济学方面，没有形成综合系统的研究方法[9]。

（4）虽然各地新型城镇化的实践探索取得了较好的经验，但大多局限于本区域的实践总结，对于城市群、都市圈等跨区域的新型城镇化发展模式与路径，尚有待深入研究。

（二）研究方法

（1）文献资料研究法。通过对安顺市土地利用现状资料进行收集、分析，并询问相关工作人员，对其中的重要部分进行收集整理。

（2）信息分析对比法。分析安顺市前后几年各类用地的变化，并以此为依据来分析新型城镇化对安顺市土地利用结构带来的影响。

（3）理论分析与案例分析相结合。参考其他市区的案例来分析新型城镇化对安顺市土地利用结构的影响，并分析这个影响对安顺市带来的变化。

（4）定性、定量分析结合法。以定量分析为主，除对一般理论和问题进行定性分析之外，还通过多种方法对相关数据进行模糊运算，用定量分析评判定性问题。

资料来源：①《安顺市统计年鉴》、国土部门历年的土地利用现状变更表等。②文献资料：相关书籍、学术刊物、报纸、论文、报告、网页等。③各部门相关规划文本、实地调查资料等。

（三）研究区概况

安顺市地处贵州省中偏西南部，地理位置介于东经 105°15′~106°35′、北纬 25°21′~26°38′。地处长江水系乌江流域和珠江水系北盘江流域的分水岭地带，是世界上典型的喀斯特地貌集中地区。安顺市平均海拔高度在 1102~1694 米，属于典型的高原型湿润亚热带季风气候，雨量充沛，年平均降雨量 1360 毫米，年平均气温 13.9℃，年平均相对湿度 80%。安顺市一年四季多山谷风，城市空气质量优良，冬无严寒，夏无酷暑，多风多夜雨，气候温和宜人，一年中舒适期长达多半年，适宜人类居住。此外，安顺境内的矿产资源、生物资源、气候资源、水利资源都比较充沛。安顺地势相对于整个贵州省来说比较平坦，虽然山峦较多，但起伏不大，开发耕地相对来说比较容易。

2014 年 3 月，《国家新型城镇化规划（2014 ~ 2020 年）》正式发布。2014 年 12 月 29 日，安顺市被国家发改委等 11 个部委正式列入国家新型城镇化试点城市行列，成为全国 25 个地级市的试点城市之一，也是贵州省唯一获得的国家新型城镇化地级市试点。基于安顺市的区位优势、资源禀赋以及得天独厚的气候条件及历史文化，安顺市将在推进新型城镇化的过程中，建设五型城市，即山水田园型城市、绿色生态型城市、宜居宜游型城市、开放创新型城市和历史文化型城市。目前，安顺市的城镇化已经进入全面推进的阶段，随着屯堡旅游大道、贵安大道的建成，鲍家屯、云峰屯堡、旧州古镇等明代军屯遗迹的镇村串联在了一起，组合成了独具特色的屯堡旅游圈。而且旧州镇、夏云镇、白岩镇、宋旗镇等一批具有鲜明特色的示范小城镇也相继涌现。目前，安顺市正在按照国家级园林城市的标准，大力推进园林建设，让市民享受到更加舒适的环境。2017 年，安顺市成功入选国家园林城市，为此次贵州省唯一入选城市。

二、新型城镇化对安顺市各类用地的影响

（一）新型城镇化对农用地的影响

新型城镇化对农用地的影响突出表现在耕地的非农化，大量的耕地转化为建设用地。近年来，由于中国进入了快速发展的阶段，经济发展需要大量的土地作为支撑。新型城镇化是拉动经济增长的强大动力，也是扩大内需，转变经济发展方式及从根本上使农民致富的必然要求。目前，安顺市的新型城镇化还处在起步阶段，在未来很长的一段时间内，城镇化发展将会进一步导致耕地的减少。新型城镇化虽然使耕地的面积大幅度减少，却在一定程度上导致了园地和林地的增加，这主要还得益于安顺市新型城镇化的目标是建设成为国家级园林城市，以及新型城镇化对生态环境的高度重视。目前，我国农业科学技术迅速发展，机械化作业、滴灌技术的广泛应用使得土地的单位生产力明显提高，此外，农业技术的发展也使得土地生产潜力大幅提高，还大大降低了生产成本，这在一定程度上弥补了耕地面积不足的缺陷，对于解决耕地质量和数量下降所带来的问题具有重要的意义。

（二）新型城镇化对建设用地的影响

自国家提出新型城镇化政策以来，人口增长是大力推进新型城镇化的动因之一，它对土地利用结构的变化在某种程度上讲具有直接的作用。人是对土地利用进行改造的主体，人可以通过自己的生产生活方式以及各种活动来组织各种土地的利用，改变土地利用系统结构。同时，人口增长需要大量的建设用地作为支撑，而且人口增长和农村剩余劳动力的非农化转移必然会导致城镇用地的增加。因此，以解决人口增长为目的的新型城镇化必然造成建设用地面积的增加。近年

来，安顺市逐步探索出“1 + N”镇村联动发展模式，农村及城镇基础设施和公共服务设施的改造和建设需要大量的土地，而且城镇化使大批农民进入城市，农民的安置以及建设与此相配套的基础设施也需要大量的土地，这些都会导致建设用地的增加。

（三）新型城镇化对未利用地的影响

自安顺市推进新型城镇化以来，未利用地的面积呈现明显的下降趋势。这主要是由于：一方面，我国的土地管理法大力鼓励未利用土地的开发，且未利用地符合开发为农用地条件的，应当优先开发为农用地。目前，我国耕地 18 亿亩红线面临被突破的危险，而且耕地质量严重下降，可开发为农用地的未利用地都在逐步的被开发。安顺市新型城镇化建设占用大量耕地，许多能够开发为耕地的未利用地都已被开发成为耕地。另一方面，近年来，城镇化的快速推进使得建设用地空间明显不足，未利用地作为重要的后备资源成为各地方进行土地利用规划修编中突破指标约束的途径以及生态建设中合理利用土地资源的有效缓冲空间，也成为破解保护耕地和保障发展难题的主要途径[10]。同理，安顺市许多可利用的未利用地也被纳入安顺市的后备资源中。除此之外，安顺市属于典型的山区和石漠化地区，为了满足城市不断扩展的需要，大量的未利用地开发成为了建设用地。但是，未利用地的大幅度下降也在一定程度上反映了安顺的城镇化发展已进入快速发展的阶段。

三、安顺市土地利用变化分析

（一）安顺市土地利用变化对比分析

根据土地利用类型的划分，安顺市的土地利用现状及土地利用结构调整数据见表 1 – 1 所示。

表 1 – 1 安顺市土地利用现状及土地利用结构调整 单位：公顷，%

地类		2005		近期面积增减	2010		远期面积增减	2015	
		面积	比重		面积	比重		面积	比重
总土地面积		925306	100.0	0	925306	100.0	0	925306	100.0
农用地	合计	652953	70.57	5187	658140	71.12	3480	661620	71.50
	耕地	296519	32.05	–5219	291300	31.48	–6400	284900	30.79
	园地	6420	0.69	280	6700	0.72	800	7500	0.81
	林地	192330	20.79	11370	203700	22.01	10900	214600	23.19
	牧草地	110781	11.97	–981	109800	11.87	–1500	108300	11.70
	其他农用地	46903	5.07	–263	46640	5.04	–320	46320	5.01

续表

地类			2005		近期面积增减	2010		远期面积增减	2015	
			面积	比重		面积	比重		面积	比重
建设用地	合计		30496	3.29	4000	34496	3.73	7700	42196	4.56
	城乡建设用地	小计	21040	2.27	2260	23300	2.52	3900	27200	2.94
		城镇工矿用地	5585	0.60	2215	7800	0.84	4400	12200	1.32
		农村居民点	15455	1.67	45	15500	1.68	-500	15000	1.62
	交通水利设施用地	小计	7696	0.83	1500	9196	0.99	3400	12596	1.36
		交通用地	4114	0.44	606	4720	0.51	1096	5816	0.63
		水利设施用地	3582	0.39	894	4476	0.48	2340	6780	0.73
其他用地	其他建设用地		1760	0.19	240	2000	0.22	400	2400	0.26
			241857	26.14	-9187	232670	25.15	-11180	221490	23.94

资料来源：安顺市国土局（2015 年土地调查）。

从表 1-1 中可以看出：在安顺市土地资源的利用现状中，全区土地总面积 925306 公顷。安顺市 2010 年土地利用现状如下：农用地（658140 公顷）、建设用地（34496 公顷）、其他用地（232670 公顷），它们占全区土地总面积的比重依次为：农用地（71.12%）、建设用地（3.73%）、其他用地（25.15%）。①在农用地中，耕地（291300 公顷）、园地（6700 公顷）、林地（203700 公顷）、牧草地（109800 公顷）、其他农用地（46640 公顷），它们占全区土地总面积的比重依次为：耕地（31.48%）、园地（0.72%）、林地（22.01%）、牧草地（11.87%）、其他农用地（5.04%）。②在建设用地中，城乡建设用地（23300 公顷）、交通水利设施用地（9196 公顷），其他建设用地（2000 公顷），它们占全区土地总面积的比重依次为：2.52%、0.99%、0.22%。在城乡建设用地中，城镇工矿用地（7800 公顷）、农村居民点（15500 公顷）、它们占全区土地总面积的比重依次为：0.84%、1.68%。在交通水利设施用地中，交通用地（4720 公顷）、水利设施用地（4476 公顷），它们占全区土地总面积的比重依次为：0.51%、0.48%。

2015 年经土地利用结构调整后的土地利用现状结构如下：农用地（661620 公顷）、建设用地（42196 公顷）、其他用地（221490 公顷），它们占全区土地总面积的比重依次为：农用地（71.50%）、建设用地（4.56%）、其他用地

(23.94%)。①在农用地中，耕地（284900公顷）、园地（7500公顷）、林地（214600公顷）、牧草地（108300公顷）、其他农用地（46320公顷），它们占全区土地总面积的比重依次为：耕地（30.79%）、园地（0.81%）、林地（23.19%）、牧草地（11.70%）、其他农用地（5.01%）。②在建设用地中，城乡建设用地（27200公顷）、交通水利设施用地（12596公顷），其他建设用地（2400公顷），它们占全区土地总面积的比重依次为：2.94%、1.36%、0.26%。在城乡建设用地中，城镇工矿用地（12200公顷）、农村居民点（15000公顷）、它们占全区土地总面积的比重依次为：1.32%、1.62%。在交通水利设施用地中，交通用地（5816公顷）、水利设施用地（6780公顷），它们占全区土地总面积的比重依次为：0.63%、0.73%。

（二）安顺市土地利用结构变化分析

在时间尺度上，土地利用结构变化分析采用的方法是通过计算土地利用结构在某一时段内的变化贡献率、变化强度指数来进行时间尺度上土地利用结构的分析。变化贡献率是指某类土地利用变化面积占同期土地利用变化总面积的百分比，其公式为：

$$B_i(\%) = \frac{|U_{ci} - U_{ai}|}{\sum |U_{ci} - U_{ai}|} \quad (i = 1,2,\cdots,5) \tag{1-1}$$

在此公式中，B_i——研究时段内第 i 种土地利用类型的变化贡献率；U_{ci}——研究期末第 i 种土地利用类型的面积；U_{ai}——研究期初第 i 种土地利用类型的面积。

变化强度指数是指某空间单元在研究时期内的土地利用变化面积占其土地总面积的百分比。该公式为：

$$T_i = \frac{U_{ci} - U_{ai}}{B}(i = 1,2,\cdots,5) \tag{1-2}$$

式中，T_i——研究时段内第 i 种土地利用类型的变化强度；U_{ci}——研究期末第 i 种土地利用类型的面积；U_{ai}——研究期初第 i 种土地利用类型的面积；B——研究期末土地总面积。

单一土地利用动态反映的是某一研究区域一定时期范围内某种土地利用类型的数量变化情况，其表达式为：

$$K = \frac{U_b - U_a}{U_a} \times \frac{1}{T} \times 100\% \tag{1-3}$$

式中：K——研究时段内某一土地利用类型动态；U_b——研究期末某一土地利用类型的数量；U_a——研究期初某一土地利用类型的数量；T——研究时段长，该研究时段设定为2010～2015年，$T=5$（当 T 的时间段设定为年时，K 的值就是该研究区某种土地利用类型年动态指数)。

把表1－1（安顺市土地利用现状及土地利用结构调整表）数据代入公式(1－1)及公式（1－2）中分析计算，得出的数据见表1－2所示。

表1－2　2010～2015年安顺市土地利用结构时间变化指数

单位：公顷，%

用地类型	2010年面积	2015年面积	变化面积	变化贡献率（%）	变化强度指数（%）
耕地	291300	284900	－6400	12.3	0.692
园地	6700	7500	800	1.5	0.086
林地	203700	214600	10900	20.9	1.178
牧草地	109800	108300	－1500	2.9	0.162
城乡建设用地	23300	42196	18896	36.3	2.042
交通用地	4720	5816	1096	2.1	0.118
水域	4476	6780	2304	2.5	0.141
其他用地	232670	221490	－11180	21.5	0.121

从表1－2中看出：在安顺市的土地利用类型中，园地、林地、城乡建设用地、交通用地及水域的面积呈明显上升趋势，它们的面积上升的幅度依次为：园地（800公顷）、林地（10900公顷）、城乡建设用地（18896公顷）、交通用地(1096公顷)、水域（2304公顷）；它们变化贡献率依次为园地（1.5%）、林地(20.9%)、城乡建设用地（36.3%）、交通用地（2.1%）、水域（2.5%）；它们的变化强度指数依次为园地（0.086%）、林地（1.178%）、城乡建设用地(2.042%)、交通用地（0.118%）、水域（0.141%）。耕地、牧草地、其他用地的面积呈明显下降的趋势，它们的面积下降的幅度依次为：耕地（6400公顷）、牧草地（1500公顷）、其他用地（11180公顷），它们的变化强度指数依次为：耕地（0.692%）、牧草地（0.162%）、其他用地（0.121%），它们变化贡献率依次为：耕地（12.3%）、牧草地（2.9%）、其他用地（21.5%）。

上述结果反映出新型城镇化对安顺市土地利用结构的影响突出的表现为建设用地的大幅增加和其他用地的大幅减少，可见安顺市在新型城镇化的过程中主要占用的是未利用地，对耕地的占用相对较少。

根据土地单一土地利用动态指数研究，把表1－1（安顺市土地利用现状及土地利用结构调整表）数据代入公式（1－3）中分析计算，得出的数据见表1－3所示。

表 1－3　安顺市土地利用动态指数　　单位:%

用地类型	年动态指数
耕地	－0.439
园地	2.388
林地	1.070
牧草地	－0.273
城乡建设用地	16.219
交通用地	4.644
水域	5.827
其他用地	－0.961

从表 1－3 可以看出，安顺市的耕地、牧草地和其他用地面积呈减少的趋势，年动态指数分别为－0.439%、－0.273%和－0.961%。结合表 1－2 可知，在这五年里安顺市的耕地减少了 6400 公顷，牧草地减少了 1500 公顷，其他用地减少了 11180 公顷。虽然耕地和牧草地减少的原因是多方面的，但是人为因素起着主要的作用，尤其是近年来的城镇化对耕地和牧草地的减少起着不可或缺的作用。耕地和牧草地减少除了与建设用地的占用有关之外，还与安顺市新型城镇化着重强调生态环境的重要性有关，生态用地对耕地和牧草地的占用也必然引起这两种用地的减少。而其他用地的减少则主要是由于新型城镇化中建设用地的占用。同时安顺市的城乡建设用地、交通用地和水域以及园地和林地面积呈增加的趋势，年动态指数分别为 16.219%、4.644%、5.827%、2.388%和 1.070%，结合表 1－2可知，在这五年里，安顺市的城乡建设用地增加了 18896 公顷，交通用地、水域、林地和园地分别增加了 1096 公顷、2304 公顷、10900 公顷和 800 公顷。其中城乡建设用地、交通用地和水域面积增加与新型城镇化的发展是分不开的，城镇化趋势是经济发展必然的结果。而园地和林地面积上升除了与农业结构调整分不开之外，也与新型城镇化着重强调生态环境的重要性有关。近年来，安顺开展了一些生态果园示范基地，种植果树既改善了生态环境又增加了农民的收入，由此，造成林地和园地面积增加也是必然的。

四、新型城镇化中改善土地利用结构新路径探索

（一）完善基本农田保护机制

在新型城镇化进程中，耕地大面积的占用是难免的，有时基本农田也会被殃及。基本农田关系到国家的安全稳定和长久发展，是国家发展的基础。建立健全基本农田保护机制，及时有效地保证基本农田的质量和数量平衡意义深远，完善

基本农田保护机制不仅使耕地的数量得到了保证，同时也使耕地的质量得到保证。安顺市的耕地面积相对较少、土地利用中存在不合理现象，甚至有被占用的情况，安顺市政府应当重视对这方面的研究，及时制定出合理有效的基本农田保护机制尽量保证耕地的比例保持不变。

（二）修改土地利用总体规划使其更加合理

土地利用总体规划是国家各级行政区安排本地区土地利用的总纲要。土地利用总体规划的一项重要内容是调整土地利用结构和布局使其更加合理。合理组织土地利用以保证科学有效地利用每一寸土地是土地利用总体规划研究的重点。现在，安顺市探索出了“1+N”镇村联动发展的模式，也已经付诸了实践，但在其推进的过程中不可能做到尽善尽美，如果遇到土地利用结构不合理的问题，政府应当及时修改安顺市土地利用总体规划方案，确保新型城镇化又好又快的推进。

（三）简化建设用地审批制度

由于上报的省级政府批准的建设用地项目环节多，过程繁琐，审批时间长，造成了土地闲置和一些重点项目急需用地却得不到及时审批的现象，由此产生的土地利用结构不合理的现象十分普遍。因此，建议简化建设用地审批制度，尽可能缩短审批时间，如建立建设用地审批备案机制，下级政府可以根据上级政府下达的年度建设用地增加计划量，依据当地的土地利用规划审批建设用地后，向省政府备案，省级政府可以根据项目的轻重缓急来调节批准用地的顺序，以此避免上述现象的出现[11]。

（四）加强落实土地增减挂钩政策

新型城镇化在注重加快城市又好又快发展的同时，还应注重农村的高效稳定发展。城乡一体化、城乡统筹是新型城镇化发展的目标。土地增减挂钩政策强调城市建设用地增加与农村建设用地减少相挂钩，它有利于缓解城镇建设用地指标紧缩与城镇发展需要大量用地的矛盾[12]。此外，土地增减挂钩政策还有利于提高安顺市农民的生活水平，对统筹城乡发展，加快推进安顺新型城镇化建设具有重大意义[13]。土地增减挂钩政策确实缓解了耕地保护与城市发展用地之间的突出矛盾，在一定程度上优化了土地利用结构布局，统筹了城市近郊和远郊地区的发展。目前，柳州和眉山等城市已经采取执行了这项政策并且取得的效果颇丰[14]。安顺市可以借鉴他们的经验加快落实土地增减挂钩政策，促进安顺市的土地结构优化调整。

（五）开展低效土地的再开发

安顺市石漠化严重，山区较多，耕地数量严重不足且质量不佳。但是，在我国推进新型城镇化的新形势下，城镇化是促进安顺经济发展的重要推动力，也是不可扭转的趋势，开展对低效土地的再开发，尤其是对旧城区、棚户区的改造和实施土地节约集约利用是解决安顺建设用地需求不断增加与土地供应不足矛盾的重要举措[15]。目前，安顺市是国家新型城镇化的示范点，为了加快推进这一进程很多土地都没有做到高效开发，开展低效土地的再开发对于减少建设用地的比重具有十分重要的作用。

通过对比安顺市新型城镇化前后土地利用结构的变化，可以看出新型城镇化对土地利用结构的影响突出表现为：农用地面积呈小幅度上升趋势，其中，耕地和牧草地的用地面积呈小幅度下降趋势，园地和林地的用地面积都呈小幅度上升趋势，林地的用地面积上升的幅度相对来说比较大；建设用地的面积呈大幅度上升趋势，且建设用地下的所有二级地类都呈上升趋势；其他用地呈大幅度下降趋势。

从安顺市土地利用结构时间变化指数来看：自安顺市新型城镇化实施后，在安顺市的土地利用类型中，园地、林地、城乡建设用地、交通用地及水域的面积呈上升的趋势，耕地、牧草地、其他用地的面积呈下降的趋势，变化最明显的是城乡建设用地。反映了新型城镇化对安顺市土地利用结构变化起主导作用的是城乡建设用地。当然经济因素、人口因素、农业技术因素等对安顺市土地利用结构变化也起到了不可或缺的作用。

新型城镇化建设涉及方方面面，更是一个综合烦琐的过程。新型城镇化可以使整个安顺市的土地结构和布局更加合理，但是现在还有很多缺陷和不足。因此，对新型城镇化中改善土地利用结构新路径的探索提出以下五个方面的建议：完善基本农田保护机制、简化建设用地审批制度、修改土地利用总体规划、加强落实土地增减挂钩政策、开展低效土地的再开发。

第二节　土地利用结构与产业结构分析
——以安顺市为例

现代经济增长理论表明，经济发展不仅体现为经济总量的增长，更体现在产业结构的变化，产业结构的全面转变才是现代经济增长的本质特征。无论是第一产业、第二产业还是第三产业的快速发展都离不开它们的载体——土地。作为一个农业大国，土地有着举足轻重的作用，特别是在土地资源有限的情况下，必须要合理的使用土地，将产业结构与土地利用有机的结合起来，寻找出土地利用与产业结构调整之间的内在联系。通过研究它们的联系，一方面，使得土地资源在有限的情况下得到合理的利用，实现土地的优化配置；另一方面，土地的合理利用也能促进产业结构的合理配置，从而缓解产业结构调整与用地方面的矛盾。

一、土地利用结构与产业结构的相互关系

经济理论研究表明，经济发展并非是对原有传统经济比例的简单放大，而是体现在经济结构的变化[16]。自 1978 年改革开放以后，我国就有了翻天覆地的变化，在各行各业迅猛发展的状态下，中国的产业结构也有着突飞猛进的改变，使得产业结构在一步一步的升级，正是这样的改变也使得经济的发展得到了质的提升。然而这一切的改变都离不开它们的承载体——土地，土地作为产业结构的承载体，影响和制约产业结构的发展和调整。

当前安顺市的产业存在某些不合理之处，产业结构的不合理是制约安顺经济发展的一个重要的因素，因此，对于安顺的产业来说有必要做出进一步的调整和升级，当然产业结构的调整对于土地结构来说是一个巨大的挑战。在我国，土地资源是非常有限的，产业结构的变化对于承载体的土地来说，也就意味着土地利用结构的变化。我国自古以来就是一个农业大国，对如此众多人口的农业大国来说，土地必然会存在供不应求的状况。现有的产业结构决定了现有的土地利用格局，要使产业结构有一定程度上的变化，就不得不对土地利用结构做出一定的措施，适当地进行调整。在经过调整之后，有望在我国稀缺的土地上，对土地的利用率有所改善。因此，我们不仅是单方面的考虑土地利用结构的改变或者是产业结构的改变，同时，还要把两者看作一个统一的整体相互结合起来，发现他们之间存在的关系，通过对这两者之间关系做出适当的整改措施，从而在优化产业结构的基础上，使稀缺的土地利用率得到大大的提升。

（一）研究方案

本节主要研究内容如下：介绍安顺市产业结构发展的现状，通过这几年安顺市各个产业结构比例的变化，对安顺市产业结构的发展进行分析，并得出相关结论。介绍安顺市当前土地利用的状况，通过比较安顺市产业结构与用地结构的比例，定性定量分析出安顺市用地方面的不足之处。结合安顺市产业结构与用地结构的分析，根据前面的结论提出合理性建议。研究方法包括：

（1）定量分析与定性分析相结合。通过相关理论基础以及文献综述理清产业结构和土地利用结构的关系，并结合安顺市实际情况进行初步分析。搜集近几年安顺市的统计数据，定量地分析这两者之间的关系，并与之前的定性分析相印证和补充。在定量分析两者关系的基础上，判断两者以后的发展趋势，进一步对安顺市的产业结构和土地利用结构提出相应的调整方案。

（2）理论和实证研究相结合。通过大量阅读相关书籍，结合一定的理论基础，分析安顺市的产业结构和土地利用的结构。通过理论基础的分析来判断两者

处于一个什么样的发展阶段，并通过对搜集数据的处理，结合理论基础对安顺市的产业结构和土地利用结构提出进一步的发展方向。

（3）文献阅读法。阅读文献能够更多地发现产业结构和土地利用结构如今的发展阶段，同时能够利用其中的理论知识结合实际去分析当前现状，达到借鉴的目的。

（二）国内外研究现状

（1）土地利用结构研究。杜能在《农业区位理论》中提出农业土地经营集约化程度和农业土地利用类型，不仅取决于土地的天然特性，而且更重要的是依赖于其经济状况。他通过研究如何围绕农产品消费中心的土地经营强度、类型及如何调整土地利用结构的问题，初步阐述了区位级差地租的含义[17]。20 世纪 90 年代以后，开始了对土地利用结构的广泛研究，且引入了遥感、计算机、数学等方法。如 Ventara 等应用 GIS 和多目标规划来预测土地在利用中引起的争地矛盾的原因，由此得出了解决的策略[18]。

（2）产业结构研究。国外对于产业结构的研究侧重于对产业结构理论的研究，并认为产业结构理论的实质是用于指导现实经济发展的一门学科，其实证性和应用性更为强大。例如，欧美产业结构理论的基础是西方完善的市场经济，各产业部门发展程度比较协调，产业之间是一个相互依赖、互为市场的格局，产业结构理论从一开始就集中研究在相似的起始条件与经济制度下解释产业结构变化过程的特殊理论[19]。

国内产业结构和用地结构的研究与国外相比要相对晚一些，起初国内对于这两者之间的联系只是停留在理论的探讨上，后来才慢慢地开始用实证研究去发现和寻找它们两者之间存在的关系。李琴等研究了安徽产业结构与用地结构变化的相关性，得出第二产业的建筑业与第三产业的批发零售贸易餐饮业的发展对用地结构的转变产生较大影响，两者具有较普遍的同步增减趋势[20]。陈丽红等以兰州市为研究对象，在分析产业结构与土地利用结构的基础上，探讨了产业结构与土地利用结构之间的相互关系及其变化规律。注重调整土地利用结构与产业结构之间的互动关系，促进两者的联动优化[21]。

（三）相关概念界定

一般而言，产业结构有三种含义：第一，指社会再生产过程中，生产资料和生活资料的物质生产部门之间的生产联系和比例关系。主要是农业、轻工业、重工业三者之间的比例关系。第二，指在国民经济中各物质生产部门内部的组成及其相互间的生产联系和比例关系，如内部原料工业与加工工业之间的比例关系。第三，指在国民经济中各产业的组成及其相互间的联系和比例关系。主要指第一、第二、第三产业之间的联系和比例关系[22-23]。产业结构调整的目的在于产业结构的优化，产业结构优化是指各产业协调发展、产业总体发展水平不断提高的过程。具体来说，产业结构优化是指产业之间的经济技术联系，产业结构由低层次不断向高层次演进的高度化过程。

土地利用结构是自然条件与人类活动在历史长河中交互作用的产物，是土地利用的重要特征。由于土地资源的稀缺性和土地资源配置的重要性，作为土地资源配置主要内容的土地利用结构，一直以来都是众多学者所关注的焦点。由于人们对土地资源及其利用方式视野的不同，对于土地利用结构内涵也提出了相应不同的观点。吴传钧[24]认为，土地利用结构反映了土地资源在国民经济中各部门及其内部的分配状况和比例关系，王万茂认为，土地利用结构是指国民经济各部门占地的比重及其相互关系的总和，土地利用结构按其类型，可分为土地利用理论结构、土地利用现状结构、土地利用需求结构和土地利用规划结构。

二、安顺市土地利用结构分析

（一）安顺市概况

安顺市位于贵州省中部，距离贵州省省会贵阳市 90 千米，是一个风景优美的城市。全世界排名第三的瀑布就坐落在安顺。此外，还有一个著名的 5A 级景点——龙宫，也是安顺市的一个旅游胜地。安顺市的国土面积有 925306 公顷，它包含了以下的这几个区域：位于市中心区域的西秀区、著名的黄果树风景区，还有少数民族自治县——镇宁布依族苗族自治县和紫云苗族布依族自治县，同时还有平坝区、普定县和关岭县。在安顺市常住半年以上人口有 230.81 万人，少数民族占全市人口总数的 36.15%[25]。

安顺市经过长期的发展，取得了有目共睹的成就，在 2014 年安顺的生产总量达到了 520.06 亿元，同比 2013 年增长了 14.8%，财政总收入 84.46 亿元，同比 2013 年增长 20.2%。城乡人民生活水平稳步提高，农民人均收入达到了 6671 元。另外，安顺的旅游收入也达到了一个可观的成绩，达到了 307.6 亿元。

（二）安顺市产业结构特征

表 1 – 4 搜集了安顺市 2010 ~ 2014 年的数据，主要基于以下几点考虑：首先这些数据距现在来说相对较近，能够更加有效地反映现实状况。其次，通过搜集这五年的数据来进行对比，能够更加明确地分析出问题所在，使分析的结果更有说服力。总体来看，安顺从 2010 ~ 2014 年的地区生产总值在不断地上升，2014 年相比于 2010 年来说生产总值翻两番，充分说明安顺的经济在近几年得到了飞速的发展。具体来说三大产业的变化如下：安顺市第一产业的比例在不断的下降，从 2010 ~ 2013 年比重由原来的 17.31% 下降到了 14.21%，虽然 2014 年第一产业的比重相对 2013 来说升高了 0.9 个百分点，但总体趋势还是有所下降；第

二产业从 2010～2014 年比重由原来的 38.04% 下降到了 36.47%，在期间虽然第二产业的比重有降有升，不过从总体来看下降还是比较明显的，这对于第二产业的发展来说是一个比较合理的转变；从安顺的第三产业来看，在 2010～2014 年比重由原来的 44.65% 上升到了 48.42%，说明安顺市的第三产业的发展也在加快步伐。

库兹涅茨、钱纳里[26]提出，产业的发展可以分为四个阶段：第一阶段是工业化预备期阶段，处于这个阶段时，第一产业的比值要在 40% 以上，并且第二、第三产业比例不高；第二阶段是工业化早期阶段，这一阶段则是第一产业比值在 20%～40%之间，并且第二产业的比值与预备期相差不大；第三阶段是工业化中期阶段，只要第一产业在 20% 以下，第二产业超过了第三产业的比例就说明已经进入这一阶段；第四阶段是工业化后期阶段，它最明显的标志就是第一产业的产值必须在 10% 以下，第二产业达到最高的水平，并且第三产业的产值比例在不断上升。

从表 1－4 中可以清楚地反映出安顺市产业结构的变化，从具体数据中来分析，安顺市在 2010 年之后第一产业的比值就介于 10%～20%，这说明安顺市第一产业的发展已经进入工业化中期的状态，然而安顺市的第二产业的增长情况相对于第三产业来说还是存在一定的差距，对于安顺市的第二产业来说，它的增长速度相对于前几年来说有了一定的缓解，然而第三产业的情况却截然相反，相对于它本身前几年的情况来说，它的发展形势的确更加乐观，有进一步增长的迹象。从 2010 年至 2014 年安顺市始终是以"三、二、一"的产业结构在发展。我国在 1985 年就进入了"二、三、一的产业模式"，也就是说我国在 1985 年时就进入了工业化的后期，安顺市相对于全国的平均水平来说还存在较大的差异，步伐还有待提高。安顺市产业的比例由 2010 年的 17.31∶38.04∶44.65 到 2014 年的 15.11∶36.47∶48.42，经过这五年的发展，第一产业有了明显的下降，具体比例减少了 2.2%，第二产业则相对减少了 1.57%，再来看第三产业却是一个可观的数值，短短五年期间就增加了 3.77%。如此看来，安顺市现在还在为工业化中期层次而努力奋斗着。

表 1－4 安顺市产业结构变动情况

类别 / 年份	地区生产总值（万元）	第一产业（万元）	比重（%）	第二产业（万元）	比重（%）	第三产业（万元）	比重（%）
2010	2329210	403253	17.31	885907	38.04	1040050	44.65
2011	2856370	444158	15.55	1126297	39.43	1285915	45.02
2012	3676171	531900	14.47	1370222	37.27	1774049	48.26
2013	4291600	609900	14.21	1644500	38.32	2037200	47.47
2014	5200593	785600	15.11	1896700	36.47	2518293	48.42

资料来源：《安顺统计年鉴》。

（三）安顺市土地利用结构现状

1. 安顺市土地利用现状

资料显示，安顺市国土面积有 925306 公顷，从各地的利用结构来看分为以下八类：

（1）耕地。安顺市耕地的总面积有 296708.96 公顷，占安顺市总面积的 32.06%。其中水田占 90816.67 公顷、水浇地 7676.42 公顷、旱地 198215.87 公顷。

（2）园地。园地的总面积有 7104.51 公顷，占安顺市总面积的 0.77%。其中果园占 3549.43 公顷、茶园 2304.69 公顷、其他园地 1250.39 公顷。

（3）林地。林地的总面积有 313743.24 公顷，占安顺市总面积的 34.00%。其中林地 156936.63 公顷、灌木林地有 131354.13 公顷、其他林地 25452.48 公顷。

（4）草地。草地的总面积有 103548.21 公顷，占安顺市总面积的 11.20%。其中天然牧草地 7.58 公顷、人工牧草地 28.33 公顷、其他草地 103512.30 公顷。

（5）城镇村及工矿用地。城镇村及工矿用地的总面积有 28600.01 公顷，在安顺市所有土地中有 3.10% 的比例。其中城市 3048.63 公顷、建制镇 5682.28 公顷、村庄 16514.03 公顷、采矿用地风景名胜及特殊用地 1698.51 公顷。

（6）交通运输用地。交通运输用地的总面积有 9692.89 公顷，在安顺市所有土地中有 1.05% 的比例。包括铁路用地 873.58 公顷、公路用地 4225.77 公顷、农村道路用地 4428.47 公顷、机场用地 155.48 公顷、港口码头用地 3.76 公顷、管道运输用地 5.83 公顷。

（7）水域及水利设施用地。此类用地的总面积有 13672.36 公顷，在安顺市所有土地中有 1.48% 的比例。其中河流水面 6530.91 公顷、湖泊水面 313.32 公顷、水库水面 4019.27 公顷、坑塘水面 561.69 公顷、内陆滩涂 514.53 公顷、沟渠 1581.11 公顷、水工建筑用地 151.53 公顷。

（8）其他土地。这些用地的总面积达到 149754.12 公顷，在安顺市所有土地中有 16.18% 的比例。包括设施农用地 246.90 公顷、田坎 21082.92 公顷、沼泽地 14.59 公顷、沙地 1.57 公顷、裸地 128408.14 公顷。

2. 安顺市土地利用结构变化

根据表 1－5 中的数据可以看出，从 2010～2014 年安顺市的土地利用现况，同时在表 1－5 中还可以看到几年中三大用地的增减情况，除了其他用地的面积在不断的减少之外，另外两大用地情况都是在不断增加。说明安顺市在 2010～2014 年，在逐步将其他用地慢慢的开发为农用地和建设用地，也从侧面说明安顺市对土地的利用效率相对于之前来说有所提高。

表 1－5 安顺市土地结构变化情况

类别 年份	农用地	建设用地	其他用地
2010	658140	34496	232670
2011	658633	35624	231049
2012	659651	37105	228550
2013	661594	42194	221518
2014	661620	42196	221490

资料来源：安顺市土地利用变更调查数据。

3. 安顺市土地利用结构对比分析

从表 1－6 中可以看出，从 2010～2014 年，第一产业用地面积由原来的 83.35%减少到了 82.93%，减少了 0.42 个百分点，虽然在 2011 年时第一产业的用地面积有所回升，但是这不影响这几年用地总体递减的规律；第二产业用地面积从原来的 0.8%增加到了 0.96%，通过这几年的调整，增加了 0.16 个百分点，这对于第二产业用地结构的发展来说是一个好的兆头；第三产业则由原来的 1.09%逐年递增到了 1.40%，增加了 0.31 个百分点；后备产业用地由原来 14.76%减到了 14.71%，减少了 0.05 个百分点，这说明后备产业用地的开发力度还不够大，还未得到充分的利用。如今安顺市的产业以“三、二、一”的模式在向前发展，随着这个模式的发展，安顺市第二产业、第三产业的用地面积也在逐年增加，而第一产业用地面积也在逐年减少，后备产业的用地面积也将进一步减少，这对于安顺市的发展来说慢慢地在走向一个合理的用地方向。

表 1－6 2010～2014 年基于产业分类的土地利用结构变化情况 单位：%

类别 年份	总计（%）	第一产业用地	第二产业用地	第三产业用地	后备产业用地
2010	100	83.35	0.80	1.09	14.76
2011	100	83.37	0.83	1.02	14.78
2012	100	83.17	0.87	1.19	14.77
2013	100	83.00	0.90	1.36	14.74
2014	100	82.93	0.96	1.40	14.71

资料来源：安顺市土地利用变更调查数据。

三、安顺市产业结构分析

从表1-7中可以看出，从2010年至2014年第一产业所占的面积是最大的，产业与土地利用率的比值是最低的；虽然第二产业的用地面积是最少的，但是无论是在哪一年，第二产业的每公顷土地的产值却是最多的；再来看第三产业，2010~2014年每年的用地面积都在不断的增加，并且随着面积的迅速扩大，收入也在不断的上涨，值得庆幸的是随着用地面积扩展的越来越快，土地使用效率也是越来越高，不过相对于第二产业来说还是存在一定的差距。从表1-7中可以看出利用率最高的是第二产业，并且以绝对的优势创下了最大的价值，相反第一产业虽然用地最大，但是利用效率却是垫底的，说明用地多的不一定产值就高。通过这些数据也说明，要想创造更大的价值，安顺市应该把第二产业的发展放在更重要的位置。

表1-7　安顺市产业比较土地生产率表

年份	类别	产值（万元）	比例（%）	用地（公顷）	比例（%）	产业与土地利用率的比值（万元/公顷）
2010	第一产业	403253	17.31	769174.05	83.35	0.52
	第二产业	885907	38.04	7382.60	0.80	120.00
	第三产业	1040050	44.65	10058.81	1.09	103.40
2011	第一产业	444158	15.55	769361.12	83.37	0.58
	第二产业	1126297	39.43	7659.47	0.83	147.05
	第三产业	1285915	45.02	9412.85	1.02	136.61
2012	第一产业	531900	14.47	767517.96	83.17	0.69
	第二产业	1370222	37.27	8028.63	0.87	170.67
	第三产业	1774049	48.26	10981.70	1.19	161.55
2013	第一产业	609900	14.21	765951.63	83.00	0.80
	第二产业	1644500	38.32	8305.50	0.90	198.00
	第三产业	2037200	47.47	12550.56	1.36	162.32
2014	第一产业	785600	15.11	765308.14	82.93	1.03
	第二产业	1896700	36.47	8859.23808	0.96	214.09
	第三产业	2518293	48.42	12919.7362	1.40	194.92

四、安顺市土地利用与产业协调发展

（一）存在问题

1. 产业结构比例不协调

从表1－4中可以观察到，在安顺市的产业结构调整中，比例结构尚存在部分不协调之处，第二产业的比重还有待进一步提升。结合表1－4与表1－7来看，第二产业的用地产值率是最高的，因此，对于安顺市来讲可以考虑适当的发展第二产业，减少第一产业的比值，使安顺市的产业结构能够朝着更合理的水平发展。

2. 土地利用结构单一

从表1－6和1－7中可以看出，安顺市的用地结构比例失衡。2010～2014年，第二产业虽然土地占用率是最低的，但是它所获的回报是最大的。对于第一产业来说即使占用了大量的土地，对于经济增长的促进作用来说，也相差得太远了，可以说第一产业对于土地的利用率是最低的。安顺市土地的利用主要是偏向于农用地。根据牛星（2008）的研究，三大产业用地的比例可以考虑为第一产业用地在50%左右，第二产业在20%左右，第三产业在30%左右，按这样的比例形成的生产型结构和消费型结构会比较均衡[27]。根据这个比值来看，安顺市现在的用地结构还存在较大差距，从表1－6可以看出，安顺市现在第二产业和第三产业用地结构相对低下，反而后备用地的比例比第二产业和第三产业的总和还要多，这点值得关注。

3. 用地结构与产业结构发展不协调

从表1－7可以看出，安顺市的产业结构与用地结构两者之间存在不协调的现状。首先，从产业结构的占地比例中可以看出，虽然第一产业的占地面积最大，但是生产效率是最低的。第二产业虽然占地面积最少，但是它的产值是最高的。如此看来第一产业使用的资源是最多的，可利用率却是最低的。相反看第二产业，虽然使用的土地面积不多，但是它的回报率是占据首要的位置，并且它们之间的相差程度还是比较大的，这很明显地说明了用地结构与产业结构发展的不协调之处。

4. 第一产业用地效率低下

结合表1－4与表1－7可以得出，第一产业用地效率十分低下，在三大产业中生产总值不仅是最少的，并且用地的比例也是最高的，另外，第一产业相对于第二和第三产业来说，它们之间的利用率也是存在天壤之别。这说明在第一产业中还存在许多用地不合理之处。

（二）对策建议

根据安顺市2010～2014年度的数据可以看出，安顺市的产业结构和土地利用结构之间存在许多问题，根据安顺市土地和产业结构之间的问题提出如下建议：

（1）推进产业结构的优化，使产业结构能够合理布局。当前产业结构的调整意味着土地结构也会发生相应的变化，因此，对于产业结构的调整必须合理化[28]。从生产总值来看，这五年中无论是哪一年都是第三产业占据龙头的位置，但是相对于第二产业来说，两者的土地利用率却相差甚远，导致两个产业的土地资源在相差较大的情况下，两者之间的产值却相差无几。对于安顺市来说，还是应该优先发展第二产业，同时，政府也应做出相应的宏观调控措施，给予高科技发展的工业足够的优惠和支持，促使安顺市走向“三、二、一”的产业结构路线，加快进入工业化后期的步伐。

（2）合理配置土地资源，提高土地的利用率。根据前文的数据分析，安顺市的用地结构存在明显的不合理之处，第一产业的用地过大，第三产业和第二产业的用地结构相对较少，还有后备产业用地占据的比例竟然比第二产业和第三产业的总和还要多，这是十分严重的比例失衡现象。对于土地来说，并不仅是稀缺的，并且也是有限的，因此，土地资源要是被原有的产业结构占据，要想改变其利用方式就要花费巨大的人力、物力以及财力，所以对于土地利用的布局规划必须慎重考虑，结合安顺市自身的经济情况和所处的地理环境，合理配置好土地的利用[29]。后备产业的占用面积过大，应当合理的开发和利用，第二产业和第三产业的比例相对来说显得太少，应该适当地减少第一产业的用地，采取一定措施使土地能够集约、节约利用，同时开发后备产业用地，使得第二产业和第三产业用地能够得到合理的分配。

（3）促进产业结构与土地利用结构的相互协调发展。产业结构和用地结构是相辅相成的。对于产业结构来说，土地是它的承载主体，因此，土地对于它来说有着举足轻重的作用，如果改变土地的利用方式，那么毫无疑问产业结构也必然会受到影响[30]。而且通过大量的数据也说明它们两者之间的关系是密不可分的。因此，无论做出什么样的调整，都应该将两者结合考虑，运用它们之间存在的关系去做出决策，同时也应该运用合理的调控措施使得两者相互协调发展。例如，对于高新科技产业的发展，政府应该在经济、税收、财政、法律等各项政策上给予一定的支持，对于重污染不鼓励发展的企业，有必要让这些产业迁移到城市的外围去，或者实行土地限制办法，让安顺市走向节约、集约利用土地的方向发展。

（4）建立产业与用地的动态检测系统。对于安顺市产业和用地发展有必要建立动态检测系统，因为产业结构的调整在很大一部分上会加大对土地的需求，在有限的土地资源下，合理开发后备产业用地最好的方式是运用土地交易信息系统以及 GIS 定位系统可以对现有的土地进行检测，在某些产业存在土地利用率低下的情况下做出适当的调整，同时对于荒废的以及闲置的土地给予警告，使得土地能够得到有效合理的利用，一旦产业结构和用地结构失调，就可以及时提出合理的应急预案。

第三节 新型城镇化进程中的土地利用问题分析——以安顺市为例

自进入 21 世纪以来，随着中国经济的快速发展，人地矛盾、土地污染等问题日益凸显，为了满足人民更高的生活需要及社会的持续发展，国家提出新型城镇化的发展理念，并制订了国家新型城镇化规划。安顺市新型城镇化建设是贵州省城镇化的示范点，还处于新生事物阶段。涉及土地领域的问题主要包括土地的农转非、土地转包、建设用地的节约集约利用、农用地的利用效率，不同的土地用途对土地利用的影响等，以贵州省安顺市为例，通过运用比较研究法和文献资料法等方法来分析当前土地利用中存在的问题，并针对这些问题提出了一些建议，希望可以对安顺市土地的节约、集约利用有所帮助。

一、安顺市城镇化进程及新型城镇化发展现状

城镇化是伴随工业化发展，非农产业在城镇集聚、农村人口向城镇集中的自然历史过程，是人类社会发展的客观趋势，是国家现代化的重要标志[31]。而新型城镇化则是以城乡统筹、城乡一体、产城互动、节约集约、生态宜居、和谐发展为基本特征的城镇化，是大中小城市、小城镇、新型农村社区协调发展、互促共进的城镇化[32]。新型城镇化的“新”是在以前只顾推倒旧楼房，建造一些标新立异高、新、奇的楼房的基础上，扩大城市土地空间，以寻求城市发展固定思维方式，改变成以提高城市的内涵、公共基础服务等为目标，形成山水城人和谐一体的生态格局，把城镇打造成宜人、宜居的美丽城市。

新型城镇化的目标是以发展集约型经济与创建和谐社会为要务，实行与新兴的工业化、现代旅游服务业、信息普及化和农业现代化有机结合[33]。走一条具有一定的强大产业为支撑力、创业和就业的机会都具有充分良好环境、生态环境良好、城市和乡村都能兼顾的城镇一体化发展之路。新型城镇化要达到对控制土地用地的规模和利用方式优化的要求，首先，要对城市的用地规模实行有效的城市用地管理，在为满足城市经济增长提供一定发展空间的同时，也要防止在发展

城市过程中对土地过度开发造成的资源浪费。其次，根据土地的利用方式和利用技术实际情况进行改良，将废弃的工厂和老旧棚户区的土地盘活，增加已有土地的存量，合理规划城镇的空间布局，有效地利用城镇的每一块土地，促进城市经济的良性增长。要使新型城镇化长久有序发展，前提就是要以节约、集约利用土地，而不是盲目地、简单地、粗放式地进行城镇建设。否则，不仅是单纯的对有限的土地资源造成极度浪费，也相应地会带来很多积重难返的现实和长远问题。安顺市的新型城镇化一旦实现了人的城镇化和土地城镇化同步发展格局，就有利于建立起人与城市和谐的新型关系。对安顺市新型城镇化建设存在的土地问题分析，有助于对安顺市城镇化发展提供理论依据，同时，针对安顺市城镇化发展过程中土地利用出现的问题提出相应的建议，有利于政府针对当前安顺市城镇化发展现状，拟定出相应的有关政策和措施。

（一）研究方案

本节通过对安顺市城镇化发展的研究，找出安顺市城镇建设发展过程中存在的土地利用问题，参考借鉴国外现代城镇化发展的先进经验和失败教训，结合安顺市城镇发展实际情况，提出相对应的政策举措，为安顺市新型城镇化发展过程中土地的合理有序开发利用、社会经济的持续良好发展以及生态环境得到有效的保护提供一定的理论依据。本研究的主要内容：①新型城镇化的概述及安顺市城镇化进程；②安顺市在发展过程中要注意的土地利用问题；③国外的城市与乡村发展模式对安顺市城镇和乡村发展的启示；④对安顺市新型城镇化进程中土地利用的对策建议。

分析安顺市城市化建设中土地利用的问题，对造成各种问题的原因进行剖析，提出解决当前问题的对策和建议。本研究拟使用的方法：①参考借鉴文献资料法。本书通过查阅大量文献资料，参考众多学者的研究论述，借鉴国内外城镇化发展中优势的发展经验，对其整理归纳、分析总结的基础上，结合安顺市的自然历史概况，提出自己的观点和思路。②比较研究法。本书对国外典型的城镇发展模式进行简要的归纳概括，对其成功的经验做法与安顺市城镇发展进行对比，分析出对安顺市新型城镇化发展的启示。

（二）国内外研究现状

十一届三中全会以后，随着中国改革开放的不断深入，农业现代化、工业现代化、信息国际化进程加速，中国城镇化经历了发展起点低、速度快的过程[34]。经过短时间的发展历程，取得了一定成绩。但也应该清楚地认识到在发展的同时仍存在这样或那样的历史和现实问题，下面就城镇化进程中国内外学者的研究现状做出简单概述。

1. 国内研究现状

方创琳和马海涛对新区建设土地优化利用问题提出了建议，首先，认为应该对新划区域的建设用地进行优化，提高土地集约利用的程度；其次，合理运用城乡建设用地增减挂钩机制，为新区建设提供用地保障；再次，新区建设规划应该注重“产城融合”，实现均衡发展[35]。刘庆斌指出在经济社会发展的新常态下，必须高度重视推进新型城镇化中的土地问题，积极探索土地制度改革的新思路、新办法，共同推进征地、节约集约用地和农村土地制度改革，通过深化改革着力建立新型城镇化中土地、人口、产业协同机制，切实保障农民土地权益，确保新型城镇化持续健康发展[36]。

2. 国外研究现状

在经济发展初期，只要农业向工业提供低廉的农产品和剩余劳动力，支持工业的发展，城镇化就能得到相应的发展。1954 年，刘易斯提出了提高农民收入、转移农村剩余劳动力和社会经济发展规律的“二元经济结构模型”[37]。钱纳里和 M－赛尔奎通过比较世界各国工业化和城镇化，证实城市化水平与人均 GDP、城市化水平以及工业化水平之间都存在正相关[38]。所以要通过改善农村的生存环境和农民的生活条件，逐步缩小城乡居民收入差距，实现农民和城镇的均衡协调发展。国外已经成熟的城镇化发展模式主要借鉴的有：一是英国园林城市与城乡一体化，主要是通过绿化带保持城市长期的开放性，以防止城市空间尺度没有节制的扩张，利用绿化带制约和调整城市的空间分布，达到保护乡村自然风貌和林业面积保量的效果，促进了城市土地的持久发展[39]；二是日本国土开发计划与定居圈，通过建设新的交通道路干线、高速路网等完善网络的通道，推动大型开发项目，改正利用国土过程中的错误，解决过密、过疏和地区差距问题。在日本整个国土上进行主要交通、网络通信等体系的整顿，实行国家、地方、民间等多方参与合作开发模式。

（三）研究区现状

安顺市位于贵州省中部偏西，离省会贵阳 90 千米，素有“黔之腹，滇之喉，蜀粤之唇齿”之称。全市土地总面积 9267 平方千米，土地总面积占贵州省的 5.26%。安顺市地跨东经 105°13′～106°34′，北纬 25°21′～26°38′，是长江水系乌江流域和珠江水系北盘江流域的分水岭，是世界上典型的喀斯特地貌集中地区。东邻省会贵阳市和黔南布依族苗族自治州，西靠六盘水市，南连黔西南布依族苗族自治州，北接毕节市，是黔中经济区的重要节点城市。安顺市的岩性以碳酸盐类岩为主，岩溶面积大约占全市辖区面积的 71.52%，喀斯特地形在全市分布，发育比较强烈，类型形态多样，是世界上有名的喀斯特地貌集中区[40]。山形地势的发育顺着大地构造的骨架形成，形成了以山间丘陵坝子为主体的丘原和山地地貌。山地占辖区面积的 46.8%，盆地面积占比为 13.8%，丘陵面积的占比为 38.2%，河谷面积的占比为 1.2%。

虽然安顺市历史文化悠久，其城镇化发展却很缓慢，自中华人民共和国成立至改革开放以来，安顺的城镇化发展相对来说是比较缓慢甚至是停滞不前的。1988 年，在时任贵州省省委书记胡锦涛同志的大力倡导和指导下，贵州省人民政府正式批准在原安顺地区县级安顺市建立“深化改革，促进多种经济成分共生繁荣，加快发展”改革试验区，安顺市的城镇化发展开始了缓慢发展进程。2005 年 9 月，经贵州省委、省政府批准，试验区的范围扩大到整个地级安顺市，安顺市迎来了全市发展城镇化的大好时机。2006 年 11 月，安顺市第二次党代会确定举全市之力积极做好安顺多种经济成分共生繁荣改革试验区综合配套改革工作。这次试点，使得安顺市的城镇化发展有了真正的城市经济发展基础。2007 年 6 月，省委、省政府决定把安顺试验区建设成为“贵州加快发展的经济特区”[41]。

2013 安顺市所辖区域内常住人口 285.6 万人，其中城镇常住人有 57.1 万人，常住人口城镇化率为 20%。2014 年安顺市所辖区域内常住人口 230.8 万人，其中城镇常住人口有 95.3 万人，常住人口城镇化率为 41.3%。2014 年 12 月，安顺市被列入国家新型城镇化试点城市，是全国 25 个试点城市之一的地级市，也是贵州省唯一获得的国家新型城镇化地级市试点。由此看出，虽然安顺市的新型城镇化水平正处于高速发展期，但其城镇化水平至少落后全国平均水平十年。安顺市新型城镇化发展从整体上来看规模偏小，区域辐射能力不足，市域范围内主要以中心城区带动周边发展。根据城市中心职能强度分析，安顺市属于四级城市，中心职能区位等级强度较弱，城市等级不高。在空间上，与贵阳市形成“核心—边缘”的格局，从市域交通来看，与贵阳的联系密切，而主要资源则从安顺市向贵阳市靠拢。安顺市域辖 77 个乡镇，市域面积 9267 平方千米，市域的城镇分布密度为 0.87 个/百平方千米。安顺市的城镇规模等级结构呈首位型分布，缺少中间层次的城镇。城市区域为安顺市政府所在地西秀区，平坝、镇宁、关岭、普定、紫云等城区为县城（区），白云、夏云、高峰、马场等为重点镇，天龙、旧州、龙宫等为一般镇，新场、岩腊、鸡场、黄腊等为集镇级别。

二、安顺市土地利用变化情况

根据 2002 年、2008 年、2014 年三年的土地利用变化，如表 1 – 8，在从 2002 ~ 2008 年，面积增加的主要有裸地与建设用地两种类型，减少的有耕地、林地和水体等类型。其中林地的减少量达到 139.31 平方千米，裸地增加了 96.11 平方千米。从 2008 ~ 2014 年的土地利用变化来看，减少的有耕地、林地和裸地等地类，面积增加的主要是林地和建设用地两大类，其中 116.17 平方千米的面积是建设用地的增加量，裸露土壤减少面积为 96.8 平方千米。从 2002 ~ 2014 年的数据来看，新增的土地利用类型主要就是建设用地，其他的土地用地类型面积都存在或多或少的减少，在这其中主要减少量最大的是林地，数值高达 134.62 平方千米。对比 2002～2008 年与 2008～2014 年各类用地土地利用面积变化与建设用地的变化率可以发现，如表1－9，建设用地在 2002～2008 年，净增长率为 119.1%，每年平均增加量达到 8.56 平方千米，主要原因是毁坏林地来增加建设用地，而建设用地在 2008～2014 年更是快速扩张，净增长率为 111.22%，每年年均增加量高达 23.23 平方千米，这六年的新增建设用地主要侵占的是裸土用地。

表 1－8　2002～2014 年安顺市土地利用分类变化　　单位：平方千米

年份 用地类型	2002	2008	2014	2002～2008	2008～2014	2002～2014
建设用地	46.18	97.55	213.72	51.37	116.17	167.54
耕地	782.55	776.05	755.50	－6.50	－20.55	－27.05
林地	1412.20	1272.89	1277.58	－139.31	4.69	－134.62
水体	30.28	28.61	25.09	－1.67	－3.52	－5.19
裸地	54.19	150.30	53.50	96.11	－96.80	－0.69

资料来源：安顺市国土资源局。

表 1－9　2002～2014 年建设用地变化率　　单位：平方千米

年份 类型	2002	2008	2014	增减变化		
				2002～2008	2008～2014	2002～2014
建设用地面积（平方千米）	46.18	97.55	213.72	51.37	116.17	167.54
变化率	0	0	0	119.10%	111.22%	262.77%
年均变化平方千米/天	0	0	0	8.56	23.23	13.96

资料来源：安顺市国土资源局。

三、安顺市新型城镇化进程中的土地利用问题

（一）用地结构不合理，利用率低

安顺市的地质环境属于典型的喀斯特地发育貌，岩溶性特殊地质条件使得安顺市山地相对较多，而平地相对较少，农用地分类不均等，其中坑塘水面积仅占 0.08%，园地面积占 0.69%。安顺市的耕地大多为坡耕地，地处亚热带季风气候区，在夏季暴雨多发的气候环境下，导致安顺市的水土流失较为严重，土壤贫瘠

地较多，使其农用地单位产值较低，安顺市的农用地单位产值为 0.57 万元/公顷，比贵州省平均水平低 0.17 万元/公顷，低于全国平均水平 1.04 万元/公顷。

（二）人地矛盾尖锐，耕地后备资源不足

虽然安顺市有 9267 平方千米的国土面积，但人均占有的土地为 0.35 公顷，仅为全国水平的 46.05%，贵州省平均水平的 76.09%。虽然人均耕地量高于全国水平，与贵州省持平。但是全市地多田少，又主要是以坡耕地为主，耕地质量差，陡坡垦殖率较高，中低产田比例高达 84.84%，耕地中有近 30% 的耕地不适宜耕作。随着安顺市城镇化建设步伐的加快，人民生活水平的不断提高，对土地的过度需求，以及人口的增长，耕地保护的难度进一步增加。安顺市是一个典型的喀斯特地貌发育地区，很难利用的裸露土地和的裸露岩石在该地区占 22.82%，未使用的土地中占比高达 87.3%。适合开发利用的荒草地在未利用土地中占 9.68%，且多分布在交通不便的地方，开发成本较高。由于山区崎岖的地面，地多田少，且以坡耕地为主，耕地质量差，耕地储备资源零散分布，再加上安顺市的经济欠发达，一些适宜开发地区交通的不便和其他基础设施落后，也相应地增加了对宜开发土地的难度。

（三）生态环境脆弱，土地石漠化程度严重

由于岩溶性特殊地质条件和亚热带季风气候的影响，经济的欠发达，农民粗放式的耕作方式，农民为了自身的生存发展，人为的造成砍伐森林和荒草地的损坏，使安顺市原本就脆弱的生态环境更加的恶劣，水土流失导致的岩石裸露面积范围扩大。有 32.05% 的土地已经达到轻度以上石漠化程度，面积达到 296561 公顷，有 12.76% 的土地存在潜在石漠化的现象，达到 118069 公顷，安顺市的石漠化程度在整个贵州省排名第二，仅次于六盘水市。

（四）土地违法乱占现象严重

在安顺市村镇建设过程中普遍的存在一系列土地违法现象，一是没有经过审批就开始建设和不按批准面积建设。许多农民或企业因为不清楚相关法律法规，所以没有申请相应手续就开始建设，或者是不严格按照审批部门批准的标准进行房屋建造，私自扩大建造住房的实际面积。二是农民私自搭造和乱建造建筑物。农民为了满足自己的生产用途或者为了获取高额的租金报酬，私自在自家的住宅旁或者耕地里随意搭造建筑物，在旧城改造或者棚户区改造拆迁区域，人们为了获取更多、更大的经济补偿费而私搭乱建的现象随处可见，还有的私营企业主为了降低生产成本向农民低价租赁土地来建造厂房。三是农民私下的土地转让。政府基层人员利用手中的职权之便将土地的用途改变，把属于集体土地的荒山或耕地出租给企业建造厂房，或者直接卖给开发商进行房地产开发。四是比较严重的耕地破坏现象。农民为了自身利益得到满足在自己承包的土地上建房造屋，导致原本就不成块的耕地愈加破碎，耕地的一系列自然生态系统被破坏，使得耕地质量愈加下降，土壤污染和土地贫瘠程度加重。

四、安顺市新型城镇化进程中土地利用的对策建议

（一）优化用地结构，提高利用效率

安顺市是典型的山区市，耕地大多分布在山上，难以从事机械化的规模生产，经营成本较高。如果考虑把山区耕地转换成经济林地和药材种植地，既有利于水土保持，也有利于农民脱贫致富。在自然风景区和文化名胜区，将土地置换出来，建设基础设施，发展旅游观光农业，吸纳更多的人来参观旅游，既有利于就业岗位的增加，也增加了人民的收入来源。合理的利用地方资源，以独特的地方特色，乡镇企业的建设特点，不仅可以很好地解决当地人员就业，还能更好地吸引外国人投资，来发展当地的社会经济。山区多的地区可以考虑以“山地城镇”建设为主，如云南省大力开发利用山地，城乡建设向山地发展，工业园区向山地布局，走山地、山水、生态型城镇的发展道路[42]。

（二）转变发展方式，适度开发利用

虽然安顺市受自然环境恶劣因素的影响，导致农业投入多、收获少的困境，但正是这独特的自然环境，是安顺市经济发展的巨额财富。转变以前只注重发展农业的方式，利用自然给予的独特自然景观及安顺市悠久的历史文化底蕴，加大对旅游服务业的投入，建设成一个旅游大市。比较大的坡耕地政策性的实行退耕还林还草，减少因暴雨冲刷造成的水土流失情况；采用工程技术和生物技术，提高中低产田的土壤肥力；利用现代机械生产技术，将从事农业生产的人力解救出来从事其他行业。对农村废弃的宅基地、加工工厂和矿产开发过后的荒废地，将其纳入耕地储备中，适当地开发和利用适合耕种的资源。对被自然灾害破坏的耕地，应该及时的组织人员进行修复，恢复到原耕地的状态。加大力度对耕地的防灾抗灾能力的建设，减小自然灾害造成的毁损耕地现象。新审批的新城应严格控制，防止设大广场、设宽道路和其他土地浪费现象的建设，必须大力发展高新技术，实现产业高端化，以此来减少工业用地。对事关人民群众生活需求的医疗卫生、文化教育、商业金融、交通通信等基础设施、公共服务建设用地，应予以保障；对城镇居民的休闲活动和便民场所等生活用地，应适当给予增加，尤其适度增加居住建设用地。

（三）保护生态环境，加强生态建设

安顺是长江水系乌江流域和珠江水系北盘江流域的源头，为了保护长江、珠江上游的生态安全，必须保持水土、防止流失、保护生态环境平衡[43]。防止水土流失就要有计划地将陡坡度在25°以上的耕地实行政策性的退耕还林、还草，

开展石漠化综合防治工程，因地制宜地对荒山荒坡进行植树、种草、种果树，减小水土流失的面积，要治理石漠化问题，地方政府应该采取有效工程建设，实行小流域区域治理，提高土地综合利用的效率，提高森林在整个国土面积中的覆盖率。要完善城市发展的制度和机制，促进低碳型城市化发展，建设资源节约和环境优美的城市空间大布局，合理产业结构组合，提高生产方式和生活方式。大力整顿镇容镇貌，加强城镇绿化美化，为城镇营造优雅的自然环境[44]。

（四）严格执法监督，加强保护意识

在农村和城市郊区出现土地违法现象，很大程度上是土地执法部门不严谨和不细致导致的，加上农民文化水平普遍低，不能认识到土地在整个社会发展中的重要地位，为了自身短期利益得到满足，掠夺式的对土地进行利用，使得优质耕地退化贫瘠，甚至减少。“十分珍惜、合理利用土地”是我国的基本国策，耕地保护问题关系到每家每户，是国家长远发展和子孙万代生存的重大历史和现实问题[45]。耕地资源的保有量，关系到整个国家发展和社会稳定的问题，我们要从安顺市的长足发展高度充分认识耕地。要树立土地资源短缺的忧患意识，建立紧迫感，清楚地认识到土地资源缺乏的严重情况。首先，土地管理部门实施最严格的用地限制制度，完全改变过去只发展经济，而忽视了对保护耕地的认识，明确发展和保护两者之间的联系。其次，要加强国家对土地保护的相关政策，以及国家为保护土地出台的相关法律实行宣传教育，政府应重视耕地保护的重要性和必要性，提高人民对耕地保护的自主意识，形成人人都能珍惜每一寸土地、保护每一亩耕地的自觉性，保障基本农田不受破坏，在发展的同时保障子孙后代能够有地可耕、可用。

第四节　土地利用变化特征及驱动力分析
——以贵阳市为例

以贵阳市为研究区域，主要以2005～2015年《贵阳统计年鉴》、贵阳市国土资源局及统计局官方网站的数据为依据，采用文献法、定性分析与定量分析相结合的方法、统计分析法、综合评价法以及土地动态度模型开展贵阳市土地利用变化特征及驱动力分析。本节着重探讨贵阳市土地利用的数量和结构变化，进而发现贵阳市土地利用变化特征和驱动力，对此，提出科学合理的对策和建议，达到提高建设用地节约、集约利用水平的目的。通过贵阳市土地利用变化特征和驱动力分析得出，首先是自然因素、经济因素、人口因素、政策因素、交通因素驱动着贵阳市的土地利用结构，其中居民用地和工矿用地在贵阳市的土地利用布局中占很大的比重，主导着贵阳市的土地利用变化规律；其次是交通因素，对贵阳市的土地利用变化也有着很大的影响。一个城市的发展往往离不开人力资源，贵阳市在 2005 ~2015 年的居住人口猛增，进一步对贵阳市土地利用的集约、节约利用提出了新的要求。最后提出统筹城乡协调发展、加强耕地保护等对策和建议，以促进贵阳市土地的可持续利用。

一、土地利用变化研究的意义

土地利用变化也就是研究土地利用过程中怎么样变（what）和为什么要变（why）的问题，通过分析比较预测土地利用将来的变化点在哪里（where），进一步找出土地变化的机制[46]。国内外很多学者和专家都十分重视土地利用变化，并对土地利用变化机理进行了分析研究，以达到科学评估土地，为更好地合理地利用土地打下坚实的基础。我国土地利用变化的研究主要集中在两个方面，一是土地利用变化的动态过程及其驱动力机制；二是土地利用变化对生态环境的影响。贵阳市作为贵州省经济政治文化的核心区域，对周边的城市具有辐射带动作用。随着贵阳市人口的剧增，对土地的需求也提高到了一个新的水平。其特殊的地貌、土地的稀缺性和不可逆性，决定了其土地利用需要一个优化的结构，为贵阳市更好地发展留足后备资源。

（一）研究方案

本节主要探讨了贵阳市 2005 ~2015 年的土地利用变化，通过实地走访采集相关的数据，以及相关年代的统计年鉴进行数据筛选。针对贵阳市的土地利用现状，本节主要采取了实地观察法、数理统计法、偏最小二乘回归法对土地利用变化进行定性和定量分析（如图 1 –1 所示）。

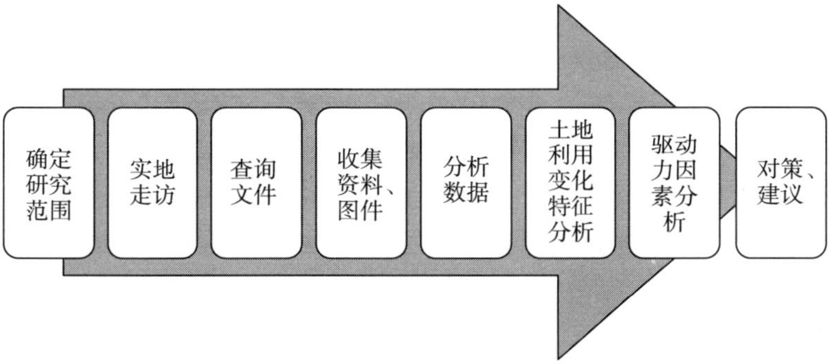

图 1 –1　技术路线

（二）国内外研究综述

从时间上来看，国外最早对土地利用进行研究的是德国的农业经济学家冯·杜能，其提出的杜能环模式[47]为以后土地利用的理论研究奠定了基础，也由此拉开了世界范围内对土地利用系统研究的序幕。综合来看，国外关于土地利用研究主要围绕土地利用调查、土地集约利用、城市土地利用效率、土地利用规划[48]等展开。

国内的土地利用研究相对而言起步较晚。20 世纪 90 年代以前，国内最早开展土地利用研究的专家以地理学家胡焕庸、任美锷[49]和农学家张心一为代表。在20 世纪 90 年代以后，我国学者建立了土地利用度[50]、土地利用动态度指数[51]的定量化模型及区域土地利用程度变化模型，对土地利用变化进行定量研究并奠定了基础。

（三）研究区域概况和数据来源

贵阳市位于贵州省中部，如图 1－2 所示，地处西南内陆腹地，云贵高原东侧斜坡地带，地理坐标介于东经 106°07′～106°17′，北纬 26°11′～27°22′。据人口计生报表统计，2015 年底，贵阳市总人口为 469. 93 万人（户籍总人口 374. 07 万人），非农业人口 179. 51 万人，农业人口 194. 46 万人，流动人口 183. 49 万人，其中流入人口 129. 11 万人，流出人口 54. 38 万人。全市共辖六个区、一个市，三个县，是一个以汉族为主的多民族聚居城市[52]。贵阳市现辖云岩、南明、花溪、乌当、白云、观山湖 6 个区，清镇 1 个县级市，修文、息烽、开阳 3 个县[53]。贵阳市 2015 年底，总计 31 个乡（包括 17 个民族乡），44 个镇，972 个村民委员会，93 个社区服务中心，1936 个社区服务机构。贵阳市人均占有土地量为 2. 91 亩，仅相当于全省人均土地面积 6. 83 亩的 42. 6%。全市水资源占有量为 1386 立方米，低于全国平均水平近一半[54]。

2015 年末，贵阳市在社会经济方面，分产业看：第一产业增加值 108. 02 亿元，比上年增长 6. 6%；第二产业增加值 976. 59 亿元[55]，比上年增长 13. 9%；第三产业增加值 1412. 66 亿元，比上年增长 14. 3%，人均生产总值 55018 元，比上年增长 12. 6%，第三产业比重继续提高[56]。全市第一产业、第二产业和第三产业增加值占地区生产总值的比重分别为 4. 3%、39. 1% 和 56. 6%，与上年比，第一产业、第三产业比重分别提高 0. 4 个和 1. 2 个百分点，第二产业比重下降 1. 6 个百分点[57]。

数据来源于《贵阳市统计年鉴》，数据中土地利用分类按照国土资源部《全国土地分类》标准进行划分[58]，也即分为 3 个一级类，15 个二级类，71 个三级类。

图 1 – 2　贵阳市地图

二、土地利用类型动态变化分析

（一）土地利用现状及其特点

1. 土地利用现状

2015 年贵阳市土地总面积 8034 平方千米，占全省土地总面积的 4.76%，其中，云岩、南明、小河区、金阳新区为贵阳市城区[59]，面积为 383.04 平方千米，占全市面积的4.76%；花溪、乌当、白云区为贵阳市郊区，面积为2194.5平方千米[60]，占全市面积的27.31%；清镇市、修文县、息烽县、开阳县总面积5625.5平方千米[61]，占全市面积的70.02%。从贵阳市耕地质量来看，有36699.37公顷（550490.55亩）耕地是25度以上陡坡耕地。从人均耕地来看，贵阳市人均耕地0.0633公顷（0.9495亩），明显低于全省人均0.1115公顷（1.67亩）和全国人均0.1010公顷（1.52亩）水平。

2. 土地利用特点

贵阳市耕地按坡度大小分为平地、梯田及坡地，具体的面积分布见表1－10。再按照有灌溉设施和无灌溉设施对耕地面积的分布情况见表1－11所示。

表1－10　贵阳市耕地分坡度面积

类别 耕地面积	平地			梯田及坡地面积		
	≤2°	2°～6°	6°～15°	15°～25°	>25°	单位
273830.66	14705.38	42160.89	125309.34	51702.53	39952.52	公顷
4107459.9	220580.7	632413.35	1879640.1	775537.95	599287.8	亩
100%	5.37%	15.40%	45.76%	18.88%	14.59%	

表1－11　贵阳市有灌溉设施和无灌溉设施耕地面积

类别 地区	有灌溉设施耕地		无灌溉设施耕地	
	面积（公顷）	占耕地比重（%）	面积（公顷）	占耕地比重（%）
贵阳市	79605.63	29.07	194225.03	70.93

（二）土地利用数量变化

由表1－12可知耕地面积在2005～2015年占比逐年减少，且减少趋势较大。林地有小幅度的减少，大致呈稳定的状态。园地、牧草地都呈逐渐增加的趋势，居民用地在2005～2015年的占比由33.7%升高到了54.1%。其中，居民用地变化为最明显。自然保留地在逐渐减少，由2005年土地利用占比的94.7%下降到了2015年土地利用占比的82.6%。总的来看，贵阳市比较注重生态保护，同时，在城市化过程中进行了一定的土地开发利用。

（三）土地利用速度分析

土地利用动态速度的计算公式，如下：

$$K=\frac{U_a-U_b}{U_a} \qquad (1-4)$$

表1－12　2005～2015年贵阳市土地利用变化情况

土地利用类型		2005		2010		2015	
		面积（公顷）	占比（%）	面积（公顷）	占比（%）	面积（公顷）	占比（%）
农用地	耕地	349870	43.5	302860	37.7	273831	34.0
	园地	9652	1.2	113425	1.4	12485	1.6
	林地	348262	43.3	346578	43.1	341284	42.4
	牧草地	33781	4.2	43675	5.4	57973	7.2
	其他农业地	62735	7.8	53498	6.7	42495.0	5.3
建设用地	城镇工矿用地	295178	36.7	198756	24.7	48724	6.1
	居民点用地	271049	33.7	315439	39.2	435903	54.1
	交通用地	77213	9.6	35214	4.4	10843	1.3
	水利设施用地	130297	16.2	65481	8.1	18611	2.3
	其他建设用地	29759	3.7	30321	3.8	35876	4.5
其他土地	水域	42628	5.3	45765	5.7	48546	6.0
	自然保留地	761672	94.7	712319	88.6	664598	82.6

根据公式（1－4）和表1－12可计算出2005～2015年贵阳市的土地利用动态度变化，即是土地利用速度变化，结果见表1－13所示。可以看出，贵阳市的发展还是比较注重生态方面的发展，对耕地占补平衡方面也比较重视，贵阳市的发展主要是对未利用土地的开发利用，来满足当地居民的生活需要和协调贵阳市经济和生态两方面的发展。总的来看，虽然2005～2015年贵阳市土地利用变化强度较大，但由于园地、牧草地也大幅在增加，分别以30%和70%的幅度增加，可见贵阳市注重生态建设和环境保护，土地利用处于正在进行时。

表1－13　2005～2015年贵阳土地利用动态度变化

土地利用类型	2005年土地利用面积（公顷）	2010年土地利用面积（公顷）	2015年土地利用面积（公顷）	10年间土地利用变化面积（公顷）	土地利用动态度（%）
耕地	349870	302860	273831	－76039	－0.02
园地	9652	113425	12485	2833	0.03
林地	348262	346578	341284	－6978	－0.002
牧草地	33781	43675	57973	24192	0.07
工矿用地	295178	198756	48724	－246454	－0.08
交通用地	77213	35214	10843	－66370	－0.09
水利设施用地	130297	65481	18611	－111686	－0.09
其他用地	113960	85674	40586	－73374	－0.06

（四）土地利用程度变化分析

土地利用程度主要反映土地利用的广度和深度[62]，它不仅反映了土地利用中土地本身的自然属性，同时，也反映了人类因素与自然环境因素的综合效应[63]（如表1－14所示）。

表1－14 土地利用类型及分级

	未利用土地级	林、草、水用地级	农业用地级	城镇聚落用地级
土地利用类型	未利用地或难利用地	林地、草地、水域	耕地、园地	城镇、居民点
分级指数	1	2	3	4

$$L_j = 1 \tag{1-5}$$

$$\Delta L_{b-a} = L_b - L_a = 100 \times \left[\sum_{i=1}^{n} A_i C_b - \sum_{i=1}^{n} A_i C_a \right] \tag{1-6}$$

$$R = \frac{\sum_{i=1}^{n} A_i C_b - \sum_{i=1}^{n} A_i C_a}{\sum_{i=1}^{n} A_i C_b} \tag{1-7}$$

将表1－12的数据带入公式（1－5）、（1－6）、（1－7）计算，得到表1－15。可以看出，贵阳市2005～2015年园地、牧草地、工矿用地、交通用地均处于发展期，而耕地、林地、水利设施用地、其他用地属于衰退期。

表1－15 2005～2015年贵阳市土地利用程度变化

用地类型	C2005（%）	C2015（%）	ΔL（2005～2015）
耕地	43.5	34	－2.85
园地	1.2	1.4	0.6
林地	43.3	42.4	－1.8
牧草地	4.2	7.2	6
工矿用地	3.7	6.1	9.6
交通用地	1	1.3	1.2
水利设施用地	16.2	2.3	－27.8
其他用地	94.7	82.6	－12.1

（五）贵阳市土地利用空间变化差异

贵阳市土地利用的空间差异，可以根据表1－16看出下属各区县在2005年和2015年的土地利用构成比例。随着贵阳市的进一步发展，城镇及工矿用地在分布上占了很大比重，特别是在白云区、南明区、修文县、开阳县占很大的比例。随着物价水平的上升，人们的生活水平得到了很大的改善，更注重的是精神需求即享受生活的过程，从而林地面积大致呈稳定状态，园地和牧草地逐渐增加，如为了满足处处通信的需要，有时通信设备的选址需要占用一定的林地面积，同时道路交通的需求、居民点选址的需要偶尔也不得不占用少量的林地。总体来说，2005 ~2015 年，林地面积总体态势变化不大。修文等一些小县城也注重自身的发展，但由于存在未利用地，林地面积占用相对较少。

表 1－16　2005 年、2015 年贵阳市各区的土地利用构成比例　　单位:%

年份＼类别	行政区	耕地	园地	林地	牧草地	城镇村及工矿用地	交通运输用地	水利设施用地
2005	南明区	36.45	1.80	31.64	0.51	33.89	2.36	1.65
	云岩区	35.91	0.70	30.56	3.59	6.00	1.00	1.89
	花溪区	39.27	0.75	32.74	3.68	4.98	1.00	1.89
	乌当区	34.00	0.88	31.46	3.01	5.43	1.28	1.79
	白云区	36.45	1.80	31.64	8.07	7.88	1.88	1.65
	小河区	35.65	0.98	32.12	4.13	6.12	1.08	1.76
	开阳县	38.98	0.87	33.09	3.98	8.90	1.23	1.99
	息烽县	30.24	0.39	39.00	9.19	2.50	0.88	0.37
	修文县	54.81	0.54	38.49	5.02	23.87	13.73	5.13
	清镇市	35.93	0.76	21.70	3.77	4.60	4.56	0.61
2015	南明区	12.37	0.93	35.12	1.28	35.68	5.65	1.67
	云岩区	35.09	1.12	31.23	4.05	11.21	8.98	1.81
	花溪区	39.20	1.21	35.91	0.23	4.57	0.89	0.38
	乌当区	33.12	1.08	33.76	2.76	5.89	1.55	0.87
	白云区	34.76	1.65	32.77	9.45	5.23	3.09	0.51
	小河区	33.89	1.12	31.09	5.65	6.87	2.83	1.58
	开阳县	35.67	1.52	32.28	4.01	10.08	3.12	1.57
	息烽县	31.94	0.64	38.28	5.67	3.19	0.75	1.61
	修文县	53.91	0.62	39.06	5.65	26.72	14.85	4.00
	清镇市	35.75	0.80	36.73	0.51	5.87	5.13	0.64

资料来源：《贵阳市统计年鉴》、土地总体规划和土地变更调查数据。

三、土地利用变化驱动力分析

（一）指标选取及数据整理

为了找到贵阳市土地利用变化的主要驱动因子，同时考虑到指标选取的代表性、可获取性。本书结合以往学者研究成果，并结合贵阳市的实际情况，在分析贵阳市土地利用可能的影响因子中，选取了以下6个指标，具体如下：总人口用Y_1表示，单位：万人；非农业人口用Y_2表示，单位：万人；农、林、牧、渔业用Y_3表示，单位：千万元；GDP用Y_4表示，单位：千万元；人均GDP用Y_5表示，单位：千元；固定资产投资额用Y_6表示，单位：千万元。将贵阳市各类用地类型作为因变量，选取的六个指标作为自变量，开展数据整理，包括自变量间的相关系数和自变量与因变量的相关系数，见表1－17、1－18、1－19和表1－20所示。

表1－17　因变量数据　　单位：公顷

年份 / 土地利用类型	2005	2010	2015
耕地X_1	349870	302860	273831
园地X_2	9652	113425	12485
林地X_3	348262	346578	341284
牧草地X_4	33781	43675	57973
工矿用地X_5	295178	198756	48724
交通用地X_6	77213	35214	10843
水利设施用地X_7	130297	65481	18611
其他用地X_8	113960	85674	40586

表1－18　自变量数据

年份 / 自变量	2005	2010	2015
总人口（万人）Y_1	350.66	373.16	382.91
非农业人口（万人）Y_2	171.79	185.27	189.14
农林牧渔业（千万元）Y_3	54.77	88.09	170.68
GDP（千万元）Y_4	52.56	112.18	249.73
人均GDP（千元）Y_5	1.49	2.62	5.50
固定资产投资额（千万元）Y_6	34.40	101.91	348.94

资料来源：《贵阳市统计年鉴》。

表 1-19 自变量间的相关系数

	总人口	非农业人口	农、林、牧、渔业	国内生产总值	人均国内生产总值	固定资产投资额
总人口	1.000	0.996	0.894	0.901	0.891	0.856
非农业人口	0.996	1.000	0.852	0.861	0.849	0.809
农、林、牧、渔业	0.894	0.852	1.000	1.000	1.000	0.997
国内生产总值	0.901	0.861	1.000	1.000	1.000	0.996
人均国内生产总值	0.891	0.849	1.000	1.000	1.000	0.997
固定资产投资额	0.856	0.809	0.997	0.996	0.997	1.000

表 1-20 自变量与因变量的相关系数

	耕地	园地	林地	牧草地	工矿用地	交通用地	水利设施用地	其他用地
总人口	-0.996	0.994	-0.870	0.946	0.984	0.924	0.316	-0.937
非农业人口	-0.985	0.980	-0.825	0.915	0.965	0.888	0.395	-0.904
农、林、牧、渔业	-0.930	0.939	-0.999	0.991	0.959	0.997	-0.143	-0.994
国内生产总值	-0.936	0.944	-0.998	0.993	0.964	0.998	-0.127	-0.996
人均国内生产总值	-0.928	0.937	-0.999	0.990	0.958	0.997	-0.149	-0.993
固定资产投资额	-0.899	0.909	-1.000	0.997	0.935	0.989	-0.219	-0.983

（二）偏最小二乘回归模型的构建

本书把 SPSS 软件和 EViews 相结合起来对其进行分析。首先构建表 1-16 中驱动因子的自变量数据 X，即 $X=[X_1, X_2, X_3, X_4, X_5, X_6]$，然后构建表 1-15因变量数据 Y，即 $Y=[Y_1, Y_2, Y_3, Y_4, Y_5, Y_6, Y_7, Y_8]$。

$$E_0=[X_1^*, X_2^*, X_3^*, X_4^*, X_5^*, X_6^*] \quad (1-8)$$

$$F_0=[Y_1^*, Y_2^*, Y_3^*, Y_4^*, Y_5^*, Y_6^*, Y_7^*, Y_8^*] \quad (1-9)$$

在以上两个公式中，E_0、F_0 是对应 X、Y 的标准差标准化处理的矩阵。

根据主成分分析原理，则：

$\mathrm{Var}(t_1)\rightarrow \max$

$\mathrm{Var}(\mu_1)\rightarrow \max$

再由典型相关分析，则 $r(t_1, \mu_1)\rightarrow \max$

偏最小二乘表达式为求解的优化模型如公式（1-10）所示：

$$\begin{cases}\max\ \{E_0\omega_1, F_0c_1\} \\ ||\omega_1|| = 1 \\ ||c_1|| = 1\end{cases} \quad (1-10)$$

那么对于第 i 个成分的偏最小二乘法的优化模型如公式（1－11）所示：

$$\begin{cases}\max\ \{E_{i-1}\omega_i,\ F_{i-1}c_i\}\\ ||\omega_i||=1\\ ||c_i||=1\end{cases}\quad(1-11)$$

根据以上数据分析计算可得：

$$Y_1^* = -0.0016X_1 - 0.0322X_2 + 0.0080X_3 + 0.0036X_4 + 0.0031X_5 - 0.0086X_6 + 0.0034X_7 + 0.0021X_8 \quad(1-12)$$

$$Y_2^* = -0.0015X_1 - 0.0347X_2 + 0.0004X_3 - 0.0010X_4 + 0.0024X_5 - 0.0146X_6 + 0.0176X_7 + 0.0005X_8 \quad(1-13)$$

$$Y_3^* = 0.0053X_1 + 0.1612X_2 - 0.0097X_3 + 0.0140X_4 - 0.0075X_5 - 0.0259X_6 + 0.0107X_7 - 0.0008X_8 \quad(1-14)$$

$$Y_4^* = 0.0086X_1 + 0.2620X_2 - 0.0158X_3 + 0.0252X_4 - 0.0124X_5 - 0.0563X_6 + 0.0163X_7 - 0.0015X_8 \quad(1-15)$$

$$Y_5^* = 0.0002X_1 + 0.0056X_2 - 0.0003X_3 + 0.005X_4 - 0.0002X_5 - 0.0010X_6 + 0.0004X_7 - 0.00003X_8 \quad(1-16)$$

$$Y_6^* = 0.0182X_1 + 0.5193X_2 - 0.0326X_3 + 0.0501X_4 - 0.0312X_5 - 0.0954X_6 + 0.0236X_7 - 0.0026X_8 \quad(1-17)$$

可以看出，总人口、非农业人口、农林牧渔业、国内生产总值、人均国内生产总值、固定资产投资额的权重分别是 0.0522、0.0534、0.0537、0.0538、0.0343、0.0541，通过比较权重的大小关系，可以分析出驱动因子对土地利用类型作用的强弱关系，根据模型[64]可以分析出影响贵阳市土地利用变化的驱动因素的强度分别是：固定资产投资额 > 国内生产总值 > 农、林、牧、渔业 > 非农业人口 > 总人口 > 人均国内生产总值。人均国内生产总值在最小二乘回归模型中各系数的绝对值最小，由此可知，人均国内生产总值对土地利用变化的影响最弱。这与表1－16中所表现的规律相一致。固定资产投资额、国内生产总值、农林牧渔业所占的总值最大，是土地利用主要的驱动力因子，非农业人口和总人口次之。

（三）驱动力

驱动力包括：自然环境驱动、社会经济人驱动、人口劳动驱动和相关改革的驱动。

（1）自然环境的驱动。贵阳市处于喀斯特地貌的地段典型，且位于黔中典型的岩溶山区，坡耕地较多，自然环境对贵阳市的影响不言而喻。由于其发展迅速，比较平缓的山坡也成为其开发利用的主要地类，同时，典型的岩溶山区在极端天气的变化下，容易发生泥石流、滑坡等地质灾害，引起了地貌的很大变化，这无疑改变了贵阳市的土地利用结构以及其城市布局。

（2）社会经济的驱动。城市的发展离不开经济的发展，经济发展无疑是驱动土地利用的主要驱动力。贵阳市地区生产总值由 2005 年的 52.56 千万元增加到了 2010 年的 112.18 千万元，然后到 2015 年的 249.73 千万元，增幅分别达到了 213.43%、222.62%，全社会的固定资产投资额从 2005 年的 34.4 千万元增加到了 2010 年的 101.91 千万元，然后到 2015 年的 348.94 千万元，分别增加了 296.25%、342.4%。地区生产总值和全社会固定资产投资额呈现显著的增幅状态，这说明贵阳市十年来城市发展迅速，拥有雄厚的经济实力，能够吸引更多的投资汇聚于该地区以促进其快速的发展，同时为房地产业、建筑业和基础设施建设提供了强有力的保障，而房地产业、建筑业和基础设施建设等的发展会导致耕地和未利用地呈减少的趋势。但随着耕地占补平衡的号召，建筑用地尽可能多的使用未利用地，以保证国家的粮食安全，实现贵阳市的可持续发展。

（3）人口劳动力的驱动。人口劳动力的变化是城镇化发展的一个特征，人地矛盾也是长期以来中国的基本国情。而作为大中城市的贵阳市，在土地利用面积有限且喀斯特地貌典型的地带，其发展必须将人口的增加与土地利用配套设施的增加相提并论。据《贵阳市统计年鉴》的数据整理后得知，贵阳市从 2005 年至 2015 年，总人口数增加了 106.41 个百分点，其中非农业人口增加了 102.34 个百分点。其增加的幅度较大，为达到可持续发展的目的，人口劳动力的变化就对贵阳市优化人口布局和优化土地利用布局提出了迫切的要求。建设用地的增加必然会导致耕地面积、其他用地面积的减少，也增加了人们对交通的需求量，对于贵阳这样一个社会城乡一体化的城市来说，大量的交通设施配套是很有必要的。在生态方面，贵阳市总体做得较好，特别是园地、牧草地的增加，不仅彰显了贵阳市的生态建设的发展原则，也让居民的生活质量得到了进一步的提高。

（4）相关政策的驱动。政策因素一直都引导着经济社会的发展，土地要走可持续发展的道路，必须坚守一定的土地政策。在保护土地的工程中，不断优化土地利用结构，更好地促进贵阳市的持续健康发展，推动土地的可持续利用。贵阳市的经济、环保等政策也影响着土地利用结构的变化。随着退耕还林、退耕还园等生态政策的驱动，贵阳市的园地从 2005 年的 9652 公顷增加到了 2015 年的 12485 公顷，增幅达 29.35%；牧草地从 2005 年的 33781 公顷增加到了 2015 年的 57973 公顷，增幅达 71.61%。所以耕地、未利用土地的减少除了向建设用地转化之外，很多转向了园地、牧草地，可见贵阳市的发展同时兼顾了经济和生态的双重利益。

四、结果分析

本书考虑到在研究区域内每个驱动因子都不是独立地对贵阳市的土地利用结

构产生影响，而是每个驱动因子联合下产生的综合影响。特通过公式法、借助SPSS和EViews软件建立相关模型对贵阳市的土地利用变化进行了定性和定量的分析，以便更全面地探讨影响贵阳市土地利用的驱动力。研究总体态势是耕地、林地、其他用地呈减少状态，特别是其他用地减少得较快，从2005年的113960公顷减少到了2015年的40586公顷，减少了35.6%。但园地、牧草地、居民用地等方面呈增加的趋势，由此可见，贵阳市在发展的过程中注重耕地总量动态平衡和生态保护的原则，属于良性发展。首先是其在土地利用的影响因素中，固定资产投资额占的比重较大；其次是国内生产总值、农林牧渔业、总人口，影响不太明显的是人均国内生产总值。本书结合前面研究结果，对贵阳市今后土地可持续利用提出以下几点建议：

（1）土地集约节约利用，尽量保护耕地不被乱占。土地集约节约利用一直是当今社会发展所必须遵循的准则，保护耕地也是每一个公民的职责所在。针对贵阳市耕地呈逐年减少的趋势，找出了其主要的驱动力因子是人口增加、国内生产总值的提高。因此，要保护耕地就要控制人口增长，优化人口布局，同时加大对基本农田的保护，在城镇化建设过程中，尽量不占用耕地。对可以开发整理的土地进行复垦利用，在复垦中要注重增加科技含量，提高复垦水平，因地制宜，增加复种指数，提高经济效益，达到集约、节约利用的目的。

（2）强调生态观念，实现土地的可持续利用。生态观是从古至今所强调的，这彰显了人类与土地的和谐发展关系，而土地可持续发展是城市发展所必须遵循的一个前提条件。在分析贵阳市的土地利用驱动力中，可知贵阳市是一个比较注重生态保护的模范城市，园地、牧草地在逐年增加。然而，随着贵阳市快速进入城市化和工业化的过程中，耕地、林地、其他用地逐年减少，这既可以说明贵阳市属于土地开发正在进行时，也预示着土地的后备资源在逐渐减少。贵阳市处于一个喀斯特地貌典型的地带，其可利用的耕地面积少，大多是山区，坡改耕所浪费的工程量也较大，所以在其发展过程中必须有长远的眼光，特别是在耕地利用上，注重对未利用地的合理开发利用。在土地开发、整理的过程中，要注重保护生态，改变以前先发展后治理的落后观念，以实现贵阳市的良性、可持续发展，这正是“爽爽的贵阳”魅力所在。

（3）严格土地用途管制，完善监督机制。土地用途管制是对土地进行严格监督的前提，同时也是土地良性循环、可持续发展的前提。贵阳市的土地利用要实现可持续发展，必须严格执行土地用途管制的制度，协调好各类土地利用，在耕地、生态用地、建设用地方面，要配套布局。在城市发展的过程中，有很多不法分子，为了自身的利益，乱占用耕地，将其建成建筑用地，特别是在农村。在各类用地的审批、建设过程中，进行动态监督，防止其擅自改变土地用途。最终实现贵阳市土地的可持续利用。

（4）正确对待经济发展和土地利用，低占地发展。在经济发展过程中，土地的需求量增加是一个必然的趋势。然而根据贵阳市 2015 年国土二调的数据可知，其土地利用属于粗放式利用，其结构不合理，经济效率差。随着西部大开发，大量交通用地、工矿等用地占用耕地，据贵阳市的《土地统计年鉴》，贵阳市 2005 ~ 2015 年的耕地减少了 76039 公顷。在坚持可持续发展的条件下，正确处理经济发展和土地利用之间的关系起到至关重要的作用，要善于挖掘建筑用地的潜力，建造一个立体空间的城市，尽量少占或不占用土地资源，实现低占地发展，缓解建设用地持续增加的压力。

第五节　城镇化背景下的土地集约利用评价研究——以毕节市为例

毕节市的土地承载压力逐年增大，严重影响该地区未来社会经济发展规划的进程，当前在该地区开展土地节约、集约利用研究显得尤为重要。本节主要以城镇化进程为背景，运用 PSR 模型等评价方法，对毕节市的土地集约状况进行评价。研究结果表明：毕节市 2006 ~ 2016 年的土地集约利用水平呈上升趋势，但仍处于不集约阶段，土地资源集约利用待提升的空间很大。因此，毕节市在经济发展进程中，应利用政策因素合理引导产业升级、加大对土地资源集约利用的管控力度、提高对生态效益的重视程度。

一、城镇化中土地集约利用的意义

（一）研究背景

在当前我国城镇化快速发展的大背景下，社会经济的快速发展将大量农村劳动力引入城镇[65]，这一现象的出现促进了我国城镇化率从 2006 年的 44.34% 提高为 2016 年的 57.73%。据统计，2006 ~ 2016 年中国的人均耕地面积就减少了约 0.20 亩，现在的人均耕地面积不到 1.2 亩。在我国资源利用形势如此严峻的情况下，节约集约利用土地资源对我国加快社会经济发展进程有着重要的指导意义，是当前形势下的必然选择。在有限土地资源约束下寻求经济得到快速稳步发展，是我国城镇化进程中的一个重大问题。

随着《西部大开发“十二五”规划》工程的推进和“工业强省”等战略的实施，毕节市城镇建设用地规模不断扩大，城镇化率从 2006 年的 17.83% 增加到

2016年的38%。由于毕节市的经济发展水平相对落后、生态环境较为脆弱，盲目加快城镇建设发展，会造成该地区用地需求量增加、土地供求矛盾更为紧张等负面影响。在土地利用矛盾日益突出的情况下，协调毕节城市化发展与土地资源集约利用之间的问题迫在眉睫。因此，实施土地集约利用是促进毕节市社会经济健康发展的必由之路。

（二）研究意义

土地是人类赖以生存的基础，人类的一切活动均与其密切相关[66]。随着社会经济的快速发展，我国各城市的城镇化率不断提高，但同时，在城市土地利用的过程中也出现了诸多严重的问题。土地资源的有限性决定了人类在经济社会发展过程中必须以集约利用为原则进行土地资源利用活动[67]。农业用地、生态森林和天然生态环境已占据了大量宝贵的土地资源，人类必须在推进经济社会发展进程的同时集约利用现有的一切土地资源。实施城镇化土地集约利用，是保护耕地资源、促进科学技术发展、提高城市土地资源利用率、实现可持续发展目标的重要途径。土地资源利用必须做到集约利用才能实现可持续发展目标[68]，可持续发展观要求推动经济发展的同时必须兼顾生态环境的保护问题。我国人多地少严峻的形势决定了在资源利用方面，必须用集约化和内涵式的发展模式去取代以往粗放式、盲目扩大城市规模的发展方式[69]。因此，在土地开发和利用的过程中，应该顾全大局，充分考虑到未来会发生的问题，而提高城市土地使用效率的有效手段之一就是立足现状，科学合理配置土地资源[70]。

毕节市也不例外，工业化与城镇化的快速发展，使得该地区资源、环境与发展三者之间的矛盾尤为突出。毕节市目前就全国而言，经济发展还处于比较落后的局面，城镇化建设对于毕节市的发展来说是一个契机，集约利用土地资源在城镇化建设进程中发挥着基础性的作用。本书通过理论研究，正确分析和处理城镇化建设与土地利用之间的关系，为毕节市的城镇化建设提供可利用的参考建议，指导毕节市新型城镇化建设向更好的方向发展。加大毕节市土地资源集约利用研究的力度，特别是处理协调好城镇化发展与土地集约利用之间的关系，正确把握毕节市土地资源利用方向，可以为毕节市的城镇化建设提供更科学具体的方案、给区域城镇化土地节约集约利用带来新的思路。

（三）城镇化、土地集约利用的内涵

1. 城镇化

城镇化是一个国家在工业化进程中所要经历的农村人口转化为城市人口导致城镇规模扩大、人口增长的历史阶段的过程。城镇化率是反映城镇化水平的高低、城镇人口数量多少的重要指标，也就是说，城镇化率是城镇人口占该地区常住总人口的比重[71]。

2. 土地集约利用

我国对土地集约利用研究在20世纪90年代城镇规模膨胀与土地后备资源不足间矛盾激化后，国内学者才初步投入该研究领域。在国外，城镇土地集约利用的概念最早出现在李嘉图等古典经济学家对地租理论中农业用地的研究领域[72]，是从农业土地集约利用借鉴来的，其主要内容是为了达到获取高收益的目标，利用先进的技术和管理方法，在一定土地面积上，投入一定的资金和劳动力的一种农业管理体制[73]。原国家土地管理局局长邹玉川指出：城市土地集约利用内涵来自潜在空间的布局调整、人均收入的提高、土地生产力、土壤空间的潜力挖掘等方面[74]。

土地集约利用是指在效益能实现最大化的基础上，合理投入资金成本及劳动力去改善土地经营的管理方式，从而能达到不断提高土地的使用效率，协调经济、社会和生态间关系目标的过程。

二、土地集约利用评价研究方法

（一）研究内容

本节开展毕节市土地集约利用评价研究主要研究内容包括以下四个方面：①阐述城镇化、土地集约利用概念；②介绍毕节市的基本概况，如地理位置，社会经济发展状况等；③结合毕节市经济发展、土地利用现状等情况，建立符合当地实际的评价指标体系，利用PSR评价体系对该地区的土地集约利用水平进行评价研究；④在评价结果的基础上，对土地利用过程中出现的问题及原因展开分析探讨，并尝试提出相应的对策以及建议。

（二）研究方法

本书所用到的研究方法如下：

①文献资料法：对毕节市的经济发展、土地利用现状等资料进行收集、整理、分析、总结。

②信息分析对比法：分析毕节市近几年经济发展、各类用地的变化情况，并以此为依据来分析毕节市土地集约利用过程中出现的问题及原因。

③理论分析与案例分析相结合：以其他地区的土地集约利用评价案例为参考，从城镇化进程的角度，运用PSR模型体系来评价毕节市的土地集约利用程度。

（三）计算公式

$$P_{ij}=\frac{X_{ij}-\overline{X}_j}{\sigma_j}\text{（当 }X_i\text{ 为正向指标时）} \tag{1-18}$$

$$P_{ij}=\frac{\overline{X}_j-\overline{X}_{ij}}{\sigma_j}\text{（当 }X_i\text{ 为负向指标时）} \tag{1-19}$$

P_{ij}代表第 i 年第 j 个指标数据标准化后的值；X_{ij}代表第 i 年第 j 个指标的数据原值；$\overline{X}_j$ 代表第 j 个指标各年数据均值；σ_j 代表第 j 个指标标准差。

$$e_j = -\frac{1}{\ln(n)}\sum_{i=1}^{n} P_{ij} \tag{1-20}$$

式中，$e_j \geqslant 0$ 代表第 i 各指标熵值，$\frac{1}{\ln(n)} = u > 0$，P_{ij}代表标准化后的指标值。

$$d_i = 1 - e_i \tag{1-21}$$

式中，d_i 表示冗余度，e_i 表示毕节市评价指标第 i 年的熵值。

$$W_i = \frac{d_i}{\sum_{i=1}^{n} d_i} \tag{1-22}$$

$$D = D_p + D_s + D_r \tag{1-23}$$

$$W_p = \frac{D_p}{D} W_s = \frac{D_s}{D} W_r = \frac{D_r}{D} \tag{1-24}$$

式中，Wi 代表所有单独指标的权重值，$i = 1, 2, 3, \cdots, n$。

$$E = W_p \sum_{i=1}^{n} P_i W_i + W_s \sum_{i=1}^{n} P_j W_j + W_s \sum_{i=1}^{n} P_u W_u \tag{1-25}$$

式中，W_p、Ws、Wr = 子系统指标权重，P = 指标标准值，W = 指标占系统的权重值，土地集约利用评价指数 = 压力指数 + 状态指数 + 响应指数。

$$C = \frac{E}{\sqrt{P^* P + S^* S + R^* R}} \tag{1-26}$$

式中，C 代表土地集约利用系统协调度，$E = P + S + R$，P 代表压力系统指数，S 为状态系统指数，R 响应系统指数。C 值越小，系统发展越不均衡，反之。

数据来源主要有两个途径：①文献资料：查阅有关土地集约利用的书籍、学术期刊、报纸、论文、报告、网页等。②毕节市部分统计年鉴、2013 年土地利用总体规划、2006 ~2016 年政府工作报告等。

三、毕节市土地利用现状

（一）自然地理概况

毕节市地处东经 105°36′ ~106°43′，北纬 26°21′ ~27°46′，位于贵州省西北部，是川、滇、黔三省要地。毕节市的土地总面积达 2684851. 29 公顷，占贵州省土地总面积的 15. 24%，主要管辖“七县一区”，如图 1 –3。毕节市地形西面高东面低，最高处的海拔为 2900. 6 米，最低为 457 米，高差为 2444 米，平均海拔 1511 米，地处低纬度、高海拔大陆性亚热带湿润季风气候区[75]，年平均降水量在 850 ~ 1400 毫米之间，年均气温在 12. 8℃左右。毕节市地形崎岖，地貌复杂多样，以山地、丘陵为主。

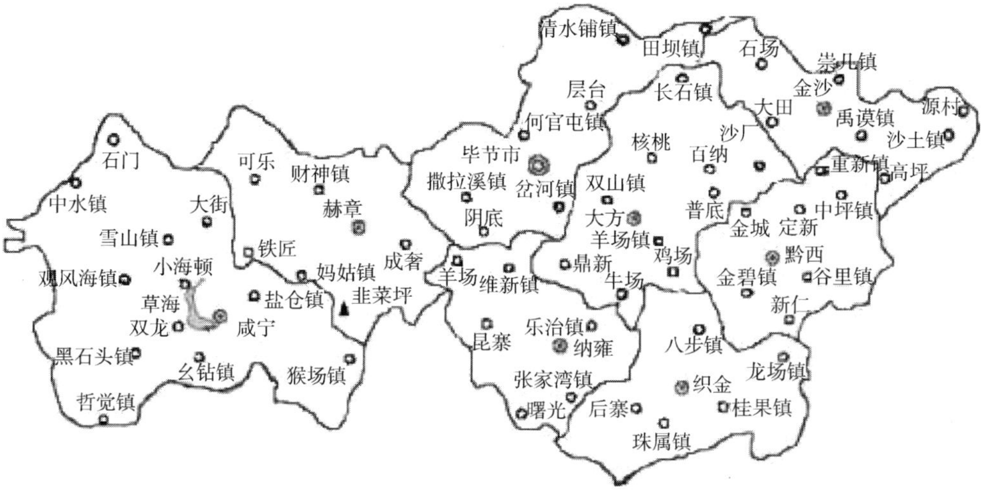

图 1 – 3　毕节市辖区

（二）社会经济概况

毕节市 2016 年全市常住人口达 664. 18 万人，城镇化率为 38%。2010 全年地区生产总值 600. 85 亿元，在贵州省九个地州市中位居前三。2011 年，在全省经济发展综合测评中排名第一位，生产总值高达 745 亿元。1988 ~ 2013 年，该地区的综合实力从倒数跃居第三，地区生产总值整整翻了 41 倍。从毕节市目前的经济发展情况来看，该地区的社会经济正往全面、协调、可持续等方向发展，详见表 1 – 21、表 1 – 22 所示。

表 1 – 21　毕节市 2006 ~ 2010 年国内生产总值　　单位：亿元

年份 指标名称	2006	2007	2008	2009	2010
地区生产总值	270. 61	325	402. 98	500. 1	600. 85
第一产业	78. 77	101. 06	106. 29	110. 17	124. 37
第二产业	104. 25	124. 71	160. 66	206. 74	259. 73
工业	93. 37	112. 4	114. 87	184. 9	226. 8
建筑业	10. 88	12. 31	45. 76	21. 84	32. 93
第三产业	100. 11	127	160. 3	183. 1	216. 75

续表

年份 指标名称	2006	2007	2008	2009	2010
交通运输、仓储和邮政业	19.02	23.81	31.77	35.57	48.46
批发和零售业	23.04	27.28	30.56	35.66	42.41
住宿和餐饮业	2.85	3.84	9.51	12.1	13.71
金融业	7.04	7.44	9.4	12.05	14.1
房地产业	8.28	11.06	11.61	12.03	13.18
人均生产总值（元）	4121	5180	6328	7476	9113

表 1-22　毕节市 2010～2016 年国内生产总值　　单位：亿元

年份 指标名称	2011	2012	2013	2014	2015	2016
地区生产总值	737.88	884.96	1041.93	1266.7	1461.35	1625.8
第一产业	134.16	160.07	196.60	252.78	324.71	344.43
第二产业	342.23	390.97	449.75	522.77	566.56	617.29
工业	295.60	333.06	373.06	425.88	453.10	488.60
建筑业	46.63	57.91	76.69	96.89	113.47	128.69
第三产业	261.50	333.92	395.58	491.15	570.07	664.07
交通运输、仓储和邮政业	57.84	69.04	79.55	104.08	116.79	128.29
批发和零售业	48.52	54.98	62.57	78.96	87.22	93.09
住宿和餐饮业	16.20	18.86	22.05	27.37	30.54	30.97
金融业	17.27	21.92	27.88	35.35	48.21	59.86
房地产业	16.14	25.39	30.01	35.10	35.48	40.09
人均生产总值（元）	11295	13569	15953	19369	22230	24544

（三）土地利用现状

毕节市土地总面积为 2684851.29 公顷，按国家土地规划用途分类的标准对毕节市 2012 年的土地变更数据进行分析总结，得出各类土地利用现状如图 1-4。农用地总面积 2382182.11 公顷，占土地总面积的比重为 88.73%，详见表1-23。建设用地总面积为 87308.38 公顷，占土地总面积的比重为 3.25%，详见表 1-24、表 1-25、图 1-5。其他用地总面积为 215360.8 公顷，占土地总面积的比重为 8.03%，详见表 1-26。

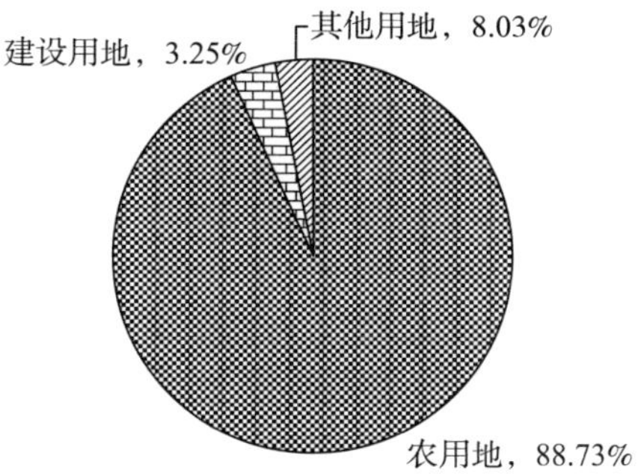

图1-4　毕节市各类用地所占土地总面积的比例

表1-23　毕节市各类农用地比重　　单位：公顷，%

农用地类型	面积	占土地总面积	占农用地总面积
耕地	996456.21	37.11	41.83
园地	6882.22	0.26	0.29
林地	1163817.85	43.35	48.86
牧草地	12330.07	0.46	0.52
其他农用地	202695.76	7.55	8.51

表1-24　毕节市各类建设用地比重　　单位：公顷，%

建设用地类型	面积	所占土地总面积比例	所占建设用地总面积比例
（1）城乡建设用地	73921.73	2.75	84.67
城镇用地	12133.64		
农村居民点	54830.68		
采矿用地	5660.5		
（2）交通水利用地	12285.12	0.46	14.07
铁路用地	616.69		
公路用地	9237.1		
民用机场	164.87		
港口码头	4.8		
水库水面	2121.07		
水工建筑用地	140.59		
（3）其他建设用地	1101.53	0.04	1.26

表 1-25　毕节市各类建设用地比重　　单位：公顷，%

建设用地类型	面积	占城乡建设用地面积比重	占交通水利面积比重
（1）城乡建设用地	73921.73		
城镇用地	12133.64	16.41	
农村居民点	54830.68	74.17	
采矿用地	5660.5	7.66	
独立建设用地	1296.91	1.76	
（2）交通水利用地	12285.12		
铁路用地	616.69		5.02
公路用地	9237.1		75.91
民用机场	164.87		1.34
港口码头	4.8		0.04
水库水面	2121.07		12.27
水工建筑用地	140.59		1.14
（3）其他建设用地	1101.53		
风景名胜设施	696.27		
特殊用地	405.26		

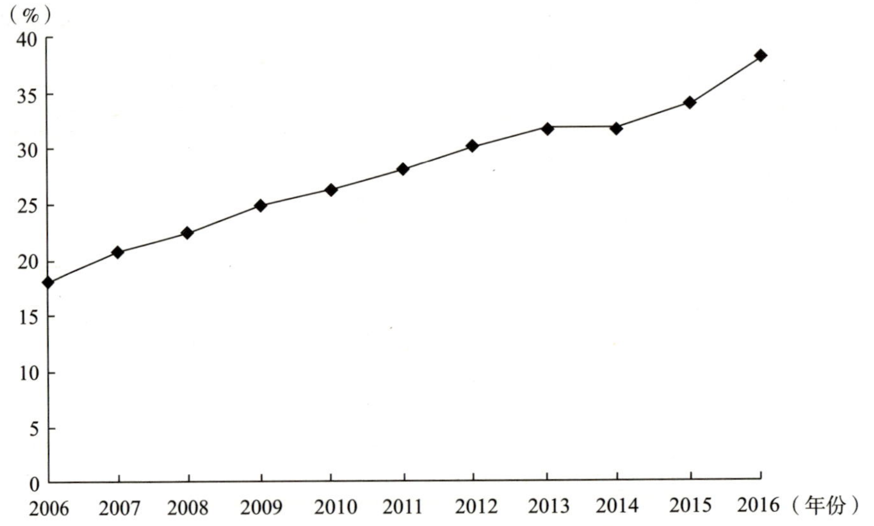

图 1-5　毕节市 2006～2016 年城镇化率变化

表 1－26 毕节市其他用地所占比 单位：公顷，%

其他土地类型	面积	所占土地总面积比例	所占其他土地面积比例
水域面积	21902.7	0.82	10.17
自然保留地面积	193458.1	7.21	89.83

四、毕节市土地集约利用评价

（一）评价指标体系

1. PSR 模型

PSR 模型是国内外专家学者认可用以评估资源利用和持续发展程度最适合的模型之一[76]。其中 P 指标为阻碍可持续的因素总称，S 指标为在可持续发展时期各个系统的状态，R 为促进可持续发展策略的总称[77]。通过综合分析毕节市的生态环境、经济发展和土地利用结构现状等实际情况后，认为 PSR 模型体系适合用来构建该地区在土地资源利用集约评价研究中的指标体系。

2. 评价指标体系构建

在坚持指标体系构建科学性、可持续性、动态性三个原则的基础上[78]，本书将评价指标分为三层，分别为目标层、准则层、指标层。其中，目标层是毕节市土地集约利用体系整体水平的体现，准则层共有压力指标 6 个、状态指标 6 个、响应指标 3 个。指标层共有能够反映毕节市土地资源利用情况的指标 15 个，如表 1－27 所示。具体各指标 2006～2016 年原始值详见表 1－28、表 1－29、表 1－30。

表 1－27 毕节市土地集约利用指标体系

目标层	准则层	指标层	指标说明
毕节市土地集约利用评价指标体系（A）	压力（B1）	人口密度（C_1）	+
		人均水域面积（C_2）	−
		人均耕地面积（C_3）	−
		农用化肥施用量（C_4）	+
		农用塑料薄膜使用量（C_5）	+
	状态（B2）	农药施用量（C_6）	+
		年均积温（C_7）	+
		森林覆盖率（C_8）	+
		土地利用率（C_9）	+
		未利用地百分比（C_{10}）	−
		水网密度指数（C_{11}）	−
	响应（B3）	生物多样性（C_{12}）	+
		人均地区生产总值（C_{13}）	+
		人均粮食产量（C_{14}）	−
		城市化率（C_{15}）	+

表 1－28　毕节市 2006～2009 年各类指标原始值

指标名称＼年份	2006	2007	2008	2009
人口密度（人/平方千米）	236	240	243	243
人均水域面积（公顷）	0.005	0.0041	0.0043	0.004
人均耕地面积（公顷）	0.143	0.141	0.14	0.139
农用化肥施用量（吨）	188403	190227	193265	201006
农用塑料薄膜使用量（吨）	1540	2745	2907	3098
农药施用量（吨）	976	1091	1128	1130
年均积温（℃）	2530.6～4516.10	2530.6～4610.1	2531.6～4611.1	2532.6～4613.1
森林覆盖率（%）	34.90	35.75	36.95	38.75
土地利用率（%）	67.71	68.02	74.85	78.94
未利用地百分比（%）	8.46	8.40	8.38	8.35
水网密度指数（%）	46.13	46.11	46.1	45.91
生物多样性（%）	48.82	48.82	48.76	48.71
人均地区生产总值（元）	4121	5180	6328	7476
人均粮食产量（吨）	0.32	0.66	0.37	0.37
城镇化率（%）	18	20.75	22.33	24.91

表 1－29　毕节市 2010～2013 年各类指标原始值一览

指标名称＼年份	2010	2011	2012	2013
人口密度（人/平方千米）	244	248	253	255
人均水域面积（公顷）	0.0037	0.0033	0.003	0.003
人均耕地面积（公顷）	0.135	0.131	0.129	0.127
农用化肥施用量（吨）	205538	217506	219110	228405
农用塑料薄膜使用量（吨）	3157	3356	3532	4277
农药施用量（吨）	1265	1296	1306	1390
年均积温（℃）	2535.6～4614.1	2536.6～4615.1	2538.6～4615.1	2540.6～4616.1
森林覆盖率（%）	40.03	41.5	43.10	44.06
土地利用率（%）	82.90	84.08	85.20	85.71
未利用地百分比（%）	8.20	7.46	7.21	7.10
水网密度指数（%）	45.75	45.71	44.82	44.75
生物多样性（%）	47.55	47.05	46.91	46.65
人均地区生产总值（元）	9113	11295	13569	15953
人均粮食产量（吨）	0.39	0.3	0.35	0.35
城镇化率（%）	26.18	28	29.99	31.67

表 1 - 30　毕节市 2014 ~ 2016 年各类指标原始值一览

指标名称＼年份	2014	2015	2016
人口密度（人/平方千米）	259	261	268
人均水域面积（公顷）	0.0027	0.0026	0.0025
人均耕地面积（公顷）	0.124	0.121	0.12
农用化肥施用量（吨）	231756	232854	236456
农用塑料薄膜使用量（吨）	4438	4650	4920
农药施用量（吨）	1491	1532	1580
年均积温（℃）	2544.6 ~ 4617.1	2544.6 ~ 4617.1	2544.6 ~ 4617.1
森林覆盖率（%）	46.23	48	50.28
土地利用率（%）	86.20	86.65	87.10
未利用地百分比（%）	6.85	6.70	6.68
水网密度指数（%）	44.26	44.13	44.11
生物多样性（%）	45.39	45.2	44.87
人均地区生产总值（元）	19369	22230	24544
人均粮食产量（吨）	0.38	0.39	0.4
城镇化率（%）	31.70	33.97	38

3. 数据的标准化处理

由于选取的指标间统计单位和数量级有差别，同时指标又分为正向和负向，若直接将其进行比较将会严重影响到评价结果是否科学[79]。因此，在进行土地集约利用评价之前，必须先将各指标的原始与集约利用的标准值进行对比，即将数据进行标准化处理，这里采用 z 标准化法，运用公式（1 - 18）、公式（1 - 19）计算毕节市土地集约利用指标体系各指标标准化值，详见表 1 - 31 所示。

表 1 - 31　毕节市土地集约利用指标标准化值

指标＼年份	2006	2007	2008	2009	2010	2011	2012	2013	2014	2015	2016
C_1	-1.40	-1	-0.70	-0.70	-0.601	-0.2	0.3	0.5	0.9	1.10	1.80
C_2	0.14	0.27	0.24	0.28	0.329	0.38	0.42	0.42	0.47	0.48	0.5
C_3	-1.09	-0.90	-0.81	-0.72	-0.367	0	0.18	0.36	0.63	0.90	1
C_4	-1.36	-1.25	-1.09	-0.66	-0.418	0.24	0.32	0.84	1.02	1.08	1.28
C_5	-1.98	-0.77	-0.60	-0.41	-0.356	-0.15	0.02	1.13	0.93	1.50	1.77
C_6	-1.6	-1.01	-0.82	-0.81	-0.125	0.03	0.08	0.51	1.02	1.23	1.48
C_7	-1.034	-1.03	-0.91	-0.82	-0.821	-0.45	0.02	0.02	0.02	0.03	0.03

续表

指标 \ 年份	2006	2007	2008	2009	2010	2011	2012	2013	2014	2015	2016
C_8	-1.29	-1.13	-0.91	-0.57	-0.333	-0.05	0.24	0.42	0.82	1.15	1.58
C_9	-1.65	-1.61	-0.71	-0.18	0.337	0.49	0.63	0.70	0.77	0.82	0.88
C_{10}	-1.13	-1.05	-1.02	-0.98	-0.783	0.21	0.55	0.70	1.04	1.24	1.27
C_{11}	-1.34	-1.5	-1.48	-1.08	-1.013	-0.95	0.21	0.33	1	1.17	1.2
C_{12}	-1.19	-1.19	-1.156	-0.46	-0.361	-0.03	0.05	0.23	1.05	1.18	1.4
C_{13}	-0.91	-0.78	-0.63	-0.48	-0.278	0.001	0.29	0.59	1.03	1.4	1.7
C_{14}	0.736	-2.84	0.21	0.21	0	0.94	0.42	0.42	0.10	0	-0.10
C_{15}	-1.66	-1.2	-0.94	-0.51	-0.18	0	1.66	1.72	1.76	1.79	1.8

4. 计算指标权重

为客观还原毕节市土地利用状态，本书将层次分析法和熵值法相结合，在计算前对每个指标数据进行无量处理，再根据公式（1-20）~公式（1-24）得出毕节市各类指标被赋予的权重值，详见表1-32所示。

表1-32 毕节市土地集约利用评价指标权重

目标层 \ 类别	准则层	指标层	熵值（e_j）	冗余度（d_i）	权重（w_i）	子系统权重
土地集约利用	压力	C_1	0.7076	0.0701	0.151	0.2707
		C_2	0.7447	0.0331	0.0415	
		C_3	0.7501	0.0155	0.0304	
		C_4	0.7776	0.0057	0.0317	
		C_5	0.7205	0.0413	0.0101	
		C_6	0.7314	0.002	0.006	
		C_7	0.7721	0.0145	0.0125	
	状态	C8	0.7665	0.0012	0.0561	0.029
		C_9	0.7365	0.0016	0.0103	
		C_{10}	0.7115	0.0035	0.0016	
		C_{11}	0.7772	0.0441	0.0036	
	响应	C_{12}	0.6713	0.1044	0.001	0.1132
		C_{13}	0.7104	0.004	0.0031	
		C_{14}	0.7116	0.0121	0.1066	
		C_{15}	0.775	0.0308	0.0035	

（二）土地集约利用综合评价

本节通过调查、收集材料，对毕节市 2006～2016 年时间段的土地利用数据进行甄别，选取客观展现毕节市土地利用现状的数据输入评价模型，计算出毕节市在城镇化进程中土地集约利用的总体值。在评价过程中，各评价指标直接影响测算的结果，也直接决定整个测算过程的精确性。由于各个指标对评价结果的影响有所不同，因此，为了量化毕节市土地利用情况，本节把前述 15 个单独指标整合成一个综合指标，模拟出不同角度的系统状况。土地利用的动态过程非常复杂，其中涉及了经济、社会、生态多方面因素。因此，本节综合压力、状态、响应三个方面来进行评价结果分析，采用综合公式（1－25）计算出毕节市土地集约利用水平结果，详见图 1－6。由于土地集约利用系统是由自然、社会、经济组合而成，尤为复杂，因而如果这三者的发展关系协调，那么土地利用水平属于集约范畴。本节采用公式（1－26）来计算 P、S、R 之间的协调度，详见图 1－7。

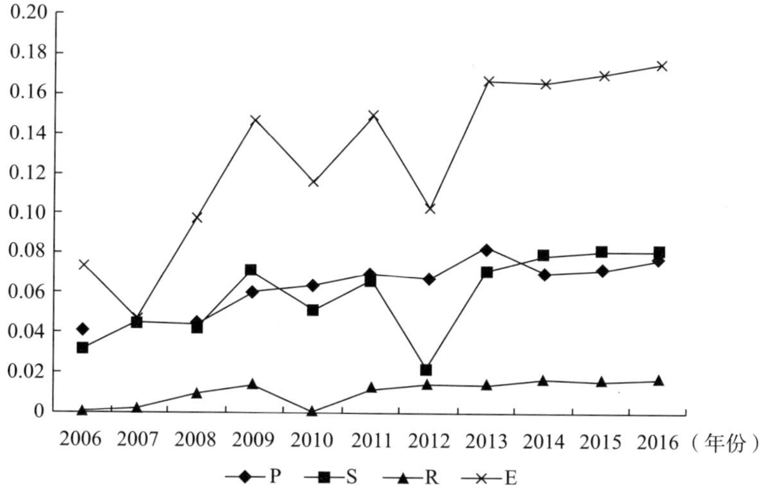

图 1－6 毕节市土地利用综合评价及各子系统评价指数

从图 1－6 评价结果中，可看出毕节市土地集约利用变化具有较大的波动，2016 年 E 值达到最高，为 0.1751，2007 年最低，为 0.0442。结合表 1－33 和图 1－8 可知该地区的土地集约状况虽然目前处于不集约范畴，土地资源集约利用的潜力没有得到充分挖掘，但总体情况良好，呈现不断改善的趋势。其中，P、S、R 均呈现上升趋势。P 值在 2013 年达到最高，为 0.0819，P 值的上升表明，毕节市在城镇化进程中，随着人口增加，经济社会迅猛发展，大量建设用地被无序占用，土地利用结构布局不合理，导致人均耕地面积逐年减少，人地矛盾情况严重恶化。此外，农用化肥、农用塑料薄膜的过量使用，不仅不能增产创收，反而使得土壤失去养分、土壤酸碱度失衡，生物失去多样性，污染周边生态环境，水土流失的情况日益严重。S 值与 E 值的升降幅度基本一致，2007 年最低为 0.0215，S 值是提高土地集约利用的主要因素。R 值呈现稳步上升的态势，R 值的变动会影响到土地集约利用的效率，也表明了该地区的土地集约利用发展得到了当地政府部门的重视。

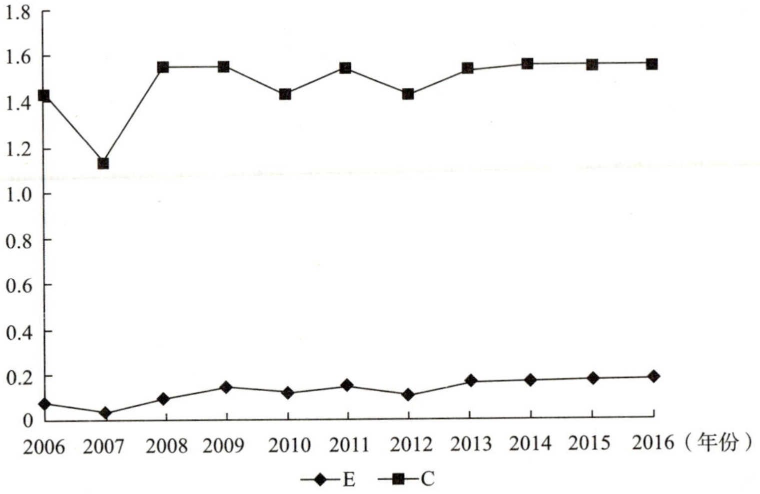

图 1-7　毕节市土地利用综合评价及协调度变化

表 1-33　毕节市土地集约利用评价等级标准

评价指数	集约状态（等级）	评语
0.3	高度（一）	社会、经济、生态效益实现最大化，土地供需达到平衡
0.18~0.2	中度（二）	土地资源利用基本符合当前经济、社会、生态的发展要求
0.1~0.18	适度（三）	生态环境有改善空间、资源还有很大的开发潜力。过度投资没有取得更大的社会、经济、生态效益
0.05~0.1	过度（四）	综合利用指数低、环境受到极大压力资金投入低、获得效益低
0.01~0.05	粗放（五）	环境保护意识淡薄、土地资源严重浪费

从评价结果可以看出，毕节市在 2006~2016 年间土地集约利用程度呈现出不断上升的良好势头，P、S、R 之间的协调性随经济发展与生活水平的提高而增加。C 值 2007 年达到最低，说明子系统之间的发展不协调，人均水域面积、人

均耕地面积大幅度下降，农用化肥与农药用量急剧增加。C 值从 2012 ~ 2016 年稳步提高，说明毕节市的经济健康稳定发展。因此，不断提高毕节市的土地集约利用子系统间的协调度是促进毕节市土地集约利用水平上升的重要手段。

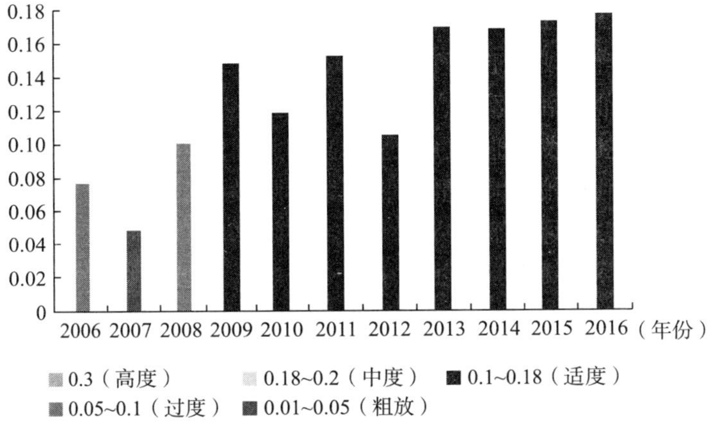

图 1 -8　毕节市土地集约利用评价等级变化

五　评价结果分析

本节采用了 PSR 模型评价体系，将毕节市现有土地利用情况，作为一个可测度的指标，来反映该地区的土地集约利用能力。综合 PSR 模型体系计算出了毕节市 2006 ~2016 年的土地集约利用综合指数 E。并在毕节市经济发展水平、土地资源利用现状、土地利用总体规划等具体情况的基础上，综合评价结果，分析毕节市在土地利用过程中的问题，并得出以下结论：

（1）评价结果表明，毕节市在土地集约利用的过程中，应重视土地利用产出效益、土地利用的压力和反馈两方面的提高。

（2）在毕节市经济发展的过程中，应以其在不同发展时期的地区条件、自身的发展需求为基础，对毕节市土地利用过程中处于“压力”地位的资源因素进行系统的评估。基于可持续发展的目标，深入分析产业结构水平的不足，采取功能定位原则，科学选取土地集约利用的政策措施引导产业转型。加大土地利用结构优化的发展进程，科学引导经济、社会和生态间的协调发展，提高土地集约利用水平。

（3）从评价结果中可以看出，虽然毕节市的土地资源利用并不集约，目前仍处于适度集约利用状态，但是整体趋近中度集约。评价结果表明，各个子系统之间未达到协调发展的程度，人口、经济、生态间的关系不协调，导致土地集约利用综合指数出现大范围的波动。

为了提高毕节市土地的集约利用水平，促进毕节的城市、土地利用合理发展，为此，针对毕节市土地利用现状和未来发展态势，秉承可持续发展理念，本书尝试提出以下四点建议：

（1）毕节市应该紧抓作为国家新型城镇化综合试点城市的机遇，通过政策引导统筹规划、合理布局，促进产业集聚，加大基础设施投资，稳中求进地推进产业升级。综合协调社会、经济、人文、科技、生态各领域，有效盘活闲置资源，走高效集约化道路。

（2）要加强土地资源宏观调控，以供需平衡为导向，加快市场化改革的进程，实现城市土地统一管控，优化土地使用结构，挖掘内部土地使用潜力，促进该地区生态平衡，充分发挥市场在土地资源配置中的主导作用。

（3）对产生的土地扩张问题进行严格控制管理，推动存量土地的流转，严肃惩处土地交易中的违法行为，侧重从法律、政策和监督层面尽可能减少土地资源的浪费，在问题的初始阶段就着手加强土地的集约利用进程。

（4）该地区政府应兼顾经济发展与土地可持续利用，采取植树造林、防风固沙等措施，使毕节市在城镇化进程中，尽快扭转土地利用不集约的问题，尽早实现节约、集约使用土地资源的可持续发展目标。

第六节　土地利用总体规划实施评价
——以习水县为例

土地资源是人类生存和发展的基础资源，是全球生态系统中使用最广泛、最频繁而又最薄弱的环节，一个国家国民经济各部门的生产建设都要落实到土地上。本节首先就选题的研究背景、研究意义以及国内外研究现状作一个简单阐述；其次，对土地利用总体规划进行相关概念界定；最后，从习水县概况以及土地利用总体规划入手，对耕地保有量、基本农田保有量、建设用地指标、土地开发整理补充耕地义务量等规划目标执行情况进行实施评价分析。

一、土地利用规划实施评价的意义

（一）选题背景

土地是人类在地球上生存和发展的基础，然而，它却如一个幼童般脆弱。随着人类对环境的破坏，使得一些土地由于污染严重根本无法使用，还有一些进入了无边无际的大海，更多的土地投入了茫茫沙漠的怀抱，使得人类能生存的地域正在逐渐减少，能运用的土地也越来越少。人类逐渐认识到了土地的重要性，每个国家都在保护土地方面制定了相关法律，并且对于土地的运用也越来越合理，保护耕地的意识也慢慢深入每一个公民内心，土地利用总体规划也成了每个国家和地区保护耕地和合理利用土地的措施，但在规划实施过程中往往会面临一些问题，在日积月累下这些问题会对人类的环境和发展带来负面的影响，所以发现并解决问题是当代人不可懈怠的责任。

（二）研究意义

在经济飞速发展的今天，无论是生活还是生产都离不开土地，土地成为人类生存在这片土地上不可或缺的资源，而人类对于土地资源的保护意识也加强了，各国对于自己领土的土地都制订了相关的土地利用总体规划，不仅提高了土地的利用效率，而且保护了耕地的数量。本节首先通过对 2012 年习水县土地利用总体规划实施后的一些基本情况和一些重点项目的实施情况等进行分析，然后通过分析实施情况和其中存在的一些问题提出自己的一点建议，促使规划更合理，呼吁公民保护耕地的意识，使习水县在大力发展经济的同时，能确保全县耕地总量的不变，促进发展与保护共存。

（1）开展土地利用规划实施评价，有利于习水县土地资源的合理配置。在经济飞速发展的今天，无论是工作还是生活都离不开土地，土地成为人类生存不可或缺的资源，而怎样合理的使用土地和配置土地，使得土地的利用率得到最大化，这就离不开土地利用总体规划了。

（2）为习水县建设环境友好型和生态安全型社会提供平台。每个地区的生产建设和生活都离不开土地，土地成了人类生存的必要根基，而每个地区的土地利用总体规划方案使人类在更好地利用土地的同时，也能加强对于环境和土地的保护。

（3）为构建“和谐习水”提供路径。通过习水县土地利用总体规划的研究，能够促进合理利用与保护习水县土地资源，能够在较大程度上缓解社会经济快速发展背景下的人地矛盾，同时，也可以缓解人与自然、人与人以及区域之间的不和谐，为构建“和谐习水”提供路径。

（三）国内外研究现状

1. 国外研究现状

土地利用规划在国外起源较早，由于各个国家的社会制度、土地基本国情、土地管理体制、土地产权制度等因素的差异，各个国家都各不相同，但是地球是一个整体，特别是对于土地资源而言，随着经济的全球化、生态环境问题的全球化，各地区发展过程中会出现越来越多的共性，中国也不例外[80]。因此，系统学习、研究国外土地利用规划，借鉴其积极因素，对于提高我国的土地利用规划水平，更好地保障社会经济的发展具有十分重要的意义[81]。

（1）美国。美国在土地利用总体规划上相比其他国家要晚，目前，在国内还没有相应的体系，美国的土地利用总体规划可分为三类，分别为总体规划、专项规划、用地增长管理规划[82]。

（2）英国。英国的土地制度历史悠久，所以经过多次的修改形成了自上而下的四级土地规划体系：有中央规划、大区规划、郡规划和市规划。与规划分级相对应，各级政府部门再制订本级土地利用规划[83]。

（3）日本。日本在规划方面相比其他国家较成熟，在国内已经有了完整的体系，在本国范围内实行划区管理和规划，规划等级由上往下发布任务，下级规划根据上级规划来制订，在对土地区域进行划区管理时，不同的地区在土地法律上也有所区别。日本为了更好的保护土地和规划目标的顺利进行，政府不仅加大宣传力度，而且出台了相关的法律法规来加强规划目标的顺利实施。城乡土地统一分类、统一调查、统一规划是日本土地规划管理的突出特点，这也较好地解决了城乡用地的矛盾[84]。

2. 国内研究现状

我国的土地利用规划研究早在西周时期就已开始萌芽，由于中国长期处于封建帝国统治时期，所以在相当一段时间里，在土地利用规划研究方面并没有突破性的进展，一直到中华人民共和国建立以后，我国在重新调整土地制度时，实行了土地公有制，并且在土地利用规划方面也取得了突破性的进展[85]。我国于1998年颁布了《土地管理法》，在全国范围内建立了土地管理机关，使土地保护和使用有条不紊地进行[86]。

（四）研究方案

本节的主要研究内容如下：第一部分为本节的前言部分，首先介绍了本节的选题背景、研究意义，其次是国内外研究现状，最后介绍了研究方案。第二部分为习水县概况及规划简介，简单介绍了习水县的自然地理、经济发展、行政区划、人口状态以及土地利用现状，并对规划的目标用地布局进行阐述。第三部分实证研究，对规划目标执行情况、重大工程和重点项目实行情况、新增建设用地报批情况、土地供应情况进行实证研究。第四部分为规划的结论与建议。研究方法包括：

（1）统计分析法。通过收集习水县近年来的土地利用数据，简要分析习水县土地利用总体规划在实施过程中的实施情况和土地的利用情况。

（2）案件剖析法。利用已有的数据简要剖析规划目标的实施情况和进展情况，并且分析一些重点工程的实施情况，由此得出规划中的问题并提出自己的意见。

二、习水县概况以及土地利用总体规划简介

（一）习水县概况

1. 自然地理状况

习水县属于贵州省遵义市管辖范围内的一个县级地区，位于贵州省的北部，地貌属于中山峡谷地貌，习水县地形为起伏不平的山地，该地区一年四季分明，在不同地区相同季节气候变化大。

2. 经济发展状况

2012 年全县国民经济实现历史最好发展，经济总量有显著的提高。全县实现地区生产总值 745261 万元，增长率为 18.1%，其中：第一产业增加值完成 125775 万元，增长率为 10.5%；第二产业增加值完成 318784 万元，增长率为 22%，其中工业增加值完成 240119 万元，增加 19.5%，建筑业相比 2011 年增加 78665 万元，增长率为 30.9%；第三产业相比上年增加了 300702 万元，增加率为 16.9%，三大产业的结构比例由去年 17.13∶40.04∶40.83 调整为 16.88∶42.77∶40.35。全县人均生产总值为 14396 元，比 2011 年增加 2493 元，同比增加 21%。

3. 行政区划及人口状况

2012 年，全县有 24 个乡镇，其中以东皇镇为城镇中心，土城镇、习酒镇、温水镇为习水县的三大重镇，目前，相对贫困的乡镇有同民镇、醒民镇、永安镇、官店镇、二里乡、双龙乡、桃林乡、坭坝乡，其中二里乡、双龙乡、桃林乡为习水县重点扶持对象[87]。2012 年末全县总人口为 717930 人。其中：农业人口为 646578 人；非农业人口为 71352 人；男性人口 376554 人，女性人口 341376 人，性别比为 110∶100；出生率为 10.47‰；死亡率为 5.98‰，人口自然增长率 4.49‰。

4. 土地利用现状

根据习水县 2012 年土地变更调查数据显示，习水县土地总面积为 307428 公顷。农用地面积为 287303 公顷，其中：耕地为 81942 公顷，园地为 464 公顷，林地为 187779 公顷，草地为 1374 公顷，其他农用地为 15745 公顷。建设用地面积为 8498 公顷，其中：城乡建设用地为 6581 公顷，城镇工矿用地为 1175 公顷，农村居民点用地为 5407 公顷，交通水利及其他建设用地为 1917 公顷，其他土地为 11627 公顷[88,89]，其中：水域用地为 1837 公顷，自然保留地为 9790 公顷。详见表 1－34 所示。

（二）土地利用总体规划简介

1. 土地利用总体规划目标

土地利用总体规划是指在各级行政区域内，根据土地资源特点和社会经济发

展要求，对今后一段时期内（通常为15年）土地利用的总体安排[90]。为了更好地实现习水县耕地数量和用地结构的合理化，也为了更好地实行国家土地政策，本着以发展与环保相结合的目标，保持全县耕地数量不变的原则，在严格控制建设用地量的同时，要保障经济社会发展的必要用地，保障习水县“十二五”规划中提出的“工业强县、城镇兴县、旅游活县”战略；严格按照土地节约、集约利用的各项政策，提高土地节约利用水平，形成“人口城镇化、产业园区化、住宅社会化”的土地利用方式，促进生态环境良性循环；以优化土地利用结构和布局为主线，统筹各部门和城乡土地利用。实现土地资源的优化配置和高效利用，在用地的同时保障生态环境不受破坏，促进习水县国民经济水平和社会发展实现新时期跨越。

表1－34　土地利用结构　　单位：公顷

年份 地类		规划基期（2009）		规划基期（2012）		规划基期（2020）	
		面积	占总比例（%）	面积	占总比例（%）	面积	占总比例（%）
农用地	农用地合计	287571	93.45	287303	93.45	28779	93.61
	耕地	81879	26.63	81942	26.65	79565	25.88
	园地	465	0.15	464	0.15	3465	1.13
	林地	188100	61.19	187779	188100	0.45	61.19
	牧草地	1374	0.45	1374	0.45	1374	0.45
	其他农用地	15754	5.12	15745	5.12	15276	4.97
建设用地	建设用地合计	7535	2.45	8498	2.76	8714	2.83
	城乡建设用地	6037	1.96	6581	2.14	6685	2.17
	城镇工矿用地	657	0.21	1175	0.38	1198	0.39
	农村居民点用地	5379	1.75	5407	1.76	5486	1.78
	交通水利及其他建设用地	1498	0.49	1917	0.62	2030	0.66
其他用地	其他用地	12322	4.01	11627	3.78	10934	3.56
	水域	1837	0.6	1837	0.6	1837	0.6
	自然保留地	10485	3.41	9790	3.18	9097	2.96
总面积		307428	100	307428	100	307428	100

2. 土地利用总体规划主要用地布局

（1）农用地布局。根据习水县“十二五”规划，实施农业农村“14321”工程，即力争“十二五”期末，出栏黔北麻羊、肉牛100万只以上，建成40万亩中药材基地，发展30万亩蔬菜，种植20万亩小麦，实现乡村旅游床位10万张目标的“14321”工程，以畜牧、中药材、蔬菜、高粱四大特色优势产业为重点。

（2）城镇体系布局。习水县城镇体系以县城（东皇）为中心，土城、温水、习酒、二郎为区域重点城镇，一般城镇为基础，乡集镇为补充以及主要交通和其他联线为纽带，构成城镇布局群落空间。习水县县域城镇空间以突出轴线优势为特点，呈“T”字型格局。

（3）交通用地布局。按照“三横五纵九连线”网络布局，通过各层次连线，形成县域内外的高效公路网络。重点建设仁—习—赤高速公路、黔北高速、江津至温水高速，温水至二郎古蔺高速、两河口到土城、东皇到赤水官渡等公路建设，做好客运站的改建。加强赤水河航道沿线码头的建设，并提高岔河、土城码头利用率，新建淋滩、太平渡、小河口货运码头。

（4）新增耕地布局。规划区内，切实抓好土地整理和复垦，积极进行土地开发。土地开发主要集中在东皇、永安、仙源、二里、良村等乡镇。土地整理主要集中在东皇、回龙、土城、桑木、良村、仙源等乡镇。

三、土地利用总体规划实施评价

（一）规划目标执行情况

习水县第三轮土地利用总体规划严格按照《县级土地利用总体规划编制规程》要求，结合习水县域状况，按照编制步骤与方法，确定了规划的指导思想、规划任务、编制原则和规划内容；并按照规程的具体要求合理划分了土地用途分区、建设用地管制分区、调整了土地利用结果与布局、确定了土地整治模式；并按照《县级土地利用总体规划制图规范》完善了规划成果图件，使得这轮规划更标准化、规范化。

习水县是比较落后的县城，所以保护习水县耕地与基本农田，确保耕地和基本农田面积，是促进习水县经济持续、稳定发展的基础，是满足人口增长对耕地需求，保持社会安定的基本要求。所以要严格保护耕地特别是基本农田，从而确保全县耕地面积基本保持稳定，质量有所提高[91]。截至2012年，习水县耕地保有量为81942公顷，高于2020年规划目标；2012年基本农田耕地保有量目标值为65415公顷，现状面积为65415公顷。为保障习水县经济发展用地需求，政府合理调控了用地布局，但由于发展的需要使得规划目标有所超出，但总的来说还未超出2020年的规划目标，而且随着城乡增减挂钩的大力实行，使得习水县在城镇建设上有了更大的空间。到2020年建设用地指标为8715公顷，2012年阶段目标值为8131公顷，2012年现状建设用地为8498公顷，超出2012年阶段目标，虽然尚未超出2020年规划目标，但已十分逼近规划总量指标，未来几年内仅剩指标为217公顷。至2020年城乡建设用地指标为6684公顷，2012年阶段目标值为6334公顷，2012年建设用地为6581公顷，超出2012年阶段目标值。至2012年城镇工矿用地为1175公顷，2012年目标值为904公顷，2020年目标值为1198公顷，超出控制指标。2006~2012年全县建设占用耕地623公顷，已逼近2020年规划指标值772公顷，未来几年仅剩指标149公顷。习水县加大了补充耕地力度，严格执行占用耕地补偿制度，非农业建设经批准占用耕地的，按照“先补后占”的原则，在占用耕地前，先补充与占用耕地数量和质量相当的耕地，加强了对开发整理补充耕地的管理，确保补充耕地的质量与数量，至2012年土地开发整理补充耕地义务量为759公顷，规划目标值为662公顷，2020年目标值为1458公顷，已经超出目标值但还未超出2020年规划目标。2012年人均城镇工矿面积为75平方米/人，2012年园地面积为464公顷，规划面积为1347公顷，未完成规划目标，2012年林地面积为187779公顷，规划值为188100公顷，低于规划目标值。

（二）重大工程和重点项目实行情况

规划方案的设计需要认真贯彻“十分珍惜和合理利用每寸土地、切实保护耕地”和“一要吃饭、二要建设、三要保护生态”的基本方针。坚持以科学的发展观和“在保护中开发，在开发中保护”的总原则。采用系统分析、综合平衡、突出重点的方法，落实最严格的耕地保护制度，保障区域内粮食安全和生态安全[92]；妥善解决各部门的用地矛盾，严格控制建设用地指标的配置，优先保证重点区域、重点乡镇、重点交通水利及重点建设项目用地。合理安排城镇工矿建设用地和农村居民点用地。重点规划项目用地的布局均与主管部门多次协调，具有科学性、动态性、指导性和可行性，用地配置较为合理。

1. 土地开发整理复垦工作

挖掘习水县整理潜力，坚持最严格的耕地保护和节约用地制度，尤其是对整理潜力巨大的农村宅基地，因地制宜、量力而行、依法推进，按照统筹规划、整合资源、加大投入、实施田水路林村综合治理的原则，以农田整治为重点，提高高产稳产农田比重和节约集约用地水平[93]。

要严格控制城乡建设用地增减挂钩试点规模和范围。经批准开展城乡建设用地增减挂钩试点的地方要严格按照有关规定，坚持局部试点、封闭运行、规范管理，不得扩大试点范围。农村建设用地整治所腾出的土地首先要复垦为耕地，严禁以整治为名，扩大城镇建设用地规模[94]。根据2006~2012年习水县土地开发整理复垦台账统计，全县完成土地开发整理复垦规模为1394.48公顷，其中，土地开发补充耕地1184.85公顷，土地整理135.51公顷，土地复垦74.12公顷。

2. 重点项目实施情况

为了抓好县域内工业集聚区和工业园区内部土地利用专项规划和配套基础设

施建设，坚持走内涵挖潜用地之路；坚持适度规模，实现集约化规模经营，提高资源综合利用率；依照可持续发展的要求大力发展绿色工业；积极发展循环工业经济；努力推进短缺资源的综合利用工作。规划实施以来，习水县完成了东皇镇、温水镇、土城镇用地，习新公路、仁赤高速公路工程、县城公墓及火化场用地、兴隆煤矿用地、桐梓河杨家园水电站等一批重点交通、能源、水利等重点项目建设用地。详见表 1 - 35 所示。

表 1 - 35　规划实施期间重点项目用地　　单位：项、公顷

项目类型	规划安排		规划期间实践执行		符合规划	
	数量	面积	总数	面积	数量	面积
城市	105	1269. 55	24	416. 27	24	416. 27
能源	73	144. 98	2	159. 42	2	159. 42
工业	17	866. 9	12	375. 85	12	375. 85
交通	26	527. 87	4	503. 95	4	503. 95

（三）新增建设用地报批情况

2006 ~ 2012 年，新增建设用地 1334. 81 公顷，规划面积为 1455. 48 公顷，超出规划面积 120. 67 公顷。详见表 1 - 36 所示。

表 1 - 36　新增建设用地增转报批　　单位：公顷

类别 / 年份	批准面积	新增建设用地	农用地		建设用地	未利用地
			面积	耕地		
2006	70. 85	59. 92	59. 11	48. 95	10. 94	0. 81
2007	25. 91	24. 49	20. 18	11. 5	1. 42	4. 32
2008	241. 54	216. 71	198. 19	99. 07	24. 83	18. 53
2009	74. 18	70. 85	65. 6	38. 4	3. 33	5. 26
2010	242. 34	238. 29	187. 59	84. 84	4. 04	50. 7
2011	515. 88	476. 42	405. 13	225. 5	39. 45	71. 29
2012	284. 78	248. 13	163. 03	114. 72	36. 66	85. 1
总计	1455. 48	1334. 81	1098. 83	622. 98	120. 67	236. 01

（四）土地供应情况

2006 ~ 2012 年，习水县土地供应面积为 548. 76 公顷，其中划拨供应地 379. 08 公顷，招拍挂供应地 169. 68 公顷。详见表 1 - 37 所示。

表 1-37　土地供应　　单位：公顷

类别 / 年度	划拨	招拍挂	小计
2006	33.51	4.56	38.07
2007	3.08	4.24	7.32
2008	12.08	31.14	43.22
2009	5.85	0.2	6.05
2010	4.26	7.33	11.59
2011	0.43	11.96	12.39
2012	319.87	110.25	430.12
总计	379.08	169.68	548.76

四、评价结果分析

习水县土地利用总体规划实施以来，全县范围内耕地得到了极大的保护，并为县城的经济建设提供了土地保障，对习水县社会经济发展起到了积极的作用。土地利用总体规划满足了习水县经济社会发展、民生改善对土地的需求，全县经济总量、基础设施水平、住房、交通、人均收入等都有显著提升，城镇建设快速推进，基础设施建设逐步完善、生态环境显著改善，城乡面貌日新月异。2012年全县耕地保有量高于2020年规划目标的2.99%，基本农田保护面积与阶段目标以及2020年规划目标一致。虽然习水县的耕地面积和基本农田保护达到了规划要求，但社会是不断发展和进步的，所以随着习水县商品经济和社会经济的不断发展，在未来若干年内有可能会面临耕地保护的压力，这需要政府加强相关政策法规的力度，也需要执法者在利用土地方面提高效率。

在土地利用总体规划期间，为了习水县能更好地发展社会经济，同时，也为了在习水县建设资源节约型、环境友好型社会的目标，习水县在区域内坚持节约用地制度，并对新增建设用地进行严格的控制，使得习水县土地能得到更好的使用。规划期间保障了重点项目的建设，为习水县的交通、能源、水利、环保、旅游和民生工程建设提供有力的保障。基于以上评价结果，本书提出以下三点建议：

第一，鉴于习水县经济发展所需的建设用地量和耕地量的不断增加，但上级给习水县的建设用地指标却明显不足，这就给习水县快速发展和建设带来了不便。因此，可以向上级有关部门进行反应，增加建设用地的指标，使得习水县更快、更好的发展。

第二，习水县实现耕地占补平衡进展缓慢的原因在于资金匮乏，资金总额投入不足。对此，可以向上级有关财政部门反应，适当提高在此方面的财政支出；也可以从地方政府收取的土地开发费、土地出让费中提取相应的费用来用于土地开发复垦；另外，还可以向上级申请把对于土地违法的罚款用于该项目上。

第三，加强农村和偏远地区的土地国策宣传工作，对于滥用土地和违法占用土地要第一时间处理，在处理过程中保证公开性，使得当地居民能吸取教训，从而减少土地违法案件。土地利用总体规划关乎一个地区的发展，需要政府部门、公众、土地利用部门等各方的参与，对此，需要汇聚各方智慧和个人力量，为提高土地规划献出一份力。

第二章　土地流转问题实证案例

近年来，随着经济和人口的增长、城镇化的快速发展，对于土地的需求量也在不断增大。同时，越来越多的农民为满足物质生活条件的需要不断涌入城市，这也造成了大量的农村宅基地闲置。家庭户数的不断增多，农村宅基地的面积也随着增加。由于对农村宅基地管理的缺失和不完善，加上农民自身的思想观念影响，由农村宅基地所造成的土地浪费在农村日益严重。对于如何解决好农村土地资源的浪费情况，同时也要满足城镇化的建设用地需求，保证农村的土地利用效率得到提高，这就必须要对农村的土地资源进行土地整治以及合理的分配利用。土地整治就需要进行农村宅基地退出，而作为农地流转的供给者，农户是否愿意进行土地流转，关系到发展现代农业，增加农民收入，农村经济可持续发展等一系列问题。农户作为土地经营的主体其意愿和行为对一个地区的农用地使用权流转及其机制和模式的选择有着根本性的影响，农户对土地流转所持的态度直接影响土地流转的效率。同时，政府通过土地承包经营权确权登记的措施来明确农村土地权属问题，保障农民土地权利，指导农村土地流转；政府在一定程度上对参与土地流转的农户给予相应的财政补贴，鼓励农民进行土地流转。随着这些相关政策的相继出台和不断健全，不仅促进了农村劳动生产力的转移，也为农民扩大农业规模、促进农业现代化生产提供了重要的土地保障。

第一节　资源型地区土地撂荒问题探析
——以六盘水市红果镇为例

运用问卷调查的方法，以六盘水市红果镇的三个行政村作为研究对象开展实证研究，从农户自身角度探讨资源型地区土地资源撂荒的问题。经调查区域内82.7%的农户撂荒土地，仅有17.3%的农户没有撂荒土地。其中，59.3%的农户因为农业收益比较低而不愿意种地；68.5%的农户认为山区农业生产条件差导致耕地撂荒；63.6%的农户由于劳资价格上涨、成本高而导致撂荒。结果表明：资源型地区土地撂荒的主要原因包括农业收益低、农业生产条件差、农户劳动力主要集中在矿场区等。另外，保护土地资源、减少土地撂荒意识淡薄、天灾导致减产、政府的管理力度不强也是加速资源型地区土地撂荒的因素。

一、土地撂荒问题的严重性

（一）研究背景及意义

1. 研究背景

土地是农业生产的根本之源，聚焦民生问题，关系着千千万万的农民乃至社会的发展与进步，土地的重要程度不言而喻。土地的面积不是无限的，是有使用寿命的，而且是不可再生资源，用了多少就少多少，肥力也是逐渐下降，土地的回收利用也存在很大的困难。作为农业持续发展的重要保障，保护土地资源及合理利用土地是全人类都应关注并积极参与的一场大运动。我国对土地的利用也是相当的重视，制定了相关律例条规，并把"十分珍惜、合理利用土地和切实保护耕地"的目标作为我国基本国策。近些年，土地在利用过程中常出现不和谐现象，我国耕地数量正逐年大幅度的下降。在1996年时，中国的总耕地数量还有19.51亿亩，人均耕地为1.59亩；到了2009年人均耕地减少到1.52亩，比世界人均耕地3.38亩的一半还要低；而到了2012年仅仅只剩18.26亿亩耕地，已经严重迫近18亿亩耕地红线。短短十几年的时间，中国人均耕地面积由1.59亩减少到1.30亩，耕地资源的急速减少，给我们敲响了警钟，耕地资源直接影响粮食安全，农业是民生之本，保护耕地刻不容缓。当前，我国在耕地资源利用上出现了一个严重的不良现象，我国农村普遍存在大面积的土地撂荒现象，那些土壤肥力佳、地势平坦适宜耕种的土地也出现杂草丛生、无人耕种以至于无人管理的荒芜景象。在土地资源逐渐减少的形势下，大面积的土地撂荒使得本就严重的耕地和粮食安全问题变得更加突出。撂荒耕地资源对保证全国18亿亩耕地红线有着非常重要的影响。我国每年撂荒的耕地有近3000万亩，照此速度发展下去我国将面临粮食短缺、社会动乱的局面。因此，解决土地撂荒的问题至关重要。土地关系到民生，对社会的发展至关重要，所以农村土地的撂荒应当得到高度重视。

2. 研究意义

随着中小城镇的发展，大量土地资源被占用，取代郁郁葱葱植物的是钢筋混凝土。当地粮食的出产量越来越少，已经难以满足本地居民的日常消费，每年都从外地引进大量的粮食。零碎的土地，肥力的下降给本来适宜耕作的土地就不多的山区带来沉重的负担，严重制约农业的发展，使得当地的农民不能从土地中自给自足，威胁当地粮食安全。除了被非农利用占用的土地之外，还有大量土地被农民撂荒也是土地资源锐减的重要方面。随着土地撂荒面积的扩大，相应的农作物种植面积减少，农产品的产出量也相应减少，土地撂荒给六盘水市的粮食安全和农村经济发展带来巨大的威胁。

作为不可再生资源的土地，无限使用最终将枯竭，漫天黄沙的沙漠就是最好的例子。沙漠不仅不能耕作粮食，还影响周边城市，全球每年都有城市遭到沙尘暴的袭击，直接威胁人类的生存，规避这种威胁的举措，促进全人类和谐发展具有跨时代的意义。而耕地资源锐减直接威胁到粮食安全以及社会的稳定。粮食安全在任何时候都不能放松，必须坚持不懈的常抓。研究土地撂荒的影响因素对解决土地撂荒、改善民生有着十分现实的意义。目前，我国出现的撂荒问题，跟大量的农民抛弃土地进城务工有一定的关系，大量劳动力转移致使大面积的土地荒废最终杂草丛生[95]。加上撂荒土地上发生的次生演替进展缓慢，对保持水土的效果不明显，甚至有些地方造成严重的水土流失，土壤肥力退化裸露出岩石，这就是西南地区形成石漠化的部分原因，生态安全也随之严重恶化，并且伴生的灾害问题逐渐增多，严重威胁到人类的生存和发展。研究发现，各种各样的影响因素共同作用，导致撂荒土地的行为不受控制逐渐增多。农民是对土地资源利用与管理的直接践行者，是问题的反映者，从农民身上找原因才是根本出路所在，解决出现在农民身上的问题对保护土地资源具有重要的理论和实践意义。分析造成撂荒的原因，寻求缓解人地矛盾、改善农民利用土地的方法，在农民与耕地之间找到平衡点，以促进人地和谐、人与自然和谐。

（二）相关概念

土地撂荒是由于生产经营者主客观因素放弃耕作而造成的土地处于闲置或未充分利用的状态，对此不同的学者有不同的见解。张斌等[96]研究者将耕地撂荒的概念定义为：由于生产经营者的主观原因放弃耕种土地而造成耕地荒芜闲置或者没有达到充分利用的状态。土地撂荒是指农民因为自身主观因素或者外界客观因素主动放弃适宜耕种的土地或不予耕种，任其荒废的现象[97]。随着城镇化步伐的加快，农民对土地的依赖程度逐渐降低，不少地方土地撂荒现象日渐突出。土地在经营过程中，生产经营者在土地上投入的物质、人力与管理等成本大大的减少，从而导致土地的利用程度明显下降，耕地明显处于一种未充分利用状态[98]。

（三）数据来源

对六盘水市红果镇的花家庄村、沙坡村和纸厂村三个行政村进行抽样调查，在每个行政村随机选取 60 位农民为研究调查对象，共对 180 位不同地区的农民进行访问式调查。本次调查总共收回问卷180份，其中有效问卷162份，问卷有效率为90%，无效率为10%。其中花家庄村收回有效问卷57份，沙坡村收回有效问卷51份，纸厂村收回有效问卷54份。对调查问卷进行统计分析显示：在被访问调查的162户农户中，男性有112人，占总调查人数的69.14%，女性有50人，占总调查人数的30.86%。对不同年龄阶段的农民进行调查中，主要考虑对具备农事操作的独立个体进行调查，年龄在21～40岁的占调查总人数的40.12%，年龄在41～60岁的占调查总人数的44.44%。调查对象中有65.43%的农民为初中文化，19.75%的农民为小学文化及以下，11.11%的农民为高中文化，3.70%的农民为大学文化，由此可见，受访农民的文化水平相对较高，具体见表2－1。同时，将调查所获得的数据进行筛选后汇总，分析导致土地撂荒行为的内在因素及外在原因，以便于清晰辨别影响撂荒的主要因素。

表2－1 样本基本信息

类别	样本分类	频数（N＝162）	频率（%）
年龄	20岁以下	15	9.26
	21～40岁	65	40.12
	41～60岁	72	44.44
	60岁以上	10	6.17
性别	男	112	69.14
	女	50	30.86
文化程度	小学及以下	32	19.75
	初中	106	65.43
	高中（技校、中专）	18	11.11
	本科以上	6	3.70
粮食能否自给自足	不能	148	91.36
	能	14	8.64
土地撂荒	有	134	82.72
	没有	28	17.28
耕地的重要性	不重要	44	27.16
	不太重要	62	38.27
	非常重要	56	34.57
是否了解撂荒地	了解	72	44.44
	不了解	90	55.56

续表

类别	样本分类	频数（N＝162）	频率（%）
撂荒受不受法律约束	受	30	18.52
	不受	59	36.42
	不清楚	73	45.06
政府的作用	很小	78	48.15
	很大	39	24.07
	无	45	27.78
是否愿意参加减荒行动	愿意	126	77.78
	不愿意	36	22.22
是否愿意土地流转	愿意	98	60.49
	不愿意	64	39.51

（四）研究方案

围绕农户收入主要来源形式、交通条件等因素将红果镇的三个行政村作为研究对象，结合当地实际情况设计问卷。调查问卷主要内容包括农户自身因素、政府在撂荒土地中起到的作用、撂荒土地的农业生产条件、自然外部环境因素，还有农民对撂荒土地现象所持有的看法等。结合相关文献，运用 Excel 和 SPSS 软件对调查所得数据进行统计分析。

二、样本区概况

（一）红果镇概述

红果镇地处六盘水市境内，面积有 272 平方千米，位于贵州省西部滇、黔两省交界处。气候适宜，年平均气温在 15℃左右，平均降雨量 1329 毫米，无霜期高达 252 天，年日照 1593.8 小时，非常适宜农作物的生长。但其地处云贵高原，三面环山，红果镇平均海拔 1700 米，坡度 25 度以下适宜耕作的土地很少，因此，当地在 25 度以上的坡耕地非常多，且地势不平坦山路崎岖，不便于耕作[99]，这种情况增大了农民对土地资源的利用困难。红果镇是贵州省重要的产煤乡镇，远景储量达 20 多亿吨。红果素有“江南煤都”之称，煤炭产业是红果镇的主要支柱产业，除煤炭之外，红果镇还有白银石、硅砂、黏土、煤层气等矿产资源。近年来，随着红果镇新城的建设，在带动当地经济发展的同时也带动了周边乡镇的发展，并且解决了当地农民的就业问题，给当地农民带来可观的经济收入。

（二）红果镇土地撂荒现状

受气候的影响以及地理环境的限制，六盘水市的农业生产效益比较低。因得天独厚的地理位置生成丰富的矿物资源，在矿物资源开发利用过程中解决了农户的就业问题，并增加了农民收入。当地耕地撂荒现象出现的主要原因在于非农就业机会的出现，导致农村劳动力的转移。虽然劳动力没有外流，却也让农村劳动力大量转移从事非农行业，从而出现土地撂荒现象。由于地理环境的影响，红果镇农民撂荒的土地主要分布在坡度大、地块小，植被覆盖率低，且易造成水土流失、肥力下降的山地。因为这部分土地零星分散、坡耕地路途较远、山路崎岖以及空间狭小的地块无法利用农业机械化操作，只能依靠人工和畜力耕作，这就增加了人力资本的投入。随着农民撂荒土地的增多，致使农民与土地的矛盾越来越多。

红果镇有着丰富的煤炭资源，红果镇纸厂村人均年收入达3080元，煤炭产业为全村经济发展的支柱产业，包括打牛厂煤矿、中纸厂煤矿和上纸厂煤矿均位于纸厂村境内。与纸厂村相邻的花家庄村，附近村民大多数都在纸厂村务工。对于沙坡村，境内有沪昆高速公路经过，且红果北收费站坐落在沙坡，给当地经济发展带来机遇。农民不用外出务工在家附近就能有经济收入，同时也可以兼顾家里的土地进行农事。各种外部原因让农民从土地中获得的收益越来越少，而在矿区工作带来的收入则成为当地农民的主要经济来源。大多数人对于成本高、收益低的农业生产都会选择弃耕，劳动力也开始转移并逐渐撂荒土地，土地的荒芜现象随处可见。

三、样本统计分析

运用SPSS软件对影响撂荒土地的因素进行相关性分析，检验结果如下，其中带负号的说明影响因素负相关，正号是正相关（见表2－2所示）。

表2－2　相关性检验结果

	土地撂荒	距离远、交通不便	自然天气影响	农资成本高	土地零散、不便耕作	农产品价格低
土地撂荒	1					
距离远、交通不便	0.132	1				
自然天气影响	−0.024	0.064	1			
农资成本高	0.061	−0.019	0.041	1		
土地零散、不便耕作	0.112	0.074	−0.019	−0.043	1	
农产品价格低	0.020	0.554**	0.058	−0.001	0.033	1

注：** 表示在0.01水平（双侧）上显著相关。

（一）人为因素

土地撂荒主要分布在距离较远、坡度在25°以上的坡耕地。在问卷调查中，每户农民都存在不同程度的撂荒。随着时间的推移，耕地撂荒面积越来越大，年限越来越长。每一年都有农户在撂荒土地，对于地势偏远、肥力差的土地，撂荒的时间更早，甚至有的土地撂荒年限有五年以上的。调查结果显示，撂荒耕地超过五年的所占比重为15%（见表2－3所示）。

表2－3　农户耕地撂荒年限　　单位:%

	1~2年		2~3年		3~4年		5年以上	
研究区	频数	所占比例	频数	所占比例	频数	所占比例	频数	所占比例
花家庄村	18	32	16	28	12	21	11	19
沙坡村	15	29	18	35	12	24	6	12
纸厂村	16	30	12	22	19	35	7	13
村总计	49	30	46	28	43	27	24	15

大多数农户对土地撂荒问题漠不关心，在调查过程中很多农户的态度是不屑的，在所调查的农户中50.6%觉得撂荒耕地无所谓，对他们来说没有什么影响；甚至有21%（见表2－4）的农户认为土地应该撂荒。出现这种调查结果主要是他们认为耕地对他们不重要，农民从土地上获得的收益不大，觉得耕种土地浪费时间和精力，理所应当地应该撂荒，任其荒芜。

表2－4　被调查农户撂荒耕地的态度

	应该撂荒	不应该撂荒	无所谓
户数	34	46	82
所占比例（%）	21	28.4	50.6

农户法律意识淡薄也是撂荒耕地的一个原因，调查结果中有36.4%的农民认为撂荒耕地不受法律的管理与约束，不清楚撂荒耕地的行为与法律关系的占45.1%，仅有18.5%（见表2－1）的农民认为撂荒土地的行为是不对的，觉得撂荒耕地的行为会受到法律的约束与管理。

研究区调查结果显示，仅有22.22%的农民不愿意参与耕地保护、减少撂荒土地的行动，有77.78%（见表2－1）的农民表示愿意参与减少撂荒土地的行动。其中不愿意参与行动的农民，认为减少土地撂荒的成本代价高、没时间、没精力；政府在减少耕地撂荒方面未起到引导作用；甚至有农民认为减少土地撂荒没有什么意义。研究区有60.49%的农民愿意土地流转，主要原因是不用花精力与时间在土地上就能获得报酬，但也有39.51%的农民不愿意土地流转，他们担心一旦流转成为别人管理的土地就不是自己的了，难以收回。

（二）经济发展因素

土地收获物农产品的价格与土地撂荒相关性显著，农产品的价格越低，越有可能撂荒土地。农民耕作土地是为了报酬，如果报酬递减，农民将不再进行农业生产投入。近年来，农作物的价格低，且销路不好，销售不了的都烂在了地里，让劳作了一年的农民经济收入减少。一旦农民耕种的作物卖不了好的价钱，微薄的农业经济收入让农民不得不放弃农业，寻找高收入的工作，从而转移农村劳动力，撂荒农村土地。在所调查的162户农民中，农民经济收入的来源很少，部分是来自农业，有91.36%的农民认为粮食不能自给自足（见表2－1）。农业对他们来说不是主业，只是作为补贴家用的副业[100]，并且都是在家没有务工的妇女耕种。调查结果显示，农业占家庭收入很少的有53.70%，其中有9.30%（见图2－1）的农户家庭收入里完全没有农业收入。

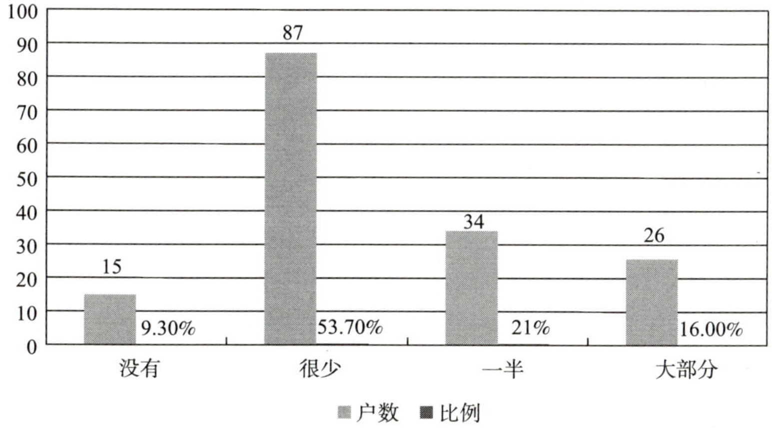

图2－1　研究区农业收入占家庭收入比重

在相关性检验结果中，农资成本高与土地撂荒成正相关关系，且相关性显著。农资成本高撂荒土地的可能性越大。对于肥力下降的土地，投入成本相应增高，农民每年都要花一笔资金用来购买肥料、种子、农膜等农业基本物资。农资成本的增高加大农民购买的压力，打击农民种地的积极性，农民撂荒土地的可能性也随之增大。农资成本也成了影响农民撂荒土地的一个重要因素。

（三）社会因素

政府对于农村撂荒土地问题不够重视，监管力度不够[101]，监控职能落实不到位，宣传教育活动的力度也不够，致使农户肆无忌惮地撂荒耕地。调查区有48.15%的农户认为政府在保护土地、减少耕地撂荒中起到的作用很小，甚至有27.78%的农户认为政府根本就没有起到监控督查的作用。农民在保护土地资源，减少耕地撂荒方面的意识淡薄，撂荒土地的现象有增无减，是一个很大的社会问题。研究区没有开展过大规模的保护耕地资源，减少撂荒行为的宣传教育活动，而且宣传力度不够，18.52%的农户认为没有开展过相关宣传教育活动，有44.44%的农户反映曾经开展过宣传教育，但是比较少，还有55.56%的农户不清楚本村是否开展过保护耕地资源，减少撂荒行为的宣传（见表2－1）。社会经济环境对农户耕地撂荒现象的影响要远大于自然因素的影响[102]。

（四）自然因素

在相关性检验结果中，自然条件与土地撂荒呈负相关关系，且相关性显著，自然天气越差，撂荒的可能性越大。对于靠天吃饭的农民来说，自然条件是农民很关注的因素，因为遇到恶劣的自然天气将导致农民减产甚至绝收，辛勤劳作了一年的作物将颗粒无收，这对农民的打击是非常大的，这也加深了农民与土地之间的矛盾。最终导致农民选择撂荒土地，转移劳动力获取更可观的经济收入。自然条件越差，农民选择撂荒土地的可能性就越大。红果镇出现的自然灾害主要有倒春寒、持续时间长的春旱、范围广的冰雹和暴雨、危害大的秋绵雨及凝冻，每个季节都有自然灾害发生，这给农业生产带来极为不利的影响。每年都有不同程度的自然灾害发生，近几年最为严重。特大灾害有2008年低温雨雪冰冻灾害，全六盘水市农作物受灾面积高达99.88万亩，绝收面积有14.96万亩，直接造成的经济损失高达20020.52万元。在2009～2010年，从前一年夏秋连续干旱、冬季雨雪少直到来年的春旱，2011年大面积严重伏旱和洪涝灾害，恶劣的自然天气周而复始的更替，干旱过后就是洪涝，致使农民年年减产。

研究区地处云贵高原，高海拔的地理环境制约交通的发展。天气条件好的年份，农户即使收获了大量的农产品，也不能通过交通把果实运输到外地出售，只能人挑背扛，导致农产品错过出售季节，而烂在地里。土地零散和交通不便的远距离土地与土地撂荒都呈正相关关系，并且相关性显著。特别是坡耕地的路程和位置严重制约着机械的操作，使得农民在土地利用上存在困难，花费的时间和精力就会增多。对于天气原因导致作物产量不稳定的情况，农民就更不愿花费时间、精力去耕作，农民选择撂荒土地也在所难免。自然灾害和地理环境对土地的撂荒也产生很大的影响[103]，很多农民逐渐选择弃耕，从而造成耕地撂荒。

四、结果分析

通过对六盘水市红果镇进行问卷调查研究，发现农村存在大面积的土地撂荒现象，当地撂荒土地呈现逐年上升趋势。主要原因有农民对土地法律认识的缺失；政府的监控职能落实不到位，宣传教育活动的力度不够，致使农户肆无忌惮地撂荒耕地；零散并肥力下降的土地加大了农业生产成本，致使农业生产低效益；附近高收入的矿产区引起农村劳动力转移，促使农民撂荒土地；土地零散不利于机械化操作，自然灾害频发等外部因素共同作用，最终导致农户不愿意种地，撂荒大量适宜耕种的土地。基于以上分析结果，本节提出以下建议：

（1）从改变农民思想认识开始，政府应该加大保护土地资源，减少撂荒行为的宣传教育活动。由村干部进一步落实，召集农民深入开展法律法规宣传教育与走访每户农民相结合，促使他们能更加理解撂荒以及撂荒耕地带来的后果，支持国家和政府减少撂荒土地的工作。为唤起农民不撂荒土地的意识，增加农民对土地撂荒危害性的认识[104]，政府除了大力宣传之外，还可以考虑组织农民参与撂荒土地的有奖知识问答，对答对的农民给予物质上的奖励，奖品可以是农民需要的日常用品及家用电器。政府对撂荒土地的农民应该惩罚严明，依法强化、约束撂荒土地的行为[105]，让农民认识到法律的重要性。

（2）解决农村土地撂荒现象必须从政策上给予有力支持，政府在土地撂荒中要有表率，相关责任落实到位，奖罚严明。对那些不作为的相关责任人进行严惩，绝不姑息。完善农村相关的保障制度，促进农村土地流转[106]，农民获得租金的同时还能就近打工得到报酬。土地流转在一定程度上能阻止农村土地撂荒[107]。一方面，改变农民在土地上低收入的单一种植；另一方面，在水土保持上能起到缓解并保护土地资源的作用，也积极响应了国家的退耕还林政策。

（3）对于农业低效益问题，政府应大力扶持农业，对农产品价格进行有效调控。为农民种植的绿色无公害农产品进行宣传，多渠道帮农民打开销路，推出特色农产品。对于六盘水市的地理环境，针对零散不便耕作的土地可以结合当地的实际情况，因地制宜地在坡度25℃以上的地区种植刺梨、核桃或者种植产松子的经济作物——松树。

（4）改善农业生产条件，多方举措的做好应对频发的自然灾害[108]，加大基础设施建设。通过改造中低产田等工程，加大坡改梯、留住土壤、改造小地块变大地块的力度[109]，降低农民种粮成本，并大力推广农业保险，让农民积极购买农业保险，当出现自然灾害时，对受灾农户进行保险补偿能减少农户的经济损失。另外，对于土壤肥力差的土地进行轮休耕作。

第二节 喀斯特地区农户耕地撂荒行为的影响因素分析
——以安顺市岩腊乡为例

近年来，喀斯特地区脆弱的生态环境和社会经济等方面的原因，造成土地撂荒现象的发生，本节从农户角度分析农户耕地撂荒的影响因素，通过发放200份调查问卷的方法，同时建立Logistic模型从而确定其撂荒的影响因素。经分析：影响岩腊乡赖岩村和龙潭村农户耕地撂荒行为的因素主要有家庭因素、土地因素和政策因素等。并针对以上结果，提出了继续加大支农惠农政策，增加农户农业收入；加大宣传力度，积极引导和鼓励农民回乡就业；改善喀斯特地区耕作条件，恢复耕地利用效率，加大生态建设等措施与建议，希望这些措施能够为相关决策部门提供一定的参考。

一、农户行为对耕地撂荒的影响

（一）研究背景

喀斯特是水对可溶性岩石（碳酸盐岩、岩盐、石膏等）进行以化学溶蚀作用为主，流水的冲蚀、潜蚀和崩塌等机械作用为辅的地质作用，以及由这些作用所产生的现象的总称[110]。从定义可知，喀斯特地区生态环境脆弱，耕地资源显得十分的重要。耕地撂荒是指在现有耕地利用方式保持不变的情况下，加上社会、经济与自然等因素的共同作用，土地生产经营者在一定时期内对现有耕地停止或减少耕作，从而导致耕地处于一种未知性的荒芜或未充分利用时的状态[111]。当前中国在今后一段时间内土地可持续利用管理和耕地保护工作的重点和难点是怎样减少或避免耕作条件较好的耕地资源浪费[112]。同时，贵州农业发展水平相对较低、社会经济发展速度相对较慢，全国排名居后[113]。因此，保护耕地和减少耕地撂荒现象的发生就显得尤为重要。

研究区域位于安顺市西秀区西南部，距安顺市区49千米，东与鸡场乡接壤，南与紫云自治县猫营镇毗邻，西连镇宁自治县革利乡、江龙镇，北邻本区新场乡和宁谷镇，地处两县一区的交界。岩腊乡有13个行政村，72个自然村落、91个村民小组，总面积为11531.03公顷。全乡喀斯特地貌广布，地质主要为溶蚀地貌，海拔在1500~1600米之间。岩腊乡是贵州省100个贫困乡之一，全乡有9个行政村多属深山区型，地势较为陡峭，经济发展相对落后，是一个汉族、苗族、布依族聚居的乡。

研究区土壤主要以酸性黄壤为主，土壤的有机质含量低、土层薄。该村经济发展主要来源于农业，经济发展相对落后。同时，该研究区山地多、耕地少，且主要以坡耕地为主，平地较少，耕地资源的保护显得尤为突出。岩腊乡土地利用规划远期（2011~2020年）中看到，规划各项建设用地占用耕地9.93公顷，灾毁减少耕地6.90公顷，至2020年耕地保有量为3102.64公顷，占土地总面积的26.91%（如表2-5所示）。

表 2－5　规划期间的耕地保有量变化情况统计　　　　单位：公顷

变化情况 规划期	规划期间补充耕地面积					规划期间减少耕地面积				规划期间净增（+）减（-）	期末耕地保有量
	基期耕地面积	增加合计	土地整理	土地复垦	土地开发	减少合计	建设占用	灾毁减少	其他		
规划近期	3455.66	15.00	7.00	0	8.00	230.24	6.99	4.20	219.05	-215.24	3240.42
规划远期	—	3.00	1.00	0	2.00	140.78	9.93	6.90	123.95	-137.78	3102.64
规划期	3455.66	18.00	8.00	0	10.00	371.02	16.92	11.10	343.00	-353.00	3102.64
年均增建	—	1.20	0.53	0	0.67	24.73	1.13	0.74	22.87	-23.53	206.84

（二）研究意义

随着社会和经济的发展，农村大量人口进城务工，加上某些地区脆弱的自然生态环境，加剧了农村土地撂荒闲置的现象发生。我们应重视撂荒现象，加强对耕地的保护。另外，贵州属喀斯特地区，本身土地贫瘠，生态环境脆弱，也容易导致土地撂荒的现象。喀斯特地区自然生态环境恶劣，加上社会经济等方面的因素，导致了耕地撂荒现象的出现，造成了耕地资源浪费。因此，必须保护好耕地资源，减少耕地撂荒。

本节从农户角度了解耕地撂荒现象，旨在通过构建 Logistic 模型探析土地撂荒现象背后的原因及相关关系并提出相应措施，希望通过这些措施能够对破解耕地撂荒问题起到一定的作用，降低耕地撂荒现象所带来的消极影响。通过发放调查问卷的方式和运用定性与定量分析的方法确定其撂荒的影响因素，针对目前喀斯特地区土地撂荒提出相应对策。

（三）研究方法与内容

研究方法包括以下四种：

（1）资料收集法。收集文献、图书、杂志、期刊等相关资料，整理土地撂荒相关的资料及分析总结土地撂荒现象的相关内容，为本节的撰写做相应的准备。

（2）归纳法。认真阅读关于土地的文献资料，文章中有学者早已提出许多观点，但在新的时代背景下有进一步完善的必要，归纳思考与论文相关的论述。

（3）定性与定量分析法。采用定性与定量分析耕地撂荒行为的因素并试图解释土地撂荒现象。

（4）问卷调查法。设计问卷，并对农户开展实地调研。

本节的研究内容如下：在对喀斯特地区耕地撂荒行为的研究基础上，对岩腊乡开展实地调研，通过运用 Logistic 模型和经济学相关理论，采用定性与定量分析耕地撂荒行为的因素，并试图解释土地撂荒现象。对岩腊乡发放调查问卷，调查内容包括；农户的文化水平、年龄、家庭收入、耕地总面积、退耕还林意愿等方面的情况，根据资料进行数据统计分析。

（四）理论基础

1. 激励理论

激励理论是行为科学中处理需要、目标、动机与行为四者之间关系的理论[114]。激励理论中有正向的激励作用也有逆向的激励作用。要了解农户的需要，通过加大农业的扶持力度等一系列措施激发他们的耕作意识，提升他们的耕地保护积极性，增加他们的农业行为。这些年国家重视农业，实施了不少支农惠农政策，鼓励农民耕种，提高耕地的利用效率，这是一种正向的激励作用。反之，正向的激励作用减少，农户不愿种地，从而造成土地撂荒的现象发生。农户不愿种地，导致了农业生产的劳动力缺乏，从中可以分析到农户家庭的撂荒原因主要可能是由于农业劳动力的缺乏[115]。

2. 可持续发展理论

1987 年，世界环境与发展委员会发布了一份《我们共同的未来》的报告，报告中将可持续发展定义为“既要满足当代人的需求，又不对后代人满足其自身需求的能力构成危害的发展”[116]。该理论着重于自然和社会经济的属性，说明在自然资源发展中开发利用程度之间的平衡。耕地与社会、经济、自然和可持续发展密切相关，同时，耕地是农民赖以生存的根本，也是国家粮食安全的重要保障。

当前，在新常态下农村经济可持续发展的关键是实现土地收益持续化[117]。本节通过对农户耕地撂荒行为影响因素的研究，有助于加强耕地保护和减少耕地撂荒行为，有助于提升农户的耕地保护意识。我国耕地面积有限，且存在耕地退化及污染的严峻形势，提高耕地的生产力，解决耕地退化和破坏问题，有利于减少撂荒现象，有助于我国耕地资源的可持续发展。

3. 经济人假设

“经济人假设”是指当一个人在经济活动中面临若干不同的选择机会时，他总是倾向于选择能给自己带来更大经济利益的那种机会，即总是追求最大的利益[118]。当前，农民在农业经营中为了获得最高的农业收入，会综合考虑包括家庭的农业劳动人数和资金等成本。由“经济人假设”理论可知，由于脆弱的生态环境和社会经济发展等客观原因，农民在农业生产生活中会理性地安排对耕地的投入比例，以达到自身土地利用效益的最高。当农产品价格降低时，种子、化肥等种植成本会上涨，农户就会选择从事收入较高的行业，同时出现务农和务工的现象。在家从事农业生产的主要是年龄稍微偏大的人，而农村青年外出务工或不愿种地，这就使得农业生产缺少劳动力，无力耕作土地，从而导致土地闲置撂荒[119]。

二、样本统计分析

（一）农户家庭基本情况分析

本节选取了岩腊乡赖岩村和龙潭村作为样本区，总共发放200份调查问卷，有效问卷160份，回收率为80%，无效问卷为40份。根据此次调查结果统计发现：耕地未撂荒的有86户，比重为54%，耕地撂荒的农户共74户，比重为46%（表2-6）。通过调查得出，样本农户的教育程度大部分为小学和初中文化程度，因为考上大学以后的人不愿意再回农村发展（如图2-2所示）。

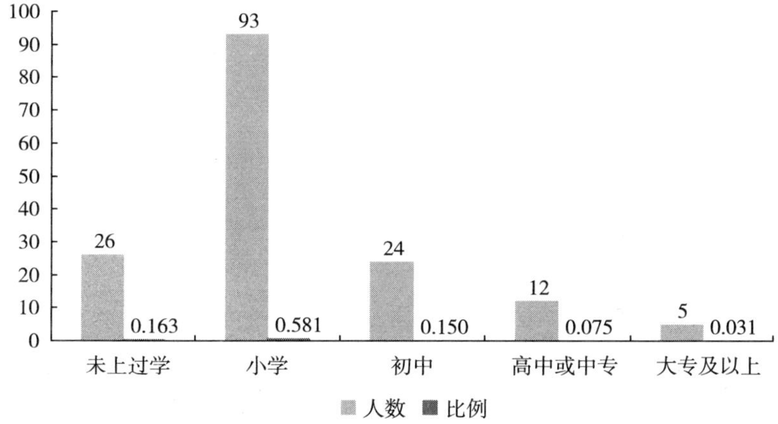

图2-2　农户文化程度统计

表2-6　农户撂荒耕地情况

	未撂荒	撂荒	合计
农户数（户）	86	74	160
比重（%）	54	46	100

在调查的160个样本中，2016年农户农业收入在2000元以下的有35户，农业收入在2000~3999元的有89户，农业收入在4000~5999元的有19户，收入在6000~7999元的有13户，收入在8000元以上的有4户。通过对收入情况的分析可以发现，样本区农户家庭的农业收入普遍不高（图2-3所示）。

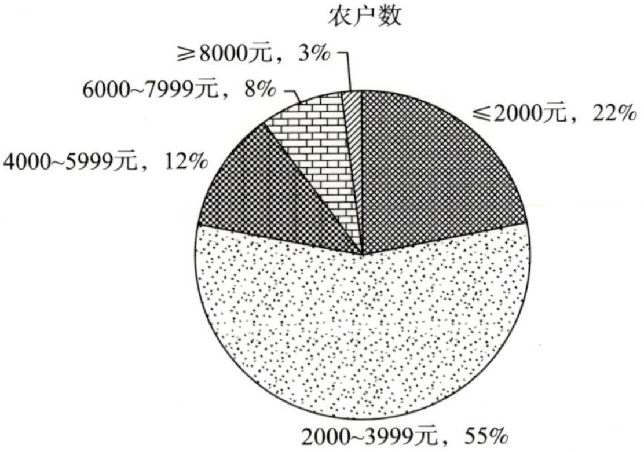

图2-3　农业收入中农户数在各个收入段的人数比例

（二）农户的耕地情况分析

随着社会和经济的发展，加上某些地区脆弱的自然生态环境，导致了土地撂荒。这次选取的样本区总共160户约有488人，调查中农户家庭耕地面积约为4804.06亩，耕地约为1.00亩/人。块数主要集中于4~8块，比例为58.13%（表2-7），耕地主要以旱地为主。

表2-7　农户耕地块数统计情况

块数	户数	比例（%）
≤4块	22	13.75
4~8块	93	58.13
≥8块	45	28.13

同时根据西秀区第二次土地调查获得的岩腊乡土地利用现状数据（表2-8），可以看出，耕地为3455.66公顷，比重为29.97%；园地3.53公顷，比重为0.03%；林地4103.61公顷，比重为35.59%；城乡建设用地128.78公顷，比重为1.12%；交通水利用地21.28公顷，比重为0.19%；基地建设用地0.33公顷，比重为0.00%；其他用地3428.33公顷，比重为29.33%。另外，岩腊乡土地利用分类结构见图2-4所示。

三、影响农户耕地撂荒行为的因素

（一）构建模型

生产过程中农户对耕地的利用存在撂荒和未撂荒的情况。因此，本节将没有

表 2－8　土地利用现状数据

土地类型	农用地					建设用地			
	耕地	园地	林地	草地	其他农用地	城乡建设用地	交通水利用地	其他建设用地	其他用地
地类编码	01	02	03	04	—	06. 07	10. 11	09	12
面积（公顷）	3455. 66	3. 53	4103. 61	0. 00	388. 96	128. 78	21. 28	0. 33	3428. 33
比重（%）	29. 97	0. 03	35. 59	0. 00	3. 37	1. 12	0. 19	0. 00	29. 33

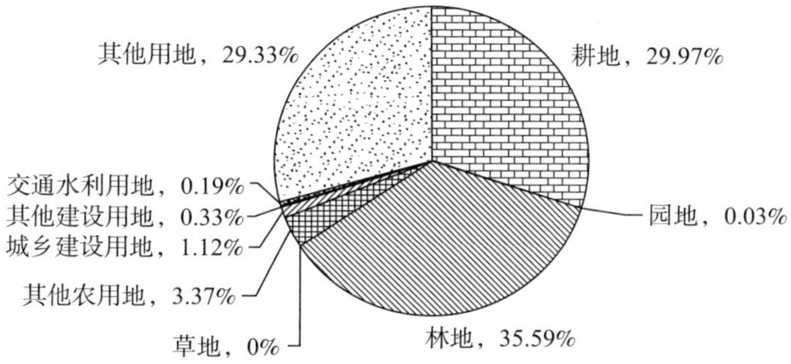

图 2－4　岩腊乡土地利用分类结构

耕地撂荒行为的变量在 Logistic 模型设定为 0，农户耕地撂荒行为的变量在 Logistic 模型设定为 1，这就要求构建模型时必须保证因变量取值是 0 或 1。模型的基本形式如下：

$$\ln\left(\frac{p_i}{l-p_i}\right)=z=b_0+b_1x_1+b_2x_2+\cdots+b_ix_i \tag{2-1}$$

其中 P_i 表示调查农户选择耕地撂荒的概率，b_0，…，b_i 为待估参数，x_i 表示影响农户耕地撂荒行为的变量。可以看出，Logistic 方程的回归系数可以解释为一个单位的自变量变化所引起的概率的对数的因变量[120]。

（二）变量的选择

选择影响岩腊乡赖岩村和龙潭村农户耕地撂荒行为的影响因素分为：家庭因素、土地因素和政策因素等几个方面，具体见表 2－9 所示。

表 2－9　变量选取与说明

类别	自变量	变量赋值及说明	变量类型
农户家庭因素	家庭收入	1. 收入 2000 元以下；2. 收入 2000～3999 元；3. 收入 4000～5999 元；4. 收入 6000～7999 元；5. 收入 8000 元以上	多分类

续表

类别	自变量	变量赋值及说明	变量类型
农户家庭因素	距集镇距离	距离镇的距离	连续型
	受教育程度	1. 未上过学；2. 小学；3. 初中；4. 高中或中专；5. 大专及以上	连续型
	家庭人口数量	耕地农户家庭实际人口数量	连续型
	外出务工人数	农户家庭外出务工人数	连续型
耕地因素	坡耕地比例	坡耕地面积/耕地面积	连续型
	耕地块数	耕地地块数量	连续型
	农户耕地总面积	样本区农户耕地总面积	连续型
	耕地距家距离	1. 近；2. 中；3. 较远	连续型
	耕地有没有流转	1. 有；2. 没有	分类型
其他因素	农作物价格变化	市场上农产品价格变动	连续型
	惠农政策的影响	国家和地方出台相关政策支持农业生产	连续型

（三）模型的结果估算

本节采用常用的计量分析工具 SPSS 软件进行定量分析，探讨影响农户是否存在撂荒行为的影响因素。模型的拟合优度指标有 -2 倍的对数似然函数值（-2log likelihood）和 Nagelkerke R^2。其中 -2 倍的对数似然函数值（-2log likelihood）越大，则模型的拟合优度就越低，本书的 -2log likelihood 值较小，模型的拟合优度较好。同时，检验得到本模型的 P 值 <0.01，模型有效。通过对数据的处理分析，得到农户耕地撂荒行为影响因素的系数、显著性、标准偏差和统计量等结果见表 2-10 所示。

表 2-10　耕地撂荒因素的回归检验结果

因变量	B（系数）	Sig.	S. E.	Wald
家庭收入	0.054	0.728	0.157	0.121
距集镇距离	-0.321	0.221	0.262	1.498
受教育程度	-0.687	0.125	0.446	2.369
家庭人口数量	-0.336	0.427	0.130	6.680
外出务工人数	0.538	0.250	0.180	8.140
坡耕地比例	-1.839	0.188	1.438	1.845
耕地块数	0.715**	0.000	0.016	2.020
农户耕地总面积	-0.381	0.405	0.458	0.692

续表

因变量	B（系数）	Sig.	S. E.	Wald
耕地距家距离	0.573	0.529	0.911	0.397
耕地有没有流转	-1.938	0.170	1.427	1.844
农作物价格变化	0.470	0.877	0.250	3.526
惠农政策的影响	0.184 **	0.028	0.084	4.856

注：** 表示在5%的统计水平下显著。

根据以上检验结果可知，在进入模型的十二个自变量中，有两个变量通过了显著性检验：耕地地块和惠农政策。其中，耕地地块变量的模型回归检验结果显著性为 Sig. =0.000，说明耕地地块数量对农户的耕地撂荒行为有一定的影响。耕地块数的回归系数（B）为0.715，呈正相关，说明耕地块数越多，撂荒现象就越高。出现这样的情况原因可能是在贵州高原山地面积比重大，平地较少，使得地块数越多，平均每块土地的面积就越小，反而不利于农业生产经营。同时，惠农政策的回归检验结果显著性 Sig. =0.028，解释变量显著，惠农政策的回归系数（B）为0.184，呈正相关关系。惠农政策也与耕地撂荒行为存在一定的相关关系。究其原因是受社会发展和传统思想观念的影响，农户主观上有不愿种地的思想观念，认为种地社会地位较低，经济效益较差。

四、结果分析

本节以岩腊乡为调查对象，通过 SPSS 软件进行定量分析，开展影响耕地撂荒行为的因素研究。回归结果显示：耕地的地块数量与喀斯特地区农户耕地撂荒行为有着显著的相关性，同时，惠农政策也与耕地撂荒行为存在一定的相关性。据此，提出以下建议：

（一）完善社会保障体系，促进农村土地流转

在我国经济发展过程中，建立统一的城乡居民养老保险制度，使农民同城镇居民一样公平地享有基本养老保险保障，并改善民生，保障退地农民的基本生活，可以促进农民向城市流动[121]。喀斯特地区生态脆弱且社会经济基础相对其他沿海省份较弱，社会保障体系还需要进一步的完善。同时进行土地整理，改变了土地凹凸不平的地形地貌，改善人们的种植条件，消除农民耕地撂荒的思想，提高农民种地的积极性[122]。耕地流转有助于缓解土地撂荒。实行耕地流转，可以更好地利用由于劳动力缺乏而不得不撂荒耕地的行为[123]。

（二）与生态建设相结合，将边坡地退耕还林

由于喀斯特地区土地生产力低，土地分散且地块较小，农户会考虑撂荒一部

分贫瘠的土地，尤其是坡度较大的土地。因此，引导农户将边坡地、撂荒地用于退耕还林，无论是对生态环境还是对农户都是有利的。贵州的耕地主要是以坡耕地为主，平地较少。坡度较大的土地不利于耕作，因此撂荒的可能性就会增大。综合分析土地撂荒影响因素，提出有针对性的措施办法，出台解决坡耕地撂荒问题的政策文件，约束农民的撂荒行为[124]。要因地制宜解决好撂荒和闲置土地，解决撂荒问题要与生态建设相结合，将边坡地退耕还林。

（三）完善政策措施，增加农户收入

解决好撂荒地最重要的是增加农民收入，提高农户农业的收入比重，有助于提高农户种地的积极性，有助于恢复耕地的利用效率。这样既有利于增加种地的劳动力，也能减少撂荒土地现象的发生。

（四）改良土壤，恢复耕地利用

本节研究的区域属于喀斯特地区，该地区部分区域基岩裸露，土地贫瘠，土壤主要以酸性黄壤为主，土壤的有机质含量低，土层薄，农作物的生长受到抑制，同时重用轻养的耕作，导致了地力的下降。因此，可以考虑通过中和土壤酸碱度和增加土壤有机质等措施来恢复耕地利用率。

第三节　农村土地整治项目满意度调查分析——以遵义市龙家镇为例

以余庆县龙家镇光辉村和光明村两村的村民为调查对象，通过对龙家镇这两个村进行实地调查，发放120份问卷进行不记名的随机调查，调查内容包含村民对土地整治项目的了解程度、项目信息的公开度、水渠灌溉条件、田地整齐程度、投工投劳和项目补贴、土地整治后的生态环境、工程实施监督、验收合格满意度、带来的土地资源利用和耕作方式的变化以及整治后带来的生活质量的改善和提高等。对这百余份的问卷进行分析，结果显示受访的龙家镇村民对土地整治项目总体上的满意度还是挺高的，土地整治项目实现了土地条件的改善、土地生产质量的提高、农民收入的增加。但是龙家镇土地整治中存在的问题也不少，如项目信息的公开度不够，村民对土地整治项目的目的、过程普遍反映还是不太了解，村民的参与度也不高，成立的村民监督代表监督也不到位等问题。因此，政府在以后的土地整治中需要注重宣传力度的加大、注重项目信息的公开透明度和监督职责、提高村民对土地整治项目的参与，拓宽土地整治项目的参与方式和渠道等方面的问题。

一、土地整治满意度调查的必要性

（一）研究背景

随着社会发展、我国综合国力的增强，以及推进社会主义新农村和新型城镇化建设的需要，同时农村土地整治又是新农村建设的重要基础性工程[125]，所以土地整治在全国范围内陆续进行。我国的土地整治项目从20世纪90年代末就已经开始发展，到如今已有近十年了，土地整治的成效如何，还存在哪些需要改进之处，未来土地整治应朝哪个方向发展，这些问题都将直接影响我国土地整治事业的推进和发展。土地整治活动是提高生活水平、改进农业基础设施的一项系统工程和实现农村土地资源可持续发展战略目标的重要手段和途径[126,127]。国家在保护耕地这一基本国策基础上，虽然每年投入大量资金用于土地整治，但由于土地整治项目在农民已有承包经营权的土地上进行，事实上会改变现有的土地利用关系，攸关农民切身利益，协调处理各种利益关系离不开农民的有效参与。然而在实际实施过程中，由于普遍采取政府主导的模式，农民参与程度有限，造成政府的供给和农民的实际需求不对等问题。尽管政府对土地综合整治投入力度很大，土地整治项目的实施最终目标是国家的繁荣和农民生活水平的提高，但作为成果“受益人”的农民往往不买账，由于农民处于被动接受的地位，实际效果却没有想象中的理想[128]。我国的土地整治项目一直在实施中探索和发展，其中农户满意度研究对农村土地整治的可持续发展有着重要的意义，居于十分重要的地位[129]。

（二）研究意义

农民是农村集体土地的权力主体，党和政府历来主张保护农民的权益、尊重农民的意愿，而土地整治实施的十几年以来，农民到底从中得到多少实惠，其满意程度如何，对于推进土地整治工作顺利开展至关重要。因此，运用定量研究方法分析农民对于土地整治项目的整体评价具有十分重要的理论和实践意义。贵州省可以说是中国贫困的代表，大范围的贫困深深困扰着贵州农民，当前土地整治工作在贵州大范围推进，而西南地区对土地整治满意度的研究较少，可见，如何应对目前农村土地整治绩效欠佳问题，是一个非常值得研究的领域[130]。农民是土地整治的最终受益群体，群众对土地整治的满意度显得尤为重要。本节对龙家镇土地整治进行满意度调查研究，一方面，对提高土地利用效率和今后龙家镇的土地整治更加趋于合理化提出一些政策建议；另一方面，为完善土地整治有效的管理机制、全面公众参与制度和科学的规范整治技术提供参考依据，为今后更好的发展提出建议，进一步完善公众参与制度、实施检查督导制度和法律法规保障体系，强化生态环境保护意识，而且对于丰富和发展土地综合整治理论，积极建立土地综合整治的长效机制，良好实现土地综合整治为广大人民群众谋利益的最终目标，具有十分现实的意义。

二、土地整治项目区概况

（一）龙家镇整治区概况

龙家镇，位于遵义市余庆县西北部，地处余庆、湄潭的交界处，距遵义市180千米，距余庆县城76千米，距204省道5千米。全镇总面积114.9平方千米，辖5个行政村，172个村民组，21000余人，土地总面积175665亩，耕地面积26640亩（其中，水田15045亩，旱地11595亩），全镇森林覆盖率达51.1%。该镇传统文化源远流长，素有“文明古镇”之称，2008年农民人均纯收入达3920元。其中，龙家镇大规模土地整治项目区在光辉和光明两村。

光辉村位于龙家镇政府所在地，全村辖55个村民组，到2004年底有2026户，6391人。光辉村辖区面积25.09平方千米，有耕地面积7560亩，其中水田4485亩，旱地3075亩。2004年底人均纯收入达2525元，人均粮食644公斤，村级经济积累2.4万元，有固定资产36万元。全村烤烟种植面积达3100余亩，年烤烟收购达70万斤，是龙家镇烤烟种植面积最大的村。光辉村曙光山上的烤烟享有“国际型优质烟”之美称，种烟大户（15亩以上）达60%，户均年收入仅烤烟一项就可达1.5万元。

光明村位于龙家镇东南面，距龙家镇3.5千米，总面积15.21平方千米，耕地面积5070亩，全村交通便利，地势平坦，水资源丰富，是龙家镇粮食主产区之一。全村辖32个村民组，有1092户，3879人，致富150人，流通能人80名，小康户850户，十星级文明户180户，安全文明村寨18个（截至2004年底）。近年来，村党支部紧紧围绕“粮油稳村、养殖兴村、棕绳富村、建筑强村、民主管村、依法治村”的工作思路，大力发展农村经济，大胆探索“支部+协会+远教”的养殖模式，培育养殖大户102户，2004年实施优质稻订单1000亩，实现人均纯收入2750元，比2003年人均增加120元，人均占有粮食650公斤。

（二）土地整治现状

2008~2013年落实到龙家镇的整治项目有8个，其中有一个大规模的土地整治项目，几年间开发利用非耕地1350余亩，涉及龙家镇光辉村18个组，受益农户1560户。龙家镇抢抓机遇、乘势而为，争取资金2510万元整治土地2600余亩，建设高产、稳产粮田5000余亩，新建灌溉渠道10千米，土壤改良3000余亩。龙家镇土地整治项目刚开始4个月就增加了耕地47.9公顷，防渗改造干渠3.4千米，灌溉支渠14千米，排涝渠1.2千米，机耕道4.7千米。其效率速度之快可见一斑，着力提高了耕地质量，完善了农业生产基础设施，产生了各种经济效益。龙家镇土地整治后，其本身的土壤肥力得到了提高。龙家镇农民将整治后的田土大规模的种植烤烟，与以前相比，不管是在产量上还是在质量上烤烟都达到了一个新的高度，农民的收入也跟着得到了提高。可见，龙家镇通过对项目区土地的整理，项目区耕地的质量有所提升，将原有质量低下的土地转变为高收益耕地，并且提高了人均收入水平，改善了生活条件，为促进农村和谐、协调发展做好了基础工作。

三、样本基本特征

（一）数据来源

本节数据来源于余庆县龙家镇光辉村和光明村村民的实地调查，这两个区域均为龙家镇土地整治项目的代表性区域。本次调查随机选取龙家镇光辉村 55 个村民组和光明村 32 个村民组的农户，采取走村串户、入户调查的方式，与农民进行面对面的访谈。按照典型抽样的原则随机选取了 120 个农户进行调查，也就是说本次调查一共发放了 120 份问卷，其中 60 份调查问卷的调查对象为龙家镇光辉村村民，剩下 60 份调查问卷的调查对象为龙家镇光明村村民。在实施访问法和问卷法的基础上，再来深入了解农民意见，记录农民的想法。此次对龙家镇土地整治项目满意度调查问卷共收回 112 份，最终有效问卷为 108 份，样本有效率达 90%。

（二）问卷调查的基本内容

调查问卷的内容主要涉及三个部分，因村庄结构对农村土地整治有着重大的影响[131]，所以第一部分是对农民基本情况的调查，包括农户性别、年龄、民族、受教育程度（包括文盲、小学、初中、高中、中专、大专、本科及本科以上）。第二部分是村民对龙家镇整体基本特征的一个了解，其中包括本村的经济发展水平、周边是否有创收机会、是否成立了合作组织、是否有产业规划等。第三部分是调查村民对实施项目的了解情况，调查内容包含村民对土地整治的意愿、土地整治前组织部门的征求意见情况、整治过程中农民的参与程度和项目信息公开程度等、对项目整治过程的了解、整治后环境的变化情况、整治后经济水平是否提高，通过整治项目带来哪些好处，在社会、生态、经济上带来了哪些效益等。

（三）问卷调查的区域与对象

为了更广泛、全面地了解余庆县龙家镇光辉村和光明村两地区农民对土地整治项目实施的满意度，在光辉村和光明村两个土地整治项目区随机对 120 位农民发放问卷调查。汇总这两个区域的调查问卷，整理出有效问卷 108 份，有效率为 90%。调查数据显示：按性别划分，其中男性占 43.52%，女性占 56.48%。按年龄段划分，其中 20～30 岁的占 14.81%，31～40 岁的占 22.22%，41～50 岁的占45.37%，51～60岁的占12.04%，60岁以上的占5.56%。从受教育程度上来看，调查对象的学历大多数不高。具体内容见表2－11和图2－5所示。

表2－11　样本村民个人特征描述

样本特征		频数（N＝108）	比例（%）
性别	男	47	43.52
	女	61	56.48
年龄	20～30岁	16	14.81
	31～40岁	24	22.22
	41～50岁	49	45.37
	51～60岁	13	12.04
	60岁以上	6	5.56

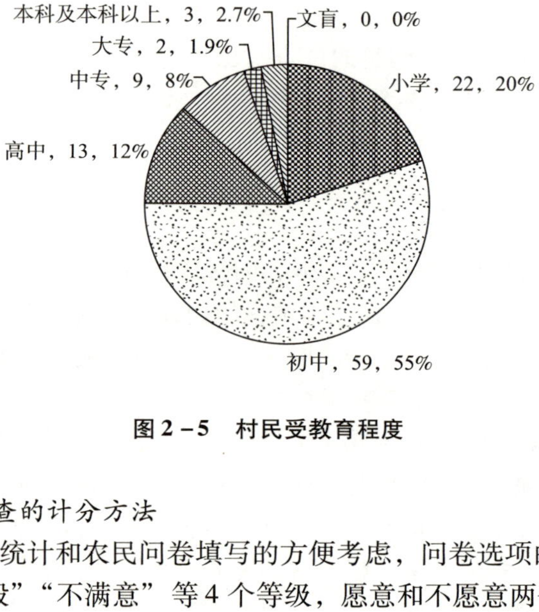

图2－5　村民受教育程度

（四）问卷调查的计分方法

为后期数据的统计和农民问卷填写的方便考虑，问卷选项的设置为“非常满意”“满意”“一般”“不满意”等4个等级，愿意和不愿意两个标准，完全不了解、不太了解、一般了解、比较了解、非常了解五个标准和一些多项选择。问卷题目共26个，除开最后一题开放式答题，其他均采用选择题形式。每个选项以其在整题选项中所占百分比的多少来衡量土地整治项目在此方面的满意度。本次问卷所设题目较少，问卷数量也较少，因此适合采用此种方法。

（五）项目满意情况统计

通过调查问卷的整理，本次农村土地整治各项指标满意度具体情况见表2－12。

表 2－12 项目满意情况统计

项目名称＼类别	非常满意（4 分）		满意（3 分）		一般（2 分）		不满意（1 分）	
	人数	所占比例(%)	人数	所占比例(%)	人数	所占比例(%)	人数	所占比例(%)
项目信息公开	7	6.48	27	25.00	58	53.70	16	14.81
配套农业产业项目支撑	6	5.56	28	25.93	53	49.07	21	19.44
投工投劳参与项目补贴	1	0.93	5	4.63	34	31.48	63	62.96
项目实施后种植位置变化	19	17.59	42	38.89	39	36.11	8	7.41
水渠灌溉条件	17	15.74	47	43.52	38	35.19	6	5.56
田地整齐程度	15	13.89	46	42.59	42	38.89	5	4.63
整治后的生态环境	14	12.96	48	44.44	43	39.81	3	2.78
整治后的农田粮食生产综合能力	7	6.48	47	43.52	44	40.74	10	9.26
整治后的土地效果	8	7.41	46	42.59	43	39.81	11	10.19
村代表监督工作	3	2.78	31	28.70	68	62.96	6	5.56
项目实施后的高评价结果	12	11.11	49	45.37	36	33.33	11	10.19
针对验收合格结果	15	13.89	51	47.22	36	33.33	6	5.56

根据表 2－12 我们使用满意度分值计算公式，把非常满意选项看作 4 分、满意看作 3 分、一般看作 2 分、不满意看作 1 分，然后根据上表每个项目所对应的人数和分值进行计算得出每个项目的满意度平均分值，满意度分值计算公式如下[132]：

$$P_i = \sum_{j=1}^{k} X_j Y_{ij} \quad (i = 1,2,3,\cdots,n, \quad j = 1,2,\cdots,m) \qquad (2-2)$$

式中：P_i 表示被调查农民对第 i 个指标的满意度；x_j 表示满意程度等级为 j 时对应的分值；Y_{ij} 表示第 i 项指标的满意程度为 j 级时的被调查农民占总调查农民人数的比例。根据以上公式计算，各项指标满意度分值和之间相比较排列顺序如表 2－13 所示。

表 2－13 指标满意度及排序

指标名称＼类别	满意度分值	排序
水渠灌溉条件	2.69	1
验收合格结果	2.69	1
整治后的生态环境	2.67	3

续表

类别 指标名称	满意度分值	排序
项目实施后种植位置变化	2.66	4
田地整齐程度	2.65	5
针对项目实施后的高评价结果	2.57	6
整治后的农田粮食生产综合能力	2.47	7
整治后的土地效果	2.47	7
村代表监督工作	2.28	9
项目信息公开	2.23	10
配套农业产业项目支撑	2.17	11
投工投劳参与项目补贴	1.38	12

从表2-13中满意度分值的排序来看，水渠灌溉条件、验收合格结果、整治后的生态环境、项目实施后种植位置的变化、田地整齐程度、整治后的农田粮食生产综合能力这些方面的满意度都较高，其平均满意度达到2.41分。但在投工投劳与参与项目上不满意程度高达62.96%（表2-12），在所有情况统计中满意度排最后，与平均满意度分值悬殊。在项目信息公开满意度方面一般满意的人占大多数，不满意也有一小部分。在土地整治项目配套的农业产业项目支撑上不满意的人存在19.44%，不满意程度高于信息公开不满意程度。成立的村民代表监督小组进行的工程实施全程监督上的满意程度一般，可见监督的过程和责任不太到位。由此可见，土地整治项目的效果还是有待进一步提升。在土地整治项目实施后，各方面都报道其实现了各种效益和促进了农村土地资源可持续利用[133]。对于这种些方面的评价，村民还是认可的。龙家镇土地整治项目通过省土肥站和省国土厅的联合验收，一致评定该项目是合格工程，从村民的满意度中也反映出该项目达到了惠民惠农的效果[134]。表中四项分值低于平均值，有八项高于平均值说明该土地整治项目在农民心中还是比较满意的。在土地整治项目实施后，改善民生促进新农村建设方面排列第一，所占人数高达97.22%，提升农民收入和耕地质量方面比例也十分高，增加耕地方面不明显（如表2-14所示）。

表2-14 实施后改善方面比例及排名

实施后改善方面（多选）	所占人数比例(%)	名次排列
促进新农村建设	97.22	1
促进农民增收	96.29	2

续表

实施后改善方面（多选）	所占人数比例(%)	名次排列
改善农业生产条件	95.37	3
提高了土地利用率，改善了土地生产条件	94.44	4
提高耕地质量	91.67	5
农业耕作由分散向集中化发展	90.74	6
改善农田生态系统	86.11	7
增加耕地面积	16.67	8

四、土地整治满意度综合评价

（一）农地整治项目的民众接受和参与程度

从108份问卷中分析出村民在实施土地整治意愿上，愿意的占到68.51%、不愿意的占到21.29%、无所谓的占10.18%，可以看出农户参与农地整治的积极性较高。不愿意参与农地整治和认为无所谓的这部分人，可能的原因包括这部分农户从事第二、第三产业，家庭收入来源比较多样化；也有可能跟农户对信息的了解程度有关，因为从村民了解度情况表来看，农民对村里的合作社组织、产业规划和土地整治项目政策等信息不了解。而愿意参与的农户主要从事种植业，对土地需求大、愿望强烈。虽然愿意参与土地整治农户较多，但实际参与项目实施的人数恰恰相反，参与的农户仅占到12.03%，没有参与的占87.96%。从中也可以推断出，土地整治项目在宣传方面不到位，特别是村干部、政府部门对农村土地整治项目的宣传工作不上心。调查数据显示土地整治项目开展实施前没有征求过农民意见的占74.07%，征求过农民意见的只占8.33%，而且实施后才征求的也只有一小部分，所以总的说项目并未采纳农户参与的意见，导致农户参与积极性降低。农民对土地整治项目的了解程度和参与土地整治项目的意愿对今后的土地利用效率有着很大的影响，可以说是两者之间有着正方向的关系[135]。另外，当地农民很愿意参与土地项目整治，还因为本村经济水平一般，周边的创收机会较少，所以大家都愿意参与土地整治来改善生活水平，具体如表2-15所示。

表2-15 村民了解度情况统计

问题	完全不了解(%)	不太了解(%)	一般了解(%)	比较了解(%)	非常了解(%)
村里成立的农村合作社组织	(38人) 35.19	(62人) 57.4	(4人) 3.7	(4人) 3.7	(0人) 0

续表

问题	完全不了解(%)	不太了解(%)	一般了解(%)	比较了解(%)	非常了解(%)
村里是否有农业产业规划	(72人) 66.67	(22人) 20.37	(9人) 8.33	(4人) 3.7	(1人) 0.92
土地整治项目的整个情况	(31人) 28.7	(65人) 60.19	(6人) 5.56	(4人) 3.7	(2人) 1.85

(二) 总体满意度状况综合分析

龙家镇光辉和光明两村的村民对土地整治项目的实施情况，总体满意度超过60%，同时，也表示普遍从土地整治项目中受益[136]。具体的满意内容，包括：项目实施后种植的位置变化；水渠灌溉条件，使耕作变得便捷；田地整齐程度，农业耕作由分散向集中化发展；整治后的生态环境、改善农田生态系统；整治后的农田粮食生产综合能力；整治后的土地耕地质量的提高，提高了土地利用率；促进农民增收、明显提高家庭收入、促进新农村建设。

大部分农民群众表示愿意参加土地整治项目。一方面是因为农民没有其他的创收方式，另一方面也是在土地整治后感受到土地整治给他们带来的实效。虽然农民参与土地整治的积极性高，但仍然存在反差，因为实实在在参与到土地整治中的人数很少，可见政府没有合理引导农户参与，还有政府在土地整治项目的宣传情况上不到位，所以农户对农地整治政策的了解不够，这也是农户对土地整治的一系列过程、内容、实施能够带来的利益等不太了解的原因。监督工作这一方面得到了不太满意的评价，监督到位不到位对于农民来说也很重要。政府方面需要解决好监督不到位的问题，提升农民的监督参与程度。所以今后的农地整治项目中必须通过项目实施调整农业生产结构，改善农户收入结构水平，转移非农劳动力，通过积极建立完善的农户参与决策体系等方面来提升农户的满意度[137,138]。

五、评价结果分析

(一) 存在问题

(1) 项目信息公开度不够，龙家镇项目信息公开满意度的平均分值2.23分，在所有分值之中居第10位，可见龙家镇的土地整治项目在实施过程中没有将项目信息及时公开反映出来，没有达到让农民群众实实在在了解的目的。

(2) 投工投劳参与补贴方面政府也做得不够，参与项目实施的农民群众普遍反映不满意。

（3）监督工作不到位。监督人员懒散，根本没尽到自身监督职权的义务。监督不够导致土地整治项目实施中存在漏洞，监督代表只是少部分人，没有真正做到全民参与，农民群众有监督的权利和义务，龙家镇政府部门群众监督意识不够，有待进一步提高。

（4）宣传不到位，宣传力度不够。知道国家有土地整治项目的人少，所以导致参与的人就很少，即使知道有土地整治项目，政府、国土部门还有施工单位都没有给农民群众提供这样的参与机会。从龙家镇农民参与项目实施的人数来看，没有参与的占比很大，而参与的仅占一小部分，农民参与比例偏低直接导致土地整治满意度较低。龙家镇所调查对象中文化教育程度大多数人都偏低，绝大部分处于小学文化状态，还有一部分为文盲，由此可见，文化程度低对土地整治政策的了解和参与意愿有很大程度上的影响。

（5）土地整治项目实施未能大范围征求农民意见。龙家镇政府未能充分征求农民群众意见，即使征求了也是整治项目实施后征求过小部分群众，从结果显示没有征求过的占74.07%，只有少部分群众表示征求过，农民群众在土地整治中的主体性效果不明显，政府对农民意愿重视明显不够[139]。

（二）对策

（1）政府应该依法对土地整治项目各方面的信息定期公开，在村信息墙上展示，而且有必要向来了解的村民进行解释和告知其土地整治项目的进度以及每个进程各方面的情况，这关系到农民的知情权、参与权和监督权，所以很有必要加大项目信息的公开度。

（2）土地整治项目实施的目的就是让广大农民群众受益，所以政府应该发动龙家镇的广大人民群众并争取他们的支持，让他们真正参与进来，如农业基础设施，农户参与投工投劳的，政府可以在建材方面给予适当补贴，鼓励群众积极施工，让土地整治项目活动在群众的配合和支持下尽快完成，实现更高的效益。

（3）在监督方面，除了政府本身的监督之外，同时也应提高农民参与监督的积极性。村代表的监督显然不够，发动群众多参与监督，增加监督检查方式的种类，让当地有时间、住得距离较近的农户从各方面参与到监督工作中来。让农民本身更多地投入土地整治工程中来，在一定程度上提高了群众的监督水平。现在大多数农村土地整治项目的实施只是为了应付验收，其实监督工作有助于提高土地整治项目质量[140]。

（4）坚持政府领导，以政府为主导，同时形成农民群众积极参与机制。在宣传上政府应该加大力度，宣传方面有很多种途径，如政府可以通过余庆电视台宣传国家土地整治政策，还可以通过网站贴吧、报纸发布龙家镇土地整治的信息，或是让村干部亲自到农户家里进行政策的宣传讲解，政府还可以印发土地整治的宣传单等方式来拓宽宣传渠道，达到宣传的效果。从而提高农民对土地整治项目认知，加深对土地整治项目的理解。

（5）政府应该把尊重农民意愿这一问题放在土地整治项目实施中的第一位，农民群众的主体地位是不可动摇的，得到群众的支持和配合政府才能更好的开展工作，才能让土地整治项目真真实实为农民服务。所以政府不仅要把农户的主体地位落实到实处，而且要真实掌握农民的意愿和意见，进而从总体上把握农民的满意程度，为龙家镇政府下一阶段的工作提供决策参考。

第四节　城镇化进程中农民宅基地退出意愿分析
——以黔东南州榕江县为例

本节主要研究的是当前黔东南州城镇化进程中农户宅基地退出意愿的问题，探讨农户宅基地退出意愿的影响因素，并依据这些影响因素提出相应的结论和建议。研究表明：户主年龄、家庭在外务工人数、家庭人口总数、文化程度、家庭经济收入、宅基地退出方式对农户宅基地退出意愿的影响程度大。政府应加强科普宣传农村宅基地退出的政策，保障农户在退出宅基地后的合法权益，安置好已经退出宅基地的农户，对于农户的就业、社会保障和子女受教育等方面进行合理的配置。

一、农户宅基地退出意愿对城镇化的影响

（一）研究意义

近年来，随着经济和人口的增长，城镇化快速发展，对于土地的需求量也在不断增大。而越来越多的农民为满足物质生活条件的需要不断涌入城市，这也造成了大量的农村宅基地闲置，家庭户数的不断增多，农村宅基地的面积也随着增加。由于对农村宅基地管理的缺失和不完善，加上农民自身的思想观念影响，由农村宅基地所造成的土地浪费在农村日益严重。对于如何解决好农村土地资源的浪费问题同时满足城镇化中建设用地的需求，保证农村土地利用效率得到提高，这就必须对农村的土地资源进行土地整治以及合理的分配利用土地，而土地整治就需要进行农村宅基地的退出。现有的研究多数是对宅基地的退出机制、补偿方式、退出政策、激励机制、农户退出意愿上展开的，但仍然还有许多的农民由于自身传统观念的影响对于宅基地退出的意愿并不是很强烈，因地区不同、生活水平和生产条件的不同，农户的意愿也不同，因此，农户宅基地退出意愿的影响因

素也不同。

为解决在农村闲置的大量宅基地再度得到开发利用，实现对农村土地资源的节约集约利用，需要开展农户宅基地的退出问题研究。宅基地的退出可以盘活农村土地资源、增加农民财产收入，宅基地作为农户的生存居住的基本条件，不仅受到政策的影响，还受到作为具体使用者的农户的主观行为影响。因农村的情况千差万别，农户对于宅基地退出的意愿也各有不同，对其意愿的影响因素也各有不同。因此，需要对其影响的各方面指标和因素进行调查研究分析。开展相应的调查可以得到影响农户宅基地退出的意愿因素，为开展农村宅基地的退出和农村土地整理工作提供参考，也可以提高农村土地利用率，从而优化农村土地利用布局。

（二）数据来源与研究方法

通过选取榕江县塔石乡四个行政村作为调查的样本区，开展调查问卷发放，随机选取每个村寨的村民对调查问卷进行填写，并对调查数据进行统计分析。本节的研究方法，包括：

（1）问卷调查法。采用问卷调查法收集农户数据资料[141]，本课题组于2017年3月在榕江县塔石乡进行了入户问卷调查和访问。

（2）文献资料分析法。通过对有关农户宅基地退出的文献资料，进行收集、查阅、分析，对于重要的理论和方法进行整理。

（3）统计与计量分析法。依据调查统计数据，建立回归分析模型，通过模型计算出各项数值，再详细的分析研究计算出的各项数据资料，得出相关结论。

（三）相关概念

（1）宅基地。宅基地是农村的农户或个人用作住宅基地而占有、利用本集体所有的土地[142]。农村的宅基地要求每户村民只能在一个地方拥有一处宅基地[143]。

（2）农村宅基地退出。农村宅基地退出指的是在农村集体经济组织中拥有宅基地的农户依据国家的相关法律制度和有关政策，自愿有偿，必须是农户自愿退出，退出宅基地的农户由集体经济组织或者政府按照一定的补偿方式给予农户补偿[144]。

二、农户宅基地退出意愿现状

（一）研究区概况

1. 自然地理概况

塔石水族瑶族乡位于贵州省黔东南州榕江县的西北部，地处雷公山腹地，距凯里市110千米，境内有平永河流经，属于珠江流域水系，由于雨季比较长，降水总量比较丰富。因地处亚热带地区，全年降水丰富、气候温和，这也为林业的发展创造了机会，林地的面积广阔，总共有9082万亩，活立木蓄积量22平方米，森林覆盖广阔，覆盖率为66%。全年积温5991.4℃，降水量1320.5毫米，全年无霜期335天。塔石乡位于炉榕公路主干线上，有农贸市场1个。乡内自然资源丰富，有香菇、木耳、茯苓、杨梅、棕榈、油桐、楠杂竹、中药材等林产资源，野兔、野山羊、野熊等物种资源。全乡耕地面积5460.7亩（其中：水田面积4994亩，旱地面积466.7亩，人均占有水田面积0.51亩）。辖区面积86平方千米，在进行村寨合并的政策下，现今共有行政村9个，拥有的自然寨众多，总数为75个，自然村寨的村民小组有85个，生活着瑶族、水族等多个少数民族。塔石乡处于黔东南州较为贫困地区，属于重点扶贫的乡镇。

2. 社会经济概况

全乡人口总数为10831人，总人口户数有2979户，其中从事农业生产的有10558人，占人口总数的97.48%。乡内各民族杂居，创作出丰富的民族文化，民族节日众多，自然民族风情古朴，拥有保存完好的民间文化，为将民族文化发扬，使有效的民族服装、习俗、语言传承下去，促进民间文化引进校园，在全乡中小学各级学校开设了少数民族语言教学班。每周安排一定的时间为学生量身定制了丰富多彩的爱好兴趣班，有跳芦笙舞团队、民族蜡染班、刺绣学习班、瑶族文化传承班等多个兴趣爱好班。

3. 宅基地利用现状

当前塔石乡外出打工人员较多，多数农村房屋和宅基地空置，另外，还存在新宅已经修建而旧宅尚未拆，即一户多宅的情况。主要原因在于调查研究的地区较为偏远，年青一代外出务工者多数不愿再回到农村居住生活，他们主要经商或长期在外务工，大部分已经脱离了土地。城市有良好的商机和较充足的就业岗位，而老一辈的人由于传统思想观念的影响，为年轻的后辈在农村建造房屋，将土地用途改变，年轻务工者却不愿再回到农村，造成了一户多宅的情况较为常见。

（二）农户退出意愿调查数据描述

调查的区域主要为塔石乡怎贝村、乔央村、党调村、党向村四个村，调查内容涉及农户家庭基本情况、对宅基地退出的认知和退出意愿等问题，本次调查共发放样本问卷200份，收回样本问卷195份，其中无效问卷为13份，本次问卷调查有效率达到91%。经过对本次调查数据的核对、筛选最终得到的数据符合抽样调查的要求。调查统计得出宅基地退出意愿的家庭情况如表2-16所示。

表 2－16　农户宅基地退出意愿情况

	不愿意（户）	愿意（户）	合计
户数	136	46	182
所占比重/%	74.7	25.3	100

通过对调查问卷数据进行统计得到户主年龄在 51～60 岁的有 96 人，所占比重 52.7%；户主年龄在 18～30 岁的有 14 人，所占比重 7.7%；在 31～40 岁的有 32 人，所占比重 17.6%；在 41～50 岁的有 40 人，所占比重 22%；小于 18 岁的没有（如表 2－17）。在所有的调查中户主都是以男性为主。按所受的教育程度划分，初中文化有 107 人，小学文化以下有 53 人，中专及高中文化 22 人，所占的比重分别为 58.8%、29.1%、12.1%，具体如表 2－18 所示。

表 2－17　调查样本户户主年龄

年龄段	18～30 岁	31～40 岁	41～50 岁	51～60 岁
人数（人）	14	32	40	96
比重（%）	7.7	17.6	22	52.7

表 2－18　调查样本户主文化程度

文化程度	小学及以下	初中	中专及高中
人数（人）	53	107	22
比重（%）	29.1	58.8	12.1

在调查的样本中，家庭年收入在 5000 元及以下的农户有 21 户，在 5001～10000 元的农户有 89 户，在 10001～15000 元的农户有 40 户，在 15001～20000 元的农户有 27 户，在 20001～40000 元的农户有 5 户，所占比重分别是 11.5%、49%、22%、14.8%、2.7%，具体表 2－19 所示。

表 2－19　调查样本家庭年收入情况

家庭年收入	5000 元以下	5001～10000 元	10001～15000 元	15001～20000 元	20001～40000 元
户数	21	89	40	27	5
比重（%）	11.5	49	22	14.8	2.7

三、农户宅基地退出的影响因素

（一）构建模型

本节研究的是离散型变量，结果包括愿意退出和不愿意退出的情况，将农户愿意退出的变量设定为1，不愿意退出的变量设定为0，以上的研究情况适用于Logistic回归模型[145]。因此，本节采用Logistic回归模型对所选的区域样本数据进行模型分析。

模型的基本形式如下：

$$\ln\left(\frac{p_i}{l-p_i}\right)=z=b_0+b_1x_1+b_2x_2+\cdots+b_ix_i \quad (2-3)$$

其中 P_i 表示调查农户愿意退出的概率，b_0，…，b_i 为待估参数，x_i 表示影响农户宅基地退出的变量。可以看出，Logistic方程的回归系数可以解释为一个单位的自变量变化所引起的概率的对数的因变量[146]。

（二）变量的选择

选取农户宅基地愿意退出为1，不愿意退出为0作为因变量。根据调查内容和方式，选择影响的自变量主要有两类因素，分类如表2－20所示。

表2－20　变量选取与说明

类别	自变量	变量赋值及说明	变量类型
农户家庭因素	家庭收入	5000元以下；5001～10000元；10001～15000元；15001～20000元；20000～40000元以上	多分类
	户主年龄	18～30岁；31～40岁；41～50岁；51～60岁	多分类
	文化教育程度	小学及以下；初中；高中或中专；大专及以上	多分类
	家庭人口数量	1～4人；5～8人；9～12人	多分类
	外出务工人数	0～2人；3～5人；6～8人	多分类
宅基地退出的了解情况因素	宅基地是否可以退出	可以，不可以	二分类
	宅基地退出原因	知道，不知道	二分类
	宅基地退出方式	价格补偿，住房补偿	二分类

（三）计算结果

本节研究利用SPSS17.0软件统计工具对所选取的变量进行统计分析，对影响因素进行Logistic回归处理[147]，结果见表2－21，以Wald统计量为回归系数显著性检验，采用的检验统计量，将所有的变量引入建立的模型方程进行检验。变量的入选标准是 $\beta=0.05$，剔除标准是 $\beta=0.1$。

表 2-21 农户宅基地退出因素的回归结果

自变量	β（系数）	Sig.	df（自由度）
家庭收入	0.134	0.151	1
户主年龄	0.104	0.035	1
文化程度	-0.863	0.510	1
家庭人口数量	-0.028	0.067	1
外出务工人数	1.8341	0.037	1
宅基地是否可以退出	0.115	0.649	1
宅基地退出的原因	0.081	0.521	1
宅基地退出的方式	0.165	0.034	1

注：变量显著性检验证入选标准 β=0.05，剔除标准是 β=0.1。

经回归分析结果得出显著的影响因素有：户主年龄、外出务工人数、宅基地退出方式、退出意愿。在农户的家庭因素当中，户主的年龄、家庭人口数、外出务工人数对农户宅基地退出的意愿有显著影响，其中“户主年龄”（Sig. <0.05）对农户宅基地退出有显著的影响，“外出务工人数”（Sig. <0.05）对农户宅基地的退出意愿有显著的正向影响，“农户的家庭人口数”（Sig. <0.1）对农户宅基地退出意愿有负向的显著影响，户主文化程度对于农户宅基地退出的意愿影响不是非常显著。在农户对宅基地退出的了解情况因素当中，“宅基地的退出方式”（Sig. <0.05）对宅基地的退出有显著的正向影响，农村宅基地的退出原因对农户宅基地退出意愿的影响不大。

（四）结果分析

1. 农户年龄

即农户的年龄越大，越不具有宅基地退出意愿。根据陈霄等的研究结论，年龄越大越想脱离农村进入城镇投靠子女[148-149]，这与本节的调查研究结果相反，这其中的原因可能是由于农民落叶归根传统思想的影响，更偏爱于农村清净的生活。年龄偏大的农户担心离开农村进入城市以后，失去了在本村集体的土地。另外，年龄偏大无法在城市找到就业岗位，无法满足自己的生活和精神方面的需求，造成年龄越大，越想留在农村生活，越不愿意进行搬迁。因此，在本研究中年龄偏大的农户宅基地退出的意愿偏低。

2. 家庭人口数量

即家庭人口越多选择退出的概率越小。根据陈霄等人的研究结论，家庭抚养的子女越多越不愿意进行宅基地退出[150]。与本节的研究结果相同，家庭人口数量多，出于对家庭成员未来预期不确定性的考虑，所以想要保留或扩大宅基地面积，以应对可能出现的风险，如果宅基地退出了就会影响到家庭成员的居住条件，所以不具备宅基地退出的意愿。

3. 在外务工人数所占比例

在外务工家庭成员的多少，直接影响到整个家庭的选择方式。根据陈霄等人的研究结论，家庭外出务工的人数对宅基地退出无显著影响[151-153]。与本节的研究结论不相一致，其中的原因可能是本次调查的区域因为外出务工的人员比较多，而外出务工的人对城市的接触了解比较深，更倾向于选择宅基地退出行为。

4. 政府提供的补偿机制

政府提供的方式被农民接受的程度高低是关键的影响因素。陈霄等人的研究结论显示，在宅基地的退出补偿方式中农民更加偏向于社保加住房补偿[154-155]。这与本节研究结果相似，从调查结果来看，农户更加愿意以住房补偿的方式来进行补偿，其可能的原因是，在退出宅基地后能够得到住房的补偿，可以满足农户居住条件的需要。只有住房首先得到保障，农户才能有更多的时间从事其他的生产生活的活动，所以农户更愿意进行宅基地退出。

四、结论与建议

经由上文的分析可整理得出以下主要结论：

（1）年龄的高低与选择程度成反比。年龄大的农户已经习惯农村的生活无法适应城市的生活，所以很少选择退出。

（2）家庭人口数量多少会产生不同程度的影响。因家庭人口越多，家庭的住宅面积就越大。如果选择退出宅基地，会对家庭成员的生活产生极大的影响。

（3）家庭在外务工多的成员更倾向选择退出农村的宅基地。由于外出务工人员长期在城市工作生活，更加喜爱城市生活方式，对于宅基地退出有更清楚的认识，宅基地退出后更利于他们的就业和生活。

（4）政府政策中提出的退出补偿方式对农户的意愿起着决定性的作用。政府政策对农户的补偿力度越大，政策的内容越完善，选择退出的概率就越高。

根据上述分析和得出的结论可以提出以下相应的对策和建议：

（1）加强对农村政策的宣传，改变守旧思想。农户文化程度不高，只有加强政策的宣传，才能提高宅基地退出率。

（2）加强对于农户在宅基地退出以后的社会保障，包括住房、就业、生活、子女入学、医疗条件、交通等方面的保障。农户退出宅基地以后进城落户，就业、子女入学、养老成为最大的问题，解决好农户的这些问题才能促进农户宅基地的退出。

（3）政府部门要制定好农户宅基地退出的相关制度和政策，补偿方式和补偿机制，做好制度保障。政府政策是影响退出选择的主要因素，也是保障农户利益的最后底线。只有完善相应的法律法规，建立健全保障补偿机制，确保农民的利益，让政策落实，深入人心。这样农户才会放心地选择退出，退出后才能有更好的保障。

第五节　喀斯特地区农户土地流转意愿实证分析
——以普定县朵贝村为例

随着农业现代化进程的加快，推动农村土地流转已经成为当今亟待研究解决的重大课题，作为农地流转的供给者，农户是否愿意进行土地流转，关系到发展现代农业，增加农民收入，农村经济可持续等一系列问题。

普定县作为贵州省农村改革试验试点，土地流转问题是统筹城乡发展、建设社会主义新农村的关键。普定县位于喀斯特地区，山地多、平地少且农地条件有限，生态脆弱。农户作为土地经营的主体，其意愿和行为对一个地区的农地使用权流转及其机制和模式的选择有着根本性的影响，农户对土地流转所持的态度直接影响土地流转的效率。为此，本节对贵州省普定县朵贝村农户土地流转意愿进行了问卷调查，通过对该村农户土地流转意愿的调查分析，对普定县朵贝村农户目前的土地流转意愿有一个比较清晰的了解和认识，为加快喀斯特区土地合理流转，优化配置土地资源提供新的思路。

一、农户意愿对土地流转的影响

（一）研究意义

土地是农民赖以生存的基础，农地的不可替代性，农民收入来源的不稳定性，农村社会保障体系的不完整性，使农民不愿意进行土地流转或只是进行部分土地流转[156]。普定县作为贵州省农村改革试验试点，土地流转是协调城乡发展、建设新农村的核心问题，且普定县位于喀斯特地区，山多地少、农地条件有限，生态脆弱。农民是进行土地管理的直接执行者，农民的意向和他的行为对于土地流转使用权的机制跟模式有着很大的影响，农户对土地流转的意向与土地流转的速度也有很大联系。为此，本节选取贵州省安顺市普定县朵贝村作为样本区，通过对贵州省普定县农民流转土地意向的调查分析，对朵贝村目前的流转土地意向有一个总体的把握，为加快喀斯特地区合理配置土地，优化土地资源配置提供新的思路。

本节选择普定县朵贝村开展农户参与土地流转意向的研究，通过文献检索法和问卷调查法相结合，得到样本区农户的问卷调查数据，再对所选区域进行统计分析得出的相关结论，为朵贝村发展现代化农业生产、增加农户经济收入和实现新农村经济可持续发展提供合理的方向。同时，通过对喀斯特地区农民土地流转意向的实证分析，找出存在问题，提出合理的建设性建议。开展贵州省普定县朵贝村村民土地流转意愿调查，对了解该地区土地是否科学流动，土地资源是否合理配置及发展现代化农业生产，促进农民增收，新农村经济可持续提供新的方向。在农户调查数据的基础上开展农户土地流转意愿的实证分析，具有十分重要的意义及其必要性。文章运用文献检索法和问卷调查分析法两者相结合，为农村土地流转提供科学合理的建议，为农村经济可持续发展提供新的思路，具有一定的实践意义。

（二）国内外研究现状

国内外学者对不同区域的农户土地流转意向，都开展了不同程度的调查研究。但因为对土地制度认识的不同，虽然在外国也使用土地流转的概念，但更多的是指用土地去进行交易，这样做的目的只是为了扩大自己的经营和管理，这种情况通常是伴随着现代化经济的快速发展、机械化农业的普及和农村富余劳动力流入非农领域的现代化大都市而出现的。自 20 世纪 90 年代俄罗斯施行土地私有化以来，Stephen 对土地交易和土地市场的发展问题进行了研究[157]。Joshua 等人结合 20 世纪 90 年代以来中欧和东欧国家土地私有化改革中土地交易情况，对土地流转与土地市场发展情况展开研究[158]。Zvi Lerman 总结了俄罗斯实施私有土地所有权以来土地市场发展的影响因素，其结论是：由于市场缺乏有效的需求和供应，加上政府和中介机构效率低下而导致的交易成本增加，土地交易无法实现[159]。Terry 研究认为，由于担心市场经济带来的风险，很多农民因为不愿出售土地而保留未来的生计，因此土地市场受到阻碍[160]。

在国内，也有很多关于中国农村土地使用权转让的研究。国内大多数学者认为，农民土地流转意愿的影响因素有：土地承包权，农民占用土地使用权，农村保障制度，农业经济效益，农村非农业产业[161]。部分学者还特别研究了发达地区的农户土地流转意愿，邵书慧分析了影响土地流转的内部驱动力和外部驱动力[162]。张文信讨论了河南省土地流转动态机制。甘庭宇从保护农民利益开始分析土地使用权流转的问题，明确提出应建立农民在土地流转中的主要位置[163]。钱文荣等人通过调查浙江奉化市和海宁市土地流转行为意愿，经过实证分析，得出结论：农民土地流转意愿主要受经济利益、城镇化意图和恋土情结等多因素影响。

国内外有关农民土地流转意愿的大量研究，对喀斯特地区农户土地流转意愿的调查研究却不多。普定县作为贵州省农村改革试点，可作为喀斯特地区土地流转的典型代表，研究该地区农户土地流转意愿，可为发展高效农业、促进农民增收，实现农村经济可持续发展提供合理的方向。

二、农户土地流转意愿概况

（一）研究区概况

朵贝村坐落在普定县化处镇西部，与镇政府驻地相距8000米。该村地处东经105°27′~105°58′、北纬16°26′~26°31′之间，全镇地形为西高东低，岩溶发育强，喀斯特地貌显著。朵贝村总面积约为9.2×10^7平方米，耕地面积61.6公顷，植被覆盖率为60%，且村辖区内有丰富的煤炭资源。村内含大树脚、邢家寨、凉水井、对门寨、场坝上五个村民组，人口1300人，均为农业人口，村内有汉、苗、布依等民族人口。该村位于亚热带季风气候区，季风性气候明显，温度适宜，冬暖夏凉，年平均气温15.1℃，雨量充沛。微雨日多，并且光和热协作良好，雨热在同一季度相适应。美名扬外的“朵贝贡茶”就是在这里产出的，还得到周总理“色清味甘”的好评。朵贝村有丰富的资源，适宜的气候，便利的交通，它的区位优势很明显，是亟须开发的宝地。对发展农村第二、第三产业，特别是茶业种植、采摘，蔬菜种植产业具有很大的发展优势。同时，大量的土地资源对畜牧业和农副产品加工的发展具有独特的条件，万亩茶园、万亩油菜花极具旅游开发价值。

（二）土地流转特征

本节讨论的土地是农村集体所有的土地，包括农业生产用地，荒山和瘠土等用地。土地流转，其本质就是各主体间的土地权益转移。具体来说，农地转让是指农民根据一定条件和程序将土地承包经营权和土地经营权（使用权）转让给其他农民或个人或经济组织的生产经营组织行为[164]。本节重点介绍了农民之间土地经营权的流动。具体来说，该村土地出让具有以下特点：

1. 农户土地私下流转情况居多，单个流转数量少

见表2－22可知，朵贝村土地私下流转现象普遍。在所调查样本区的162户中，有60.5%的农户进行土地流转，约为98户，流转情况非常普遍，但单个土地流转数量不多。所有土地都流转出去的农户有60户，约为37%；有部分土地转让出去的农户有38户，约为23.5%，而且很多都是村民与村民间私下进行的单块土地流转。

表2－22　普定县朵贝村农户土地转让情况

转让情况	调查户数(户)	比例(%)
全部转让	60	37.0

续表

转让情况	调查户数(户)	比例(%)
部分转让	38	23.5
没转让	64	39.5
合计	162	100

2. 土地流转的主要方式是出租，流转的形式多种多样

以经营权不同作为划分依据，将土地流转形式分为：租赁、转让、交换（村民—村民）、代耕代种、入股分红（农户—企业）等不同的方式。该地区土地流转的方式主要有为租赁、代耕代种、转让、入股分红四种。由表2－23可知，有47户以租赁方式流转土地，比例占48%，有28户以代耕代种的形式流转土地，比例占28.6%，入股分红有15户，比例占15.3%；转让土地8户，比例占8.1%。由此说明，以租赁形式流转土地的农户较多，因为这种方式过程相对简单，责任明确，是大多农户比较愿意选择的一种土地流转方式。

表2－23　普定县朵贝村土地流转形式的组成

土地流转形式	调查户数（户）	比例（%）
租赁	47	48.0
代耕代种	28	28.6
入股分红	15	15.3
转让	8	8.10
交换	0	0
其他	0	0

3. 朵贝村土地流转的主体多数为当地农民

根据数据统计分析可知，当地农民是朵贝村土地流转主体的重要组成，其他转让的主体多为周围村寨的农户或企业。如下图（图2－6），在进行土地转让的98户农户中，有80户是当地居民，15户是企业，只有3户是周围村寨。

4. 土地流转费用低、流转年限不长

朵贝村土地出让的金额通常是80～120元/亩，因为大多数是亲朋好友进行土地流转，所以说，土地流转的金额并没有一个稳定的价格，都是转让的双方当事人自行根据土地肥力，共同商量土地转让的金额。另外，还有部分土地并不进行交易，因为这些土地的经济效益低下，或者某年收成欠佳时，对土地的投入多于收益，所以会将其退耕还林或直接撂荒。

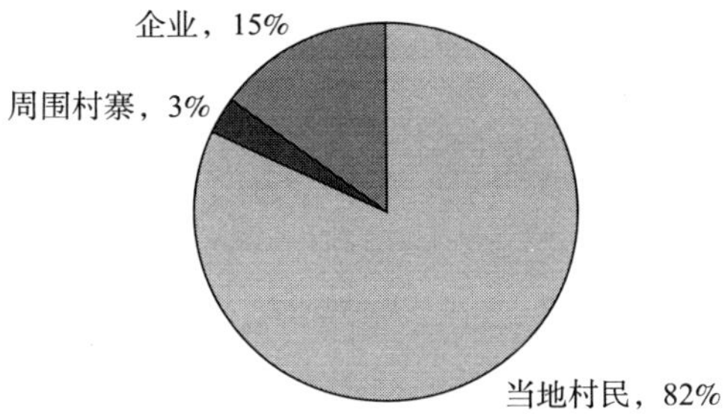

图 2－6　朵贝村土地流转对象范围比例

朵贝村土地流转时间较短，多数为一年以内，约占 89.5%。即使一家所有的人常年都在外地，农地的流转年限也只有一年。假如土地流转的两方，因为某种因素不能再进行交易时，两者可根据实际情况再协定土地转让的时间。在对朵贝村此次调查中，很多农户表示自己愿意出让土地的最长时间就是一年。

5. 大多数没有书面协议，且农户对相关法律法规了解较少

在土地进行流转的过程中，大多数没有书面协议，只是口头协定（如图 2－7）。进行流转土地的 98 户中，只有 15 户有书面协议，约占总数的 15%。

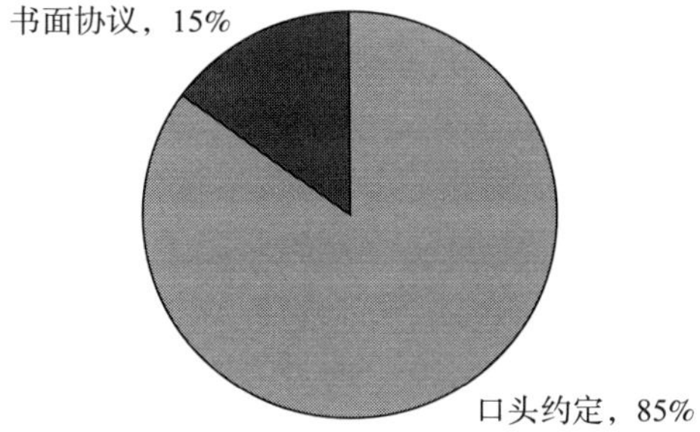

图 2－7　朵贝村农户土地流转合同方式情况

进一步调查发现：很多村民表示对于土地的流转有无合同是无所谓的，有 54 户希望有书面协议来进行土地的流转，有少部分农户（约为 5%）觉得通过口头协定就可以进行土地转让（如图 2－8 所示）。

另外，由统计数据发现：大部分的村民对于土地流转的法律法规及其他制度知道的比较少。如表 2－24，对土地转让权利仅有 6.8% 的人了解、58% 的人略有了解、35.2% 的人不了解；对土地流转的中介组织有 5% 的人了解，12.3% 的人略有了解、82.7% 的人不了解；对土地股份合作制有 9.2% 的人了解，52.5%

图 2－8　朵贝村农户希望土地流转合同方式

的人略有了解、38.3%的人不了解。在调查中，村民说大多数都是亲朋好友间相互流转土地，所以在交易中存在的争论比较少，当出现问题时，都是让出让土地的双方自行商定解决方案，不需要用到相关的法律法规。

表 2－24　朵贝村农户对土地出让因素了解的情况

类别 / 项目	了解户数	比例（%）	略有了解户数	比例（%）	不了解户数	比例（%）
土地承包权相关法律	11	6.8	94	58.0	57	35.2
土地流转中介组织	8	5.0	20	12.3	134	82.7
土地股份合作制	15	9.2	85	52.5	62	38.3

总的来说，朵贝村在进行土地流转时，多为耕地的流转，且较为普遍。农户与农户间进行土地流转的规模较小，所占比例较高，大量的土地还处于自耕自种、小规模经营状态，流转的数量较少。在土地的流转形式上，以租赁为主要的流转方式，大多数村民会选择觉得可靠的人进行流转，土地流转的对象范围比较受限制，不是面向广大的市场。流转租金较低、流转时间基本为一年，在土地流转的过程中多数没有书面协议，缺乏相关的规范和管理。

三、样本统计分析

朵贝村村民对土地流转的意向如下表分为流入和流出两种。由表 2－25 可知，有 83.4%农户愿意进行土地转让。有部分农户只愿意将土地转出，比例占 26%，也就是假若这 42 户村民都进城打工，他们会将土地进行土地转出。有部分农户只愿意将土地转入，比例占 57.4%，这部分农户大多是自己耕种的土地不多，但富余劳动力多，有时间和精力去经营大量的耕地。有 27 户村民不愿意进行土地转让，因为他们觉得现有状况维持就行了。调查显示：中青年人更倾向于选择外出上班，农户对土地流转的意向很积极。收入较高、经济条件较好的人群对土地流转的意愿也很高。对于进城务工的农民来说，进城务工能有相对稳定的经济来源，那就会减少其对于耕地的依赖性，从而增加土地流转的可能性。

表 2－25 普定县朵贝村农户的土地流转意愿情况

流转意愿	调查户数(户)	比重(%)
只愿意转出	42	26.0
只愿意转入	93	57.4
不愿意流转	27	16.6
合计	162	100

在对该村的调查过程中，有 39.5% 的农户未进行土地流转。其中，没有进行土地流转的原因包括自身有充足的劳动力，可以自给自足；价格、收益与自己的预期值不符；担心流转后，未来收益不佳；或者是自己想耕种土地时无法收回。没有进行土地转入的原因是价钱过高、自己收益较少，流入土地不划算；耕地收益是看天吃饭的，担心收成不好，难以维持转入土地的成本；耕种面积过大，扩大经营规模，成本也会随之增长，且劳动力并不富裕。

农民对土地流转的意愿是一个动态的过程，受到各种因素的制约和影响[165]。对朵贝村村民进行土地流转意愿的影响因素（如表 2－26）。这当中，土地流转条件的影响最大，占样本总数的 84.6%；非农业就业机会、农村社会保障体系次之，分别占样本总数的 63.4% 和 79%，影响最小的是村集体工作，仅占 8.6%。

表 2－26 朵贝村村民土地转让意向影响因素统计

变量因素名称	户数(户)	比例(%)（选择该因素户数/总调查户数）
非农就业机会	102	63.4
农户自身因素	26	16.0
政府政策	59	36.4
村集体工作	15	8.6
农村社会保障制度	128	79.0
土地流转条件	137	84.6
土地收益	87	53.7
土地重要性	84	51.9
其他	21	13.0

注：由于在调查过程中，影响因素为多选题，所以统计户数多于进行流转土地 98 户。

总而言之，朵贝村大部分农户只要在资金充足、劳动力富余、价格合理等情况下，都是愿意进行土地流转的。多数人表示，对土地的流转持积极态度，对于大面积、扩大经营规模的现代化农业趋势，他们都是喜闻乐见的，并且很支持。他们也不愿意让自己的家乡闭塞，不接受新鲜的事物。

四、农户土地流转意愿影响因素分析

（一）影响因素相关性分析

本次调查样本数据具有广泛性，因为此次调查涉及长期从事第一产业的村民，也有在外务工从事第二、第三产业的村民，具有普遍的代表性。这次调查的方式主要以问卷填写为主，同时结合谈论交流等方式。此次问卷的内容有三个方面，第一是农户的基本情况，包含家庭人口数、所从事的工作、家庭收入和构成等；第二是进行土地流转的相关内容，主要包括土地流转的形式、面积、价格、时间、影响土地流转的因素等；第三是对村民土地流转的意向调查，还没有流入土地和出让土地的影响因素等内容。在调查过程中，共发了200余份问卷，收回了180份，有效的为162份。据统计分析，样本中有98户村民转让了土地，所占比重为60.5%，转让现象比较普遍，但每笔土地转让中涉及的土地数量较小。

在调查中，本节列举了九个可能会影响农户土地流转意愿的因素，分别为：非农业就业机会、农户的自身因素、政府政策、村集体工作、农村社会保障制度、土地流转条件、土地收益、土地重要性及其他因素。根据统计数据，运用SPSS软件分析，得到表2－27。

表2－27　影响因素描述性统计

变量名称	赋值	最大值	最小值	均值	标准差
土地流转意愿	不愿意转＝0，只愿意转出＝1，只愿意转入＝2	2	0	1.41	0.760
非农就业机会	未选择该因素＝0，选择该因素＝1	1	0	0.64	0.483
自身因素	未选择该因素＝0，选择该因素＝1	1	0	0.16	0.368
政府政策	未选择该因素＝0，选择该因素＝1	1	0	0.36	0.483
村集体工作	未选择该因素＝0，选择该因素＝1	1	0	0.09	0.282
农村社会保障制度	未选择该因素＝0，选择该因素＝1	1	0	0.79	0.408
土地流转条件	未选择该因素＝0，选择该因素＝1	1	0	0.85	0.362
土地收益	未选择该因素＝0，选择该因素＝1	1	0	0.54	0.500
土地重要性	未选择该因素＝0，选择该因素＝1	1	0	0.251	
其他	未选择该因素＝0，选择该因素＝1	1	0	0.13	0.337

根据上表统计结果，运用相关分析法，根据 Pearson 简单相关系数法定义，计算出各变量间的相关系数，得出其相关关系。相关分析是分析客观事物之间关系的数量分析方法；Pearson 简单相关系数就是用来度量变量间的线性相关关系。其中，Pearson 简单相关系数的数学定义为：

$$r = \frac{\sum_{i=1}^{n}(x_i - \bar{x})(y_i - \bar{y})}{\sqrt{\sum_{i=1}^{n}(x_i - \bar{x})^2 \sum_{i=1}^{n}(y_i - \bar{y})^2}} \tag{2-4}$$

其中，n 为样本量，x_i 和 y_i 分别为两变量的变量值。相关系数 r 的值在 $-1 \sim +1$之间，其中 $r>0$ 表示两变量存在正的线性相关关系；$r<0$ 表示两变量存在负的线性相关关系；$|r|>0.8$ 表示两变量之间具有较强的线性相关关系；$|r|<0.3$ 表示两变量之间的线性相关关系较弱。

根据上述 Pearson 简单相关系数公式，分别将非农就业机会、土地流转条件和村集体工作代入公式中，得出表 2-28。

表 2-28　朵贝村影响农户土地转让意向因素间相关性检验结果

变量名称	土地流转意愿	非农就业机会	政府政策	村集体工作
土地流转意愿	1			
非农就业机会	0.864	1		
政府政策	0.592	0.573	1	
村集体工作	0.240	0.233	0.406	1

注：因为影响因素较多，所以挑选相关性较强的进行检验。

根据检验结果，可以得出：非农就业影响与土地流转意愿间存在正的较强的线性相关关系；政府政策对土地流转意愿存在正的线性相关关系，但并不是很强；村集体工作与土地流转意愿存在正的较弱的线性相关关系。

（二）影响因素分析

1. 非农就业机会影响

朵贝村农户主要的经济来源，大部分以外出务工收入（包含自己创业、从事第二、第三产业）为主，比例占 47%，以土地耕种收入为主的占 42%，土地耕种和外出务工是朵贝村农户收入的主要经济来源。由图 2-9 可知，非农业耕种经济收入已成为大多数朵贝村农户经济收入的主要来源。

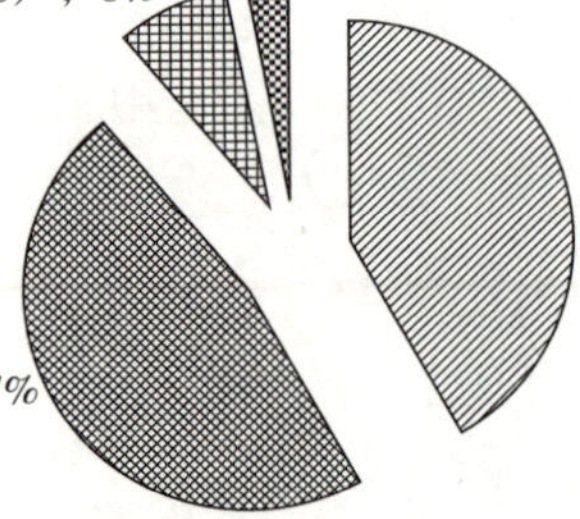

图2-9　朵贝村农户经济主要来源分布

通常来讲，村民加入非农业活动的机遇越多，家里非农业的收入就会越高[166]。因而，劳动力不充足的家庭，非农业收入能够维持生存的农户，很容易把部分或者整体的农地流转出去。反之，加入非农业活动的机遇少、非农业收入所占比例小的农户，为了提高家庭的劳动生产效率，就会有土地转入的意愿。样本区调查拜访的162户中，有102户，也就是有63.6%的村民认为非农业的就业机遇对其是否对土地进行流转有着很大的影响力度。

自然条件、经济状况不好，家庭小规模经营土地的收入较低，与外出务工相比较，耕地收入偏低。因而劳动力价值较高的外出农民工范围广泛，农民流转土地的意向也比较高，实际进行土地流转的农户也较多。收入比较高的人群对于土地流转的意愿相对也就很强烈，调查统计表明：长年在外边从事第二、第三产业的村民，通常都是自己经营产业，有固定的经济来源，并且自主经营的收入高于其从事农业生产活动的收入，所以他们愿意长时间进行土地的流转，对于土地转出的要求也不是很多。可见，非农收入对土地的流转有显著的影响，这说明村民加入非农产业活动是土地流转的驱动力因素之一。

在朵贝村经济条件比较好的农户，其家庭收入大多来自非农业活动，其比例高达82%，村民的经营方向多偏向于第二、第三产业，其间进行土地流转的频率也最高。经济条件相对差的农户，其家庭的主要收入来自农业，占总收入的50%以上。朵贝村农户在生产活动中，选择兼业化的比较多，虽然很多村民的家里经济主要来源是非农业活动，但还是有很多人不愿意转出自己的土地。家里劳动力外出打工的也很多，土地流转的面积却很少。根据样本数据统计，该村完全不从事农业耕种生产的农户有25户，其中有18户是在外务工有着固定的收入，有7户是因为劳动力不足，所以不再进行农业耕种生产活动。

2. 农户自身因素影响

本节主要从农民接受教育的程度和他的年龄两个方面来阐述自身的因素对农

民进行土地流转意愿的影响。通常来说，农民的受教育程度越高，接受新事物的程度越深，进而适应当前发展的力度越大，在外创业或者发展现代农业的能力越高，成功率也会随之增高，所以就有进行土地流转的意愿[167]。但是，朵贝村的农民接受教育程度普遍较低，对于土地流转的意愿影响比较小，换言之，朵贝村并没有显现出这一规律。然而劳动力作为生产进程中一个根本的要素，其科学文化素养的好次，对生产活动的成果造成直接的影响，同时，也会影响到劳动力的收入。从长远来看，提高农民科学文化知识是提高农业生产效率的根本措施。

样本区数据表明，农户的年龄与土地的流转有着紧密的联系。20～40岁的农户大多数不会选择转入土地，该年龄段的农户转入土地的户数仅占12%。因为年龄不大，所以他们对于土地的感情比较淡薄，这部分农户大多在外边务工，也有少部分在离家较近的地方打零工，农闲时外出打工挣钱，农忙时回家从事农业生产。在交流的过程中，发现没有转入大量土地的原因还有可能是别人转出的土地相对较少，同时自家的土地也不多，所以就只能选择外出务工。而41～65岁的村民选择转入的土地就比较多，且流入的量明显大于转出的量，因为这部分人，劳动力有富余，加之年龄较大，对于土地感情更深，恋土情结更明显。年龄在66～80岁的村民，若还具有劳动的能力，那就只是耕种本身的土地，只是在极个别情况下，可能会转入亲朋好友的土地；若完全无劳动力，它只能将所有的土地转移出去，但通常情况下，也只是转给自己熟悉的朋友或者隔壁邻居之类的农户。

3. 政府政策及村集体影响

政府的鼓励或限制性政策，对于农民加入土地流转中来的意愿和行为起到决定性的作用[168]。各级政府建立健全土地流转的监督管理机制，规范流动，改善农业的耕种生产条件，增加对农业的财政支持，加强农村农业基础设施的建设，可以激发农民对土地流转的积极性。在访谈过程中得知，从2003年我国农村农业税费的改革制度实施以来，80%的农户想增加耕种土地的面积，也就是说，在政府政策的影响下大多数农民有土地流转的意愿。

在调查过程中发现，朵贝村的土地流转多为小面积私下的流转，未经过村集体的同意。同时，大多数农户表明，希望村集体不要干涉自己土地的流转程度。他们只愿意从村集体转入土地，但是不会将自己的土地转让给村集体，因为转入土地一次付款后就不会再有纠纷，但是转让土地的话，就相对烦琐。因为如果土地转让给村集体，自己的补偿没有保障，而且有的被国家征用了好长时间，一直得不到合理的补偿。

4. 农村社会保障体系的影响

样本数据显示，社会保障体系也是影响农民土地流转意愿的重要因素之一[169-171]，有79%的农户认为其对土地流转意愿产生影响。目前，中国农村的土地不仅为农户提供根本的经济收入，同时，还为农户提供基本的生计保障和社会保险效益、就业效益等。在农村社会保障制度尚未建立的环境下，土地依然是很多农民的定居点。虽然农地营业收入低，农民依然不会随意的转让土地。农民出于大都市有户口、医疗、教育等因素的限定，就业不固定、小孩学习等会有一些问题，若农户转让土地后失业，那自身的生活就会失去保障。因此，大多数农民乃至非农业收入非常高的农民都会选择兼业，而不愿意将土地流转出去，从而导致土地流转量少，供应不足，流转率较慢。所以，农村社会保障体系对于土地流转规模和土地流转速率有着直接的影响，特别是对流转土地供应产生影响。

5. 土地流转的条件和循环经济效益的影响

与其他行业相比，农业具有生产活动周期较长，现金流量缓慢，效率相对较低的特点，同时也是社会效益较明显，但经济效益较低的行业[172,173]。朵贝村农业现代化生产的水平较低，只能在相对比较平坦的地方进行机械化耕种，但是这些地方的土地并不完全属于同一位村民所有，所以要在这些地方开展大型机械耕种是不太现实的。农业耕种收入的不固定性，使得农民不愿意流转自己的土地或者大面积的转出自己的土地。访谈中很多村民表示，除非有很富余的劳动力之外，才会去选择转入土地，但是也不会选择流入许多的土地，因为这样子会有很大的风险，劳动力负担不起，同时，自身的基本生活也将会得不到保障。

6. 土地的重要性

农村土地的社会保障功能很大，对许多农民来说，除非有相对稳固的收入源头或其他安全保障举措，否则他们的恋土情结是不容易改变或消除的[174]。在样本数据中，对绝大多数的农户来说，土地对于他们而言是很重要的。数据显示，土地的重要性影响到51.9%的农民对土地进行流转的意愿，由此可知，土地对朵贝村的农户还是很重要的，土地依旧还是他们的安身立命之本。农民只有在生存有保证的前提下，才能反映出他的经济理性[175]。但由于缺乏社会保障，同时，土地出让权的法律定义不明确，不完备，在都市的劳动力市场上又不能获得较好的就业待遇，加上现在城镇就业的机会逐渐饱和，农民工在城市工作的难度增加，部分农民工被迫回家乡发展，由于资金不充足等因素无法从事其他行业，所以也只能回家耕种土地，农民并不能完全与土地脱节，导致他们只能将土地短时间的流转。

五、结果分析

通过对样本数据的调查分析，可以看出，非农业耕种的就业机会、农民接受教育的程度和年龄、政府决策和村集体的工作、土地流转状况，经济效益等因素，都会影响到农户对进行土地流转的意愿。大部分农户认为，因为农村的社会保障制度不完善，他们非农业耕种的经济收入不固定，所以他们通常不会将土地流转出去，只有极少数情况下，他们才可能会将土地出让给熟悉信任的人。也会有愿意流转土地的部分农户，因为他们有固定的非农业耕种收入，有能力完全脱离土地、脱离农业耕种生产活动。也有一些农户希望转入农地，因为他们觉得转入土地还是有收益的，且收益能够得到保障，同时，因为他们家中都有富余的劳动力，且他们有扩大经营管理规模的能力。但是目前并没有得到满足，这也在一定程度上说明，朵贝村的人地关系存在不相适应的状态。

随着现代化、城镇化进程的快速发展，农民对于土地流转的意愿会发生改变。但是在当下，我国农民科学文化素养普遍偏低，在第二、第三产业发展较快的过程中，缺少参与竞争的能力，要想得到固定的就业机会和非农业耕种土地的收入是很难的。首先，应该加强对农村教育的发展力度，建立农村书屋，以此提升农户的科学文化素养，为发展农村乡镇企事业提供保障，同时，提升第二、第三产业的比重，为农村富余劳动力提供就业的机会。其次，要持续稳固农村土地集体所有制的土地制度，进一步明确土地权益关系，加强对“农村、农民、农业”的扶持，使得农村社会经济得到发展，如在农业生产的过程中，为农民准备和提供充足的资金和技术，为农副产品的加工、销售供给全套的服务，为农村进行土地的流转营造良好的外部环境，提升土地生产的经济效益。再次，规范农村土地流转行为，加强农业土地流转程序的管理，保护双方的合法权利。最后，从实际情况解决就业、医疗保险和养老金在内的农村社会保障问题，从根本上消除农户进行土地流转的后顾之忧。

第六节　农村土地流转对农户收入的影响分析
——以盘县珠东乡为例

农村土地流转对解决“三农”问题、增加农民收入有着重要的意义。本节首先通过理论分析农村土地流转与农民收入两者之间的关系。其次，再以贵州省盘县珠东乡的实地调查数据为基础，对收集的数据整合后运用多元回归模型进行分析，发现土地流转在一定程度上能促进农民收入的增加，但土地流出的农民收入要低于土地流入的农民收入，土地价格和土地生产投入对于农民收入的影响效应较小。最后，本节从保障农民收入的稳定增长、规范农村土地流转方面提出了相关的对策建议。

一、土地流转与农户收入的相互关系

（一）研究背景

土地是农民仅有的生产要素之一，伴随着土地改革的全面展开，农民的收入在一定程度上增长了不少。从1999年颁布实施的《土地管理法》开始，为了适应农村发展的需要，在21世纪初又相继制定了《农村土地承包法》、《农村土地承包经营权流转管理办法》以及《物权法》等相关的律例条规，为我国的农村土地确权提供了制度保障和程序依据，规范了土地登记运行机制；政府通过土地承包经营权确权登记的措施来明确农村土地权属问题，保障农民土地权利，指导农村土地流转；同时，政府在一定程度上对参与土地流转的农户给予相应的财政补贴，鼓励农民进行土地流转。随着这些相关政策的不断健全和相继出台，不仅促进了农村劳动生产力的转移，也为农民扩大农业规模、促进农业现代化生产提供了重要的土地保障。王春超等通过对农户土地转让合同的调查分析，认为土地流转市场可以在一定程度上促进农民收入的持续增加，土地产权的确定、完善和土地市场的规范对增加农户家庭收入也起到了良好的作用[176]。郭明亮等认为推进农村土地流转是加快农村土地集中利用、实现土地报酬最优、发展农业和增加农民生产效益的有效方式[177]。刘淑俊等认为只有通过建立健全的农民保障机制，充分利用土地流转的正面作用，使土地流转程序化，才能提高农民的家庭收入[178]。李丽明等通过调查认为现今的土地流转对于农民收入的影响较弱，需要制定科学合理的土地流转政策以及保障政策来引导农村土地流转、保障农民的收入[179]。李瑶鹤等通过调查分析得出确权能加快服务、加快流转管理服务、促进农村土地信息的平等交流、加强农村农业生产用地的监管，保障农民的利益不受侵犯[180]。土地流转作为一项重要的惠农政策，对增加农民收入有着不言而喻的特殊意义。因此，本节内容研究的重点是通过对珠东乡土地流转和农民收入的实际情况调查，对获取数据进行相关程度分析，以此来确定农民收入的增加与土地流转是否存在相关性以及相关程度的大小。

（二）土地流转及相关概念

李长健等提出广义的农村土地流转是指土地所有权和土地承包经营权的流转，狭义的土地流转是指土地承包经营权的流转[181]。因为现行农村土地政策的基础是农民集体所有制，土地所有权是由国家施行的，由此来说，我国的土地流转就是承包者将其经营权转给他人享用的活动，即在一定的时间段内，依照规定在不更改其生产用途的情况下对其经营权所进行的流转。根据《农村土地承包法》相关条例的规定，土地承包者在一定时间段内依法对其经营权用出租、互换、入股等或者其他方式进行流转[182]。出租是指承包者向他人收取租金后将经营权在一定时间段内租给其他农户从事农业生产经营的活动；互换是指两个承包者为了生产需求对其地块进行互换的活动；入股是指土地拥有者将其权益作为股权加入集体组织从事农业的活动。

杨灿明等提出农民收入是在规定的时间段内农民通过各种方式所得到的收入，包括农业收入和非农业收入[183]。农业收入主要是种植农作物收成后得到的产量销售收入，非农业收入主要有社保补贴、分红、利润等。本节研究区域农民拥有的土地收成是其收入的主要来源，但是在生产投入时又舍不得花费大量的财力和物力去精耕细作，因此，当地农民的收入普遍较低。结合当地实际，珠东乡农民的收入主要由四个部分构成：贩卖农产品、打工、利润和其他。农民贩卖的收入主要是依赖出卖粮食或销售其他劳动收获物所获得的销售价格；打工收入是指农民去给别人做活所获得的酬劳；利润收入主要是把钱存入金融机构应得的利息、加入农村合作社所得分红等；其他收入主要有亲朋礼金往来、政府财政补贴等。

（三）相关理论阐述

1. 产权理论

邢妹媛等认为科学合理的产权制度安排能刺激农民对土地的高效利用，刺激农业生产的开展，有助于达到生产报酬的最优效果[184]。农村土地确权是实施农村土地制度与政策的关键因素。土地确权近年来在农村如火如荼的开展，土地确权明确了农户的土地权属、土地边界、土地面积等，它不仅保护了农民的土地权利，还能减少土地争议。一方面，农村土地登记制度对于管好、用好农民土地，促进土地的保值增值，形成土地边界、权属、面积明确的市场流通运行机制，促进农业生产的发展有重要意义；另一方面，土地确权为农民土地权利提供保障，使得农民在土地流转后发生土地争议的情况降低，在提高了农民利润收入的同时还促进了当地农业经济的发展。

2. 农户行为理论

为了分析农民的选择行为，将农民看成一个经济主体，探究农民在流转中对待不同的环境所表现出来的心理过程。农民选择行为可以通过土地流转方式、流转规模以及流转对象等一系列活动行为表现出来。从微观经济学的角度而言，农户作为一个“理性经济人”，其所选择流转活动以及选择方式的行为都是为了达到自己花最小的代价换取最大利益的目的[185]。所以农民的行为表现在：为了达到土地流转利益最大化的目的，农民所进行的各种行为的决策过程。

3. 地价理论

在正常市场条件下，土地在未来的几年里所能供应的土地利益的社会化价值就是土地价格，这种土地利益是农民生产的剩余价值的一部分，它有可能来自劳动者，也有可能来自全劳动者剩余价值的转移[186]。土地作为农民仅有的生产要素之一，地价的高低通常是农户决策的主要考虑依据。由于土地面积递减的可能性，且土地位置相对固定，加之土地供应的稀缺，使得供应与需求不对等，导致土地市场的信息不对等、土地市场混乱。

综上所述，土地产权理论为农村土地措施与政策的决定提供了依据，农户行为理论为农民选择土地流转的一系列活动提供了理论解释，地价理论为两者的相关分析提供了经济学的理论支撑。

二、样本统计分析

（一）样本区概况

珠东乡位于贵州省的东南部，地处云贵高原，多山地，土地破碎、贫瘠。珠东乡国土面积约有145平方千米，辖区有14个村，耕地面积3.9万余亩。由于地理位置的限制，交通运输条件落后，使得当地的农业生产经营规模小。农民收入主要靠务农，自给自足的小农式生产使得当地的经济发展滞后。近年来，珠东乡政府投入大量的物力、财力，调整经济发展模式，鼓励支持发展种植业和养殖业，以求促进当地的经济发展。在种植业中，农作物有烤烟、人生果、刺梨、玉米、洋芋、谷稻。养殖业有本地鸡、山地黑山羊、大黄牛。政府的这些惠农政策，得到当地许多农民的积极支持，将土地通过转包、出租、互换、入股或其他方式流转给有条件的种植户用以种植经济作物和具有规模的饲养牲畜的养殖户。此项政策在拉动当地经济发展的同时，也提高了农业的生产规模和农民的小康水平。

（二）数据来源与研究方法

本节所用的研究方法是实地问卷调查法，以实地问询和印发问卷的方法开展数据收集。问卷设计的内容主要有：农民生产基本概况、农地流转基本情况、农地流转过程及其影响因素四个部分，选取珠东乡的珠东村、窑上村、水壶村、十里村等十个村为调查对象，印发的问卷共计170份，收回的有效问卷有148份，样本具体信息统计如表2－29所示。

表2－29　样本基本信息

类别	样本分类	频数（N＝148）	频率（%）
年龄	20岁及以下	14	9.46
	20～40岁	47	31.76
	40～60岁	61	41.22
	60岁以上	26	17.57

续表

类别	样本分类	频数（N=148）	频率（%）
学历	小学及以下	71	47.97
	中学	54	36.49
	本科及以上	23	15.54
性别	男	80	54.05
	女	68	45.95
家庭年收入	10000 元以下	21	14.19
	10000～30000 元	66	44.59
	30001～50000 元	48	32.43
	50001 元以上	13	8.78
家庭收入主要来源	务农	46	31.08
	外出务工	31	20.95
	经商	33	22.30
	流转土地	28	18.92
	其他	10	6.76
是否参与土地流转	是	110	74.32
	否	38	25.68

（三）数据统计分析

1. 流转方向对农民收入的影响

从是否流转的选择以及流转方向的选择两个方面对比农民家庭收入情况发现：未发生流转的农民家庭年收入平均在2.2万元，土地转出的农民家庭年收入在3.1万元，土地转入的农民家庭年收入在3.6万元，详见图2－10。从图中可以看出选择参与土地流转与不参与土地流转之间比较，选择土地流转的农民收入要高一点；土地转入与土地转出之间比较，选择转入的农民收入要高一些。

2. 流转面积对农户家庭收入的影响

在流转面积对农户家庭收入影响的变化上，土地面积在3.5亩左右时，流出所能带来的收入达到最高点；且在土地面积未达到3.5亩前，即流转面积在0～3.5亩之间的收入流出大于流入；当流入面积大于3.5亩时，家庭现有的土地面积增加，规模效应开始显现，这时收入流入大于流出，详见图2－11。从图中不难看出，流转在0～3.5亩时，由于流出所付出的土地代价较小，流出得到的流转价格能在一定程度上改善农民的生活，因此收入较高；而流入所要支付的流转价格大于流入土地带来的增产，因此收入较低。随着流出面积的增加，农民收入

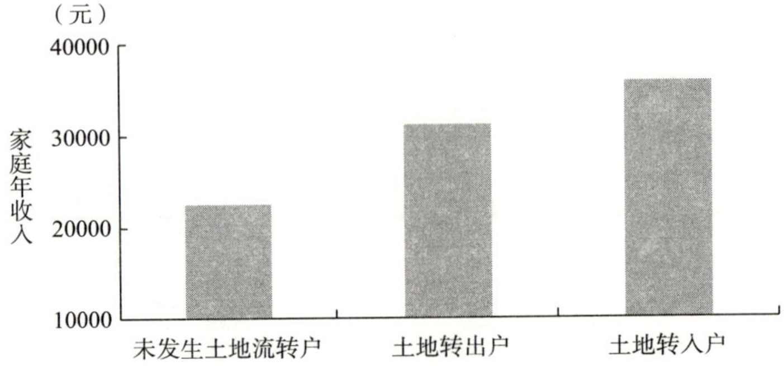

图 2－10　流转方向对农户家庭收入的影响

也在随之增加，在达到一定程度后又随之下降，这种下降是由于农户转出土地面积过多后，引起农地生产产量的急剧下降，收入也就随之下降；而土地转入超过一定面积时，由于转入面积较大，形成规模，集中生产所带来的增产量提高，收入也随之增加。

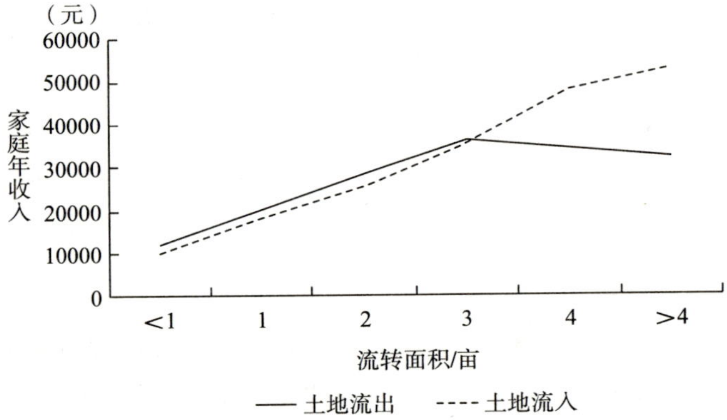

图 2－11　土地转出面积对农民收入的影响

3. 流转模式对农户家庭收入的影响

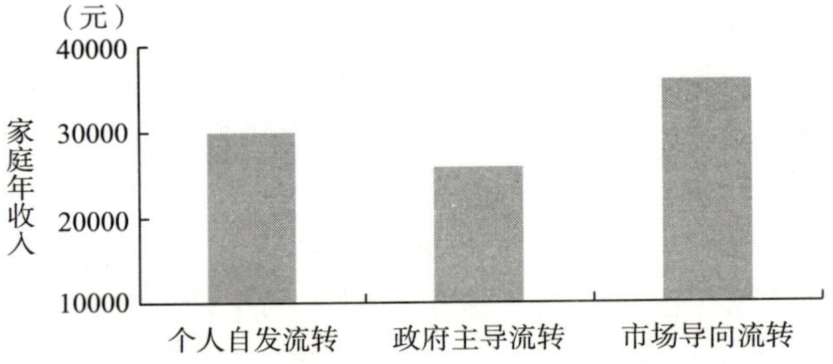

图 2－12　不同流转模式对农户家庭收入的影响

因为农民在选择流转土地时，政府可信度较高，所以更多人愿意选择政府，但由于是宏观调控手段，所以流转价格会相对低廉，收入也就相应的较低；虽然市场流转价格高，但由于土地市场信息获取不对等，因而选择市场流转的较少；个人自发流转大多选择的是自己相对熟悉的亲朋好友，因此，可信度高，流转人数就会大于市场导向的流转，但流转价格就相比政府流转的要高一些，如图2－12和图2－13所示。

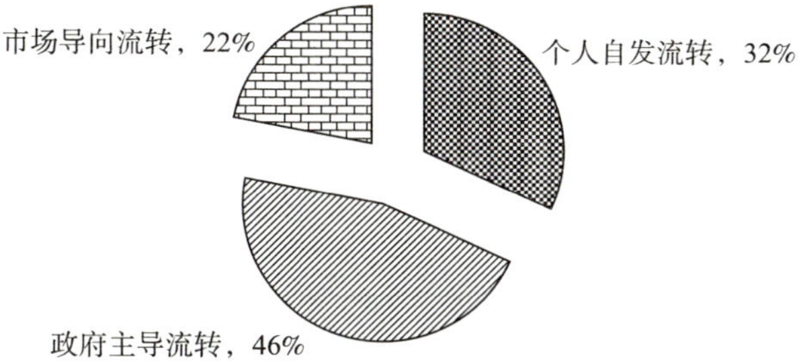

图2－13　农户选择的土地流转模式

三、实证检验

（一）变量选取及模型构建

当前，农民收入受社会生产力、经济发展状况等因素的综合作用。在众多的变量中寻找与农民当前收入有关联的因素，回归模型具备其他分析模型所没有的优越性。因此，本节选取回归模型开展农村土地流转与农户收入的关联研究，用数学公式表达为：

$$Y = \beta_1 + \beta_2 X_{2i} + \beta_3 X_{3i} + \cdots + \beta_k X_{ki} + \upsilon \qquad (2-5)$$

在式（2－5）中：Y为被解释变量，X为解释变量（i＝0，1，2，…，n），β为待估参数，υ为随机干扰项，服从正态分布且期望值为0[187]。

分析珠东乡农村的土地流转对农户收入的影响效果差异，选择家庭的收入为被解释变量，用Y表示。选择对农户收入产生影响的因素进行筛选，其中土地转出面积（X_1）、土地转入面积（X_2）作为重要的解释变量。此外，本书还选取了土地流转价格（X_3）、生产投入（X_4）、家庭现有耕地面积（X_5）三个解释变量来反映影响农户收入的其他因素，各变量界定见表2－30。因此，可以得出本节的分析模型为：

$$Y_i = \beta_1 + \beta_2 X_1 + \beta_3 X_2 + \beta_4 X_3 + \beta_5 X_4 + \beta_6 X_5 + \upsilon \qquad (2-6)$$

表 2－30　模型变量的界定

变量	变量名称	变量单位
被解释变量	农户家庭收入（Y）	元
	土地转出面积（X_1）	亩
	土地转入面积（X_2）	亩
解释变量	土地流转价格（X_3）	元/亩
	生产投入（X_4）	元
	家庭现有耕地面积（X_5）	亩

（二）计量结果及分析

本节选择的分析软件是 Eviews 5.0，对数据整合后进行计量分析，所得结果如表 2－31 所示。

表 2－31　计量回归结果

Variable	Coefficient	Std. Error	t－Statistic	Prob.
C	－205.4218	2814.218	－0.072994	0.9419
X_1	2307.661	1137.778	2.028218	0.0444
X_2	1245.427	1282.769	0.97089	0.3333
X_3	8.545518	2.594312	3.293944	0.0013
X_4	9.783087	2.196775	4.453386	0
X_5	733.56	102.017	7.141611	0
R－squared	0.548127	Mean dependent var	30501.37	
Adjusted R－squared	0.531989	S. D. dependent var	11541.57	
S. E. of regression	7895.741	Akaike info criterion	20.82626	
Sum squared resid	8.73E＋09	Schwarz criterion	20.94888	
log likelihood	－1514.317	F－statistic	33.96437	
Durbin－Watson stat	1.757444	Prob（F－statistic）	0	

根据表 2－31 的回归分析，模型估计的计量结果可以写为：

$$Y_i = -205.42 + 2307.66X_1 + 1245X_2 + 8.55X_3 + 9.78X_4 + 733.56X_5 \qquad (2-7)$$

（2814.21）（1137.78）（1282.77）（2.59）（2.19）（102.02）

t＝（－0.07）（2.03）（0.97）（3.29）（4.45）（7.14）

$R^2=0.55$　　调整后的 $R^2=0.53$　　F＝33.96　　n＝148

模型估计结果说明，土地转入面积每增加 1 亩，农民收入将增加 2100 元，说明土地面积与家庭收入之间呈现正相关效应，总体上来说，农民转入比转出的收入要高；土地转出面积每增加 1 亩，农民收入将增加 1000 元。农民土地拥有量每增加 1 亩土地，收入将增加 530 元，说明土地流转能解决以前土地破碎化、低投入、低产值种植的问题，比较能适应现代化、集约化种植的要求，比个体种植更能合理的利用土地生产，增加土地使用效率，使得土地亩产值提高十分明显；每增加 1 元的土地生产投入或者提高 1 元的土地价格，收入并不会有明显的增长。但是当投入和价格增长到一定程度时，那么收入也将随之增长。说明土地生产投入和土地价格对农民收入的影响效果不明显，但若是持续增加土地投入和提高地价，增加到一定程度后，则会对农民的收入产生更为显著的影响。

四、结果分析

通过本次调查分析，本节得出以下结论：

（1）土地流转对农民收入都有一定的增长作用，但从总体上来说，流入相对比流出对农民收入的影响较大，流入所得的规模效应和集聚生产使得投入成本降低，产量增加，收入随之增长。

（2）土地生产投入对农民收入的影响不太明显，许多的农业还是自主式经营，生产投入较少，不具备科学性和合理性，因此，土地所能带来的产量并不高。

（3）土地价格对农民收入的影响也不太明显，原因是珠东乡当地的土地市场是以政府为主导，政府所能给出的价格相对较低，所带来的收入也就不太明显；土地的拥有量对农户收入的增长程度较为明显，珠东乡主要收入还是靠务农，土地面积的多少直接关系其收入的大小，土地面积多，收入就高，反之亦然。

（4）土地流转模式仍然是以私人之间的流转模式为主，且土地流转价格对农户收入影响不明显，政府应加大对土地市场制度的监管力度，提供相对应的交易平台和财政支持，增加农民对土地流转的时间精力投入和信息的全面获取；同时，如果能够充分调动农户的生产投入对其自身收入的提高有重要的作用，若能制定相应的农业扶持政策，则能有效地促进农村收入的稳步增长。

吕杰等认为农村土地流转是当前解决我国农地无人耕种、难耕种的有效途径，随着土地交易市场的日益完善，或多或少的都会给土地转入方和转出方带来一定的收入[188]。杨婷娜等认为，一方面，完善的农村社保系统解决了农民的生活保障，使农民放弃农地生产，把土地流转给农业大户，在促进土地流转的同时也增加农民的收入；另一方面，健全的保障体系能够使流转的农户获得更丰厚的生产收入[189]。邱道持等认为，土地的利用率和土地的集中率对农户收入有较明显的作用。因此，需要解决农民在农业生产中遇到的种植问题，为农民生产机械化、规范化的农业活动提供科技能力的帮助[190]。刘涛等通过研究认为，土地流转能充分调动农业用地的合理利用，有助于守住我国的耕地红线、解决土地短缺等问题[191]。据此，本节提出如下建议：

（1）加快土地确权进程，明晰农村土地产权。近年来，土地确权是在农村兴起的一项土地政策，许多农民还不知道土地产权是什么，土地产权登记对于他们是否有好处。在土地流转后也不会去相关部门进行变更登记，在出现争议时当然也就无据可依。因此，加快农地确权进程显得刻不容缓。应该加大对农地确权的投入，加强各部门协调合作，提高农民的土地权利意识，保护其不受侵害。

（2）政府引导土地市场，建立长效运行机制。珠东乡的土地市场起步较晚，且发展缓慢，在市场上土地流转信息不完全；有些农民在进行流转时，流转给谁、怎么流转、流转用途是什么、流转价格高低等全凭自己的喜好，导致土地流转市场混乱，许多农民不愿再进行土地流转。因此，政府发挥宏观调控作用，组织建设土地市场长效运行机制，可以提高农民土地流转的积极性。

（3）为帮助农民规模化地开展农业生产，提供农业教育培训。许多农民在生产经营过程中，凭借过往的经验从事农业生产，使得土地使用效率低下，产量增值不高。据此，政府为农民生产提供农业教育培训，讲授科学种植养殖知识，合理投入生产，扩大经营规模，能够帮助农户更好地开展规模化的农业生产。

（4）政府得加大财政补贴力度，免除农户土地流转的后顾之忧。农民在流转中认为土地流转后自己的收入将会有所降低，所承担的失地风险较大，后续的土地产量将会没有保障，因此，不愿流转土地。对此，相关部门应对流转土地的农民做出相应的政策补给，建立农业保障机制，消减农民失去土地的忧虑，支持农民土地流转。

第七节　少数民族地区城市化进程中失地农民的城市适应性分析
——以雄武乡失地农民为例

城市化是指农业人口非农化和农村生活方式城市化的过程。城市化水平的提高，必然使城镇人口增长、城市数目增加，而其中主要增加的人口是来自农村失地农民，且这里的失地农民主要是扶贫搬迁户。伴随着城市化进程的快速推进，失地农民数量迅速增长，农民搬迁到城市，形式上是从传统到现代的社会变迁，实际上在农民适应城市的过程中面临经济、社会、文化、心理等诸多层面的问题。针对失地农民的城市系统适应问题，本节提出需要引导失地农民的经济来源、加大政府职能部门的政策宣传、呼吁市民群体的社会接纳、注重少数民族的文化发扬、完善政策落实的力度、加强搬出荣誉感的社会关注等建议。

一、失地农民城市适应性问题的提出

（一）研究背景

改革开放至今，我国的社会结构发生了巨大的转型，在新型的社会结构背景下，城市化进程飞速向前推进[192~195]。近年来，贵州认真贯彻落实习近平总书记重要指示和党中央、国务院关于坚决打赢脱贫攻坚战的决策部署，把易地扶贫搬迁作为工作重心，做到挪穷窝与换穷业并举、安居与乐业并重、搬迁与脱贫并进，扎实推进新一轮脱贫攻坚工作[196~198]。扶贫搬迁的对象是城市化进程新增人口的主力军，到2015年，贵州省累计已实施搬迁62万人，“十三五”时期将再搬迁农村建档立卡贫困人口130万人。伴随着城市化进程的快速推进，一个特殊的群体——失地农民应运而生[199]。

（二）研究意义

城市化进程也在黔西南加快推进，扶贫搬迁涉及范围广，虽然兴义市政府在搬迁少数民族农民的安置、就业、社会保障问题上实施了很多有效措施，但这些具体实施办法落实到农户身上是否可行，怎样提高农民搬迁后的城市适应性，以及失地农民在城市社会中是否表现出少数民族群体的异质特性，如何让少数民族地区的失地农民在城市化中搬出荣誉感和自信感等问题，都值得社会给予更多的关注。本节以少数民族地区兴义市雄武乡异地搬迁的失地农民为调查对象，实地下乡到雄武村、中心村、盘江村、高峰村以及木贾安置区开展实地调研，调查内容主要包括失地农民的生活状况、社会交往、就业、社会保障、身份认同等方面的问题。

调查主要采取随机抽样的方式，以实地走访农户、分散问卷调查和突出个案访谈为主，共发放问卷400份，回收问卷385份，问卷有效率为96.25%。其中不愿意搬迁农户97户，愿意搬迁农户256户，不确定的农户23户。通过随机抽样的方式，反映少数民族地区在某个区域范围内的农民在城市化进程中的适应程度，以期为城市化进程中开展农户搬迁工作提供基础性参考。分析表明：2016年雄武乡农民人均收入相对于2015年呈现减少趋势，原因有可能是具备农业劳动力的农户选择搬迁后，导致人均收入有所下降，下降了0.1%。在调查中得出搬迁农户有67%的农户愿意搬迁，25%不愿意搬迁，8%的农户在搬迁问题上摇摆不定。当前城镇化和易地扶贫搬迁是社会的大趋势，将来一定会有越来越多的农户愿意搬迁，因为搬迁的人占大多数，少部分不愿意搬迁的人也会随时间的推移逐步走向城市，当然在政府及社会中介的支持下将让农民更好地适应城市和融入城市。

二、研究区概况

（一）自然地理概况

雄武乡位于兴义市境西南部，距市中心42千米。东连七舍镇，南邻捧乍镇和七舍镇，西与云南省罗平县钟山乡隔黄泥河相望，北与白碗窑镇和罗平县钟山乡接壤。全乡辖4个行政村（分别是高峰村、中心村、雄武村、盘江村），83个村民小组，2017年全乡有4865户农户，人口共1.77万人。境内矿产资源丰富，种类多，储量大，有煤、金、铁、铜、钼、铀、砷等多种矿产，其中煤炭、黄金储量居兴义市首位。有中、小学7所，教育、卫生、供电、供水以及通信等基础设施趋于完善。经济发展以第二产业为主，第一、第三产业为辅。全乡有乡镇企业5家，其中煤矿4家，制衣厂1家。2014年地区生产总值6946万元，财政收入340多万元。

雄武乡耕地约3400亩，其中，主要种植玉米、小麦、油菜、辣椒、薏仁，兴义市雄武乡积极调整产业结构，引导和帮助中心、盘江等4个村的群众发展辣椒产业，规划种植800亩，并分成4个集中育苗点育苗。由于雄武乡从2002～2012年，全乡有上十家矿产开采企业，因矿产开采后导致地面下沉、地面塌陷、矿渣的堆积，导致到现在全乡土地面积减少，到2016年统计只有耕地3400余亩，减少了1300余亩。这几年在兴义市政府保护耕地政策指导下，雄武乡发展农业生产种植基地建设，集中种植辣椒和薏仁，加大了土地开发力度，开展了修建农用蓄水池、坡改梯治理、石漠化治理等民生工程。雄武乡土地本身肥力不足偏瘦，泥土多含碎石，保水能力弱。加上在耕地资源的利用上呈现粗放型经营，如因劳动力不足，一年只种一季，土地种植的套种程度不高，使土地的使用率变低，在季节上导致水土的流失。

（二）社会经济概况

据统计，全乡外出务工人口占全乡人口的1/4，而在家的基本是老人和孩子，劳动力不足是制约农民经济来源的最大因素。通过雄武乡各类经济收支统计分析，雄武乡财政、生产总值虽呈现上涨趋势，但增速太低，没有实质性的变化，固定投资在持平，招商引资在下落的情况下农民人均收入也在持续下降。这些数据可以直接看出雄武乡缺少特色经济输出，导致农民还持续原有的传统经济（如表2－32所示）。

（三）农民搬迁意愿

根据发放问卷中搬迁意愿的调查显示，总共发放问卷400份，回收问卷385份，问卷有效率为96.25%。其中，不愿意搬迁农户97户，比重占24%；愿意

表 2-32 雄武乡 2015~2016 年各类经济收支统计

类别＼年份	2015	2016	增速	趋势
地区生产总值（万元）	5478	5483	0.09%	上涨
财政总收入（万元）	3998.8	4001.6	0.07%	上涨
固定资产投资（万元）	3300	3300	0%	持平
招商引资（亿元）	1.55	1	-0.45%	下落
农民人均纯收入（元）	6767	6721	-0.1%	下落

资料来源：雄武乡《2016 年财政所年鉴》。

搬迁农户 256 户，比重占 68%；不确定农户 23 户，比重占 8%，具体见图 2-14。可以看出，目前贫困村少数民族农民搬迁意愿总体较积极，尤其在雄武乡人民政府政策扶持的条件下，搬迁意愿更为凸显，而一部分不愿意搬迁的主要是单亲上年纪的老人，还有一小部分是不确定是否搬迁。

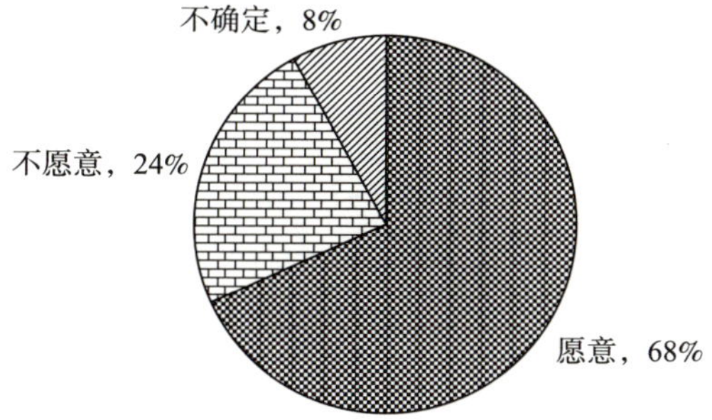

图 2-14 雄武乡搬迁意愿统计

资料来源：雄武乡搬迁意愿调查统计。

三、城市化前后因素对比

（一）城市化前后土地资源利用效率分析

所谓“土地的可持续利用”，一方面，是令当代人合理利用手中的土地资源并在其间获得各方面的有效满足；另一方面，也不至于对子孙后代在利用土地资源这一方面上造成消极影响的土地利用“科学办法”[200,201]。雄武乡城市化前后土地资源利用效益的具体对比情况如下：

1. 土地生产能力的变化

在科学技术、社会经济、基础建设等层面突飞猛进的过程中，一方面，社会对现有土地资源利用水平加以维持；另一方面，又不断加大土地资源相应的物质投入力度，既对提高土地利用质量做出相应的保证，又会尽最大可能促进土地资源单位面积物质数量的产量上升。雄武乡人民政府在一部分搬迁后的土地资源利用上更多的是进行退耕还林，也有部分土地是让农户承包进行规模化生产，棚区种植辣椒、集中种植薏仁，从而极大地提高了土地生产能力的持续性。2016 年，种植油茶33.3 公顷、薏仁米366.7 公顷、薯类343 公顷、杂粮134 公顷，种植水稻347 公顷、玉米433 公顷，早春蔬菜100 公顷、甘蔗166.6 公顷、芭蕉芋100 公顷、生姜80 公顷、辣椒33.3 公顷。相对2014 年，雄武乡在种植种类上增加了中药材黄精的林下示范种植13.3 公顷，种植烤烟146.6 公顷、皇竹草26.6 公顷、黑麦草33.3 公顷、并推广食用菌巴西菇大棚30 个，面积4.32 万平方米，收获鲜菇94 吨，实现产值67.2 万元。在生产能力上，从多季节、多物种、多套种等形式上提高了土地生产能力的持续性。

2. 土地经济效益的持续性

雄武乡人民政府在土地资源利用的效益上，考虑通过土地利用者借助于一系列办法来尽可能的使土地资源利用合理化，因此，在土地资源利用过程中得到相应的报酬和经济效益，从而将原有土地资源价值逐步转化成经济价值。在搬迁前土地带来的经济效益是满足日常生活开销、养殖业的饲料供应，这些收入连孩子的学费都很难保证，而经济效益的持续性就更无从谈起。在搬迁后土地带来的效益是比以前有所提高，而且在规模化生产后能够按不同季节种植相应作物，经济效益的持续性上有很大的提升。通过精准扶贫国家的财政经济补贴分别在盘江村和高峰村种养殖专业合作社建起了繁母猪养殖场，还在盘江村补作组和高峰村张家湾组建成羊养殖小区2 个。盘江村补作组实现羊存栏430 只，高峰村张家湾实现羊存栏580 只。在畜牧业发展上养牛20 头以上的养殖户有5 户，发展能繁母牛10 头以上的大户23 户，建设生猪规模养殖场2 个。实现了部分农户经济效益的持续性，逐步带动了农民的养殖积极性，实现了相对稳定的收入。

3. 生态环境系统的持续性

雄武乡在对土地资源加以开发利用以及再利用活动过程中，要求不可以将严重破坏土地资源和生态环境的行为作为代价，更不能以破坏土地资源的潜在因素来谋求利益，只能在保护生态环境和合理利用开发土地资源的前提下将资源转化为经济效益。雄武乡搬迁前因为农民的不合理种植，导致土地产能低下，以至于农民对土地进行开荒种植，对于明显不符合种植条件的土地只要能开荒都要种植，导致现在雄武乡靠山的土地很多都被开荒种植，生态环境系统进一步缩小。搬迁后要求对土地种植条件进行评估，合理规模种植生产，不符合种植的土地尽可能地种植成生态林，恢复扩大生态系统。根据雄武乡林业站的统计显示，2016

年辖区内的公益林地、退耕还林约有35000亩，较2015年增长593亩，增长率为1.7%。在城市化不断推进的形势下会有更多的林地出现，充分保证了生态环境系统的持续性。

4. 利用形式上的持续性

为促进和保障经济对国民生产的发展，均衡和持续的利用是行之有效的对策，通过保证土地资源开发利用的多样化和有效化来满足中国经济结构转型的发展需求[202]。雄武乡搬迁前土地资源都是种植经济作物，生产模式单一，只能根据季节的变化进行农业生产，导致利用形式上的持续性不连贯。搬迁后土地资源根据生产条件的不同进行分配，对于土地生产条件好的集中种植农产品（如辣椒、薏仁），较差的土地进行退耕还林，生产效益低下的进行土地征拨、发展企业（如制衣厂）。在利用形式上不仅连续而且合理有层次，充分利用好每一寸土地。雄武乡2010～2016年种植的作物种类有油茶、薏仁米、薯类、杂粮、蔬菜、甘蔗、芭蕉芋、绿肥、生姜、辣椒、中药材黄精、烤烟、皇竹草、黑麦草、食用菌巴西菇等。在利用形式上将第一产业和第二产业统筹结合，实现了土地利用形式的多样化、细致化，达到了持续性良好的发展。

（二）城市化前后农民生活水平分析

2016年，确认建档立卡精准扶贫户751户，共1973人。全乡机关干部职工78人，包保贫困户89户；学校教师55人，包保贫困户55户；黄草街道干部职工107人，包保中心村贫困户55户、高峰村贫困户2户；市审计局干部职工20人，包保高峰村贫困户17户；市安监局（含市和谐办）干部职工72人，包保盘江村、高峰村贫困户44户。农户搬到哪里，是一个各方利益调整的过程。但不管搬到哪里，首先要保证搬迁贫困户的生活环境和生活水平要高于以前，满足就地医疗、读书、生产、购买等基础设施的完善度，协调好财政补给在搬迁农户和接入地管理部门之间的转移程度，通过这样的利益调整才能让搬迁户和接入地都满意。

少数民族农户在原搬迁地有两份直接资产是他们难以取舍的，一是宅基地，二是耕地。雄武乡在部分搬迁农户原驻地发展乡村旅游，有建筑特色的老房子由开发方出具合理价格从搬迁农户手中收购。没有少数民族建筑风格的房屋只能由政府统一拆除，给予拆除补偿。通过这些灵活的政策尽可能地保护搬迁户的利益。雄武乡在扶贫搬迁上获审核通过的农户共364户，涉及人口1519人，分配房屋359套，可满足123户，共624人搬入新房。在就业上，有78人根据就业安排分配到厂区务工或城市环卫工作，实现人均工资每月2350元收入，基本解决生活必需支出。

另外，雄武乡政府根据第一批农户搬迁后出现的问题：由于农户安置不集中，而安置地离原驻地较远，造成搬迁农户回来打理承包的土地、林地都存在困难；甚至一些搬迁出去的农户不愿继续种植土地，大量的土地撂荒没有利用上，政府也没有集中对土地进行引导流转到大户、联户、专业户的手中，导致造成大面积的土地撂荒一年。现在经过第三批搬迁后，政府吸取经验教训，积极引导这部分土地实现高效集中的利用，使得转让土地的搬迁农户每季度都能从中得到一定的经济收入。

雄武乡搬迁户中有农户申请贷款自主创业，从事工程包工、特色食品作坊、农贸产品批发。据悉，雄武乡搬迁户对城市生活的满意度调查中有 89 户表示满意，能够在城市正常生活。有 26 户表示生活有困难，主要是在子女上学的支出上，集中表现在各种学杂费的缴纳。有 8 户表示生活有困难，主要是子女外出务工，老人基本生活得不到保障，缺乏很好的政策支持。雄武乡通过三次扶贫搬迁，能够周全的做到土地集中利用，就业、教育做到优先向贫困户的倾斜。在扶贫搬迁上做到了规划先行、落实精准、跟踪反馈、经验总结，真正使搬迁农户的生活水平得到了提高。

四、城市化进程中失地农民适应性的制约因素

（一）少数民族地区的风俗、文化在城市化中逐渐弱化

在少数民族的历史变迁上，还是远落后于汉族的风俗、文化发展[203]。加之在贵州这个少数民族集中的地区，总体经济、教育、基础都落后于沿海地区，少数民族搬迁在风俗、文化上还需要进一步重视。加强教育、医疗、扶贫等社会工作，让少数民族地区发展起来，紧跟时代的步伐。少数民族地区的总体发展不能仅从经济一方面来评估，地区的风俗、文化也是一个衡量标准，况且这也是城市化进程推进中不可忽视的因素。政府单方面的把农户搬到城市，安排好就业、住房、社会保障这些简单的物质必需品是远远不够的。政府在搬迁上还缺乏以人为本的考虑，在精神文化上没有让搬迁的少数民族农户感受到搬出来的实际意义，让搬迁群众感觉用风俗、文化换城市的水泥房，造成少数民族地区的风俗、文化在城市化中越来越弱化，进一步出现在城市化进程中搬进城又搬回农村，这样一来一回也导致社会矛盾的激化。主要原因就是少数民族地区搬迁过程中风俗、文化弱化的结果。

少数民族语言是他们长期以来特有的交流方式，有的少数民族甚至还有自己的文字，而且在不同的环境条件下还有着自己民族的建筑，如吊脚楼、土坯房、窑洞等形式各异的建筑[204]。在城市化中，语言、建筑都是搬迁的少数民族不适应的突出问题，语言不通造成沟通不便，在生产、生活上都有很大弊端。脱离了原有的居住环境不适应城市的商品房，在心理层面上，在邻里相处、物业管理这

些方面上都有不适应性。这源于搬迁房在建筑附属设施上缺少民族特色建筑的设计，以后在搬迁中应建设更多的民族风情街，从而形成民族商贸。

传统节日的弱化，什么节日吃什么，什么季节有什么能吃，都是少数民族的传统文化，如布依族的三月三、六月六、七月半、火把节等都有自己的风俗活动，还有“染糯米”“祭山杀牛”“鬼节插香”等传统习惯[205]。而在城市中这些风俗都远离了传统节日，使得搬迁农民在心理层面没有娱乐活动。因为在农村这些节日其实就是农民自己的娱乐活动，而在城市中的娱乐活动往往需要经济的支撑，导致搬迁农民在适应上有种失落感。而且搬迁到城市后这些少数民族特有的节日就没有了开展的场所，原有的特色食品在城市的钢筋混凝土中也无从寻找，最终导致搬迁到城市的群众过节还是得回到故乡，因此，这些都阻碍了城市化的进程。

传统歌舞文化的弱化，在黔西南少数民族地区都有农忙季节对山歌、迎接客人的迎客歌和舞蹈、祝酒歌等歌舞文化，它表现出少数民族的坚强精神、豪迈性格。来到城市的搬迁群众可能更多的是为了更好的生活，在纷繁复杂的社会竞争中，从事更多体力劳动，而没有空闲时间去广场，也碍于周围群众的不理解而放弃原生态的歌舞，所以在修建搬迁房区的地方应该修建更多的活动广场。

总体来说，少数民族的文化是一种精神，是在城市化进程中容易被忽视、容易被弱化的，但这些东西往往是各类群体事件的导火线。只有在城市化进程中不抛弃这种少数民族的文化才能推进城市化进程。因此，应将少数民族文化发展成为产业，让少数民族文化成为一种可消费的商品，是发扬少数民族文化，多渠道为失地少数民族农户提供经济来源，推动城市化进程，稳定社会的必经之路。

（二）农民搬迁到城市的顾虑和就业问题

考察贫困村农户不希望搬迁的原因显示：在 385 个有效样本中，有 97 户不愿意搬迁，主要集中在“已经习惯了没必要再搬”“祖祖辈辈生活的地方不能说走就走”“搬迁成本太高”“子女多，怕去城市养不起”等原因。超过四成的农民不希望搬迁的原因是他们已经习惯了原有的居住环境，觉得没必要再搬；或者因祖辈传承不愿意搬迁；或因搬迁成本太高不愿意搬迁。而不确定是否搬迁的农户主要集中表现为在农村有较多土地，有一定的经济基础的人，他们认为在城市生活不如在农村过得清闲，这类不确定农户只是顾虑到城市后是否有更好的经济来源。

在黔西南少数民族搬迁地区，就业最困难的主要有三类群体：一是大龄失地农民，二是失地前完全依赖土地为生的纯农民，三是生活在远郊和偏远地区的失地农民。第一类群体多以农业生产为主，现在没有了田地，由于年龄、文化、体力、技能等自身条件限制，在城市再转变行业相当困难。第二类群体即便就近能找到一份有收入的工作，也是相当不稳定的，失地就意味着失业，大多数人很难找到合适的工作岗位。第三类群体相对于分布在城乡接合部或经济发达地区的失地农民，这部分人的就业机会和就业选择性较小，就业意识和择业观念也比较保守，因而失去土地对他们就业影响很大。

综上所述三类就业困难群体，失地农民在就业方面明显处于劣势地位，解决失地农民的就业问题根本出路在于发展经济。就业安置要就近、安置人员就业要分类、尽量集中安置就业。政府做好引导，社会中介做好接纳，企业要做好业务培训。从社会各方面为失地农民提供就业渠道和就业岗位。如：少数民族搬迁农户与征地部门签订就业合同，提高少数民族搬迁群众的就业率；结合政策“双创”即大众创新，万众创业，政府引导、鼓励、支持失地农民自主创业；政府多渠道引进企业入驻，搞好基础设施建设为帮助失地农民就业提供好方法。

（三）社会保障救助，就业、就学、安葬问题的突出

在城市化进程中户口的农转非，如何对老龄化的搬迁群众实现养老问题，修建社区养老院是主要途径，满足就近原则；搬迁群众的医疗、就业、子女上学等问题在搬迁前后形成了鲜明对比，搬迁前社会公益部门救助缺乏，而在搬迁后社会公益部门在社会关注下可以提供救助，还有社会好心人群的帮助。提高低保对象的补助水平，粮食、衣物、生活必需品可以向社会公益事业部门请求帮助，不仅在物质上得到了保障，还可以让社会对搬迁农民提高关注度。只有政府的政策救助、社会公益部门的救助，才能使搬迁农民更好地适应城市生活。

城市化就是为了减少贫困、缩小贫富差距，就业是城市生活的基本，就学是对于孩子生活于城市的必需，安葬则是老年人生活于城市的定心剂。面对长期生活于农村的少数民族，年轻人普遍缺少知识和技能，只能做体力活；孩子的学习基础较差，很容易造成心理的自卑；老年人对于入土为安的安葬方式已经根深蒂固，很难面对城市的火化；等等问题。这些心理的畏惧感都是阻碍城市化进程的社会问题。怎样让年轻人成为城市化的力量，怎样让孩子融入更好的教学环境，怎样打消老年人入土为安的传统思想，都是政府、社会所面临的挑战。

（四）城市融合，如何让少数民族农民搬出荣誉感

2000 年以来，随着国家西部大开发、东北老工业基地振兴、产业转移、对口帮扶、对口援助、新区建设等一系列重大战略和政策的实施，进城农民工越来越多，同时也伴随着大量农村家属、子女、老人的跟随进城[206]。农民的城市融合还需要市民的主动承认和接纳。这一时期农民与城市融合特点如下：融合总体特点为结构城镇化，农民要在身份、就业、待遇、权力等多方面与市民“同价”；农民与城市融合进入制度化阶段，从根本上提高少数民族地区搬迁群众的知识、技能的水平，这可能是一个漫长的问题，不能因为在短期看不到效果而放

弃这种战略高度的决策。

社会三大产业的有机结合，是提高农民社会融合度的根本途径，只有城市各方面的发展才能容下搬迁农民这一群体。结构城镇化进入成长期，还有许多问题和困难需要研究和解决。中国特色的城镇化道路在世界上具有一定的特殊性和代表性，还需要做更多研究工作。如在“麻山县搬迁”经典案例上可以得出农民融合城市的经验，搬迁群众投身于自己的搬迁房建设中，让群众中有威望和公信力的人参与规划建设。这两条宝贵的经验是搬迁工作的精髓，使农民在搬迁前就能够融入城市，在心理上形成愿意接受搬迁、愿意生活于城市，从而提高搬迁农民的城市融合度。

怎样让少数民族农民搬出荣誉感，首先，要在社会引导上宣传少数民族的文化和特色，让市民真心实意地想了解他们的文化，让他们有展示自己文化特色的舞台，从心底感受到自己文化的魅力。其次，让自己成为城市的参与者，让农民知道在城市建设中也有自己的参与。最后，发展他们的民族特色，让搬迁的农民感受到在城市中也能保持原来的民族文化和习惯，让搬迁搬出原有的特色，才能让农民在思想层面上搬出荣誉感。

五、结果分析

（一）研究结论

城市化进程是当前的趋势，在城市化进程中扶贫搬迁人口是城市化人口的一大部分。对于特殊的少数民族群体，政府特殊化政策的实施和落实是城市化能否顺利实现的重要依据。少数民族地区的失地农民在城市化进程中的适应性程度受制于农民在城市里的经济来源、少数民族风俗、文化的认可与发展、政府及社会的保障和救助、养老和入学等条件的解决力度。研究表明：雄武乡失地农民在城市化进程中农民愿意搬迁的约占70%，具体得出以下几点结论：

（1）农民对搬迁后的生活保障问题的猜疑，对于原本在农村就贫困的农民来说，如果没有稳定的收入在城市是难以生存的，没文化和没资金这两项是农民适应城市的两大阻碍，政府只能将搬迁农民集聚在一起，靠政府的引导和社会中介的帮助，才能让农民在城市有一个立足的位置。在搬迁前农民对政策的不了解导致工作难以开展，应加强引导和成功案例的宣传，营造城市化进程大势的良好氛围。

（2）搬迁时对原有少数民族文化的不舍，担心到城市中就丢失了祖辈遗留的文化和特色也是阻碍少数民族地区城镇化的因素。少数民族的风俗、文化其本身是农民的集体娱乐活动，若在城市中缺少这些集体娱乐活动，农户从心理层面上就会对搬迁后的生活感到反感，从而造成城市化进程中的负面气氛。风俗、文化是少数民族在城市中安定的一颗定心丸，处理好少数民族的风俗、文化可以进一步推动城市化的进程。

（3）在政府和社会的帮扶救助方面，以前享受国家帮扶救助政策的农民搬迁到城市后，突然或者短期撤销这些政策是不行的。为了让农民能够就业、创业并发展，只有从就业、经济收入、生活水平、就学、养老、安葬等方面对搬迁户进行评估，循序渐进，逐步减少到撤出，这样才能保证农民真正搬进城市、生活于城市，杜绝粗暴式的把农民赶进城市，换一个贫困的地方，然后更加贫困，这样只会让城市多出更多的贫民窟。人民幸福、社会和谐、经济发展才是城市化的目的。

（4）社会接纳和认可在一定程度上还是存在不足，其中的原因有农民自身的自卑感，搬迁农民的低下感，也有城市人自我的凌驾感，这就人为地造成社会风气的分层，生出一些不必要的社会矛盾。只有让农民搬出自己原有的特色才能搬出自豪感，让城市人去了解少数民族风俗、文化，让农民有展示的舞台，让城市人有想了解的需要，这样才能一纳一接加强沟通，从而在心理层面上消除这些差距。

（二）研究对策

结合以上结论，本节提出以下几条建议：

（1）政策落实的好与坏取决于宣传，只有宣传到农民的心里才能踏实顺利地开展工作，向搬迁群众展示搬迁后的成功案例，为搬迁群众梳理搬迁的过程。只要政府正确引导，为搬迁群众构建一个美好的搬迁模式，才能让搬迁群众敢于搬迁。

（2）在生活保障方面，可以考虑提高从农村转到城市农民的城市最低保障生活补助标准。因为搬迁农民在原有的农村生活成本较低，现在搬到城市生活，相对于城市享受最低生活保障的人群来说搬迁农民自身基础还是有差距的，所以适当提高补助标准可以保证搬迁农民的正常生活。同时通过鼓励和支持搬迁的政策引导，提供更广的社会帮助，从政府层面上重视提高少数民族地区农民在城市中的适应感。

（3）承认、支持、弘扬、发展少数民族的文化特色，切实从心理层面提高失地农民对城市的适应感和荣誉感。在社会媒体的关注上做大量宣传，使搬迁农民感受到存在感，减少社会矛盾。在房区建设上应该有民族文化特色的建筑，如“城乡文化园”、“风情街”等少数民族原有的建筑模型。这就是在承认、支持、弘扬、发展少数民族文化，让搬迁农民搬出自豪感，推进城市化进程，从精神上提高少数民族地区农民在城市中的适应感。

（4）社会接纳在政府、社会中介、市民中都应有所体现，政府做到政策落实、社会中介做到响应政府联系搬迁群众，形成劳务输出，市民以平等、关爱的态度对待搬迁群众，让搬迁农民在生活、就业、心理上都得到承认，这就是做好社会接纳，从社会风气上进一步提高农民搬迁后的城市适应感。

（5）留住搬迁群众这股庞大的劳动力，城市产业的自身发展才能留住劳动力，让搬迁群众能够在家门口就能务工，减少劳动力外流。这样不仅发展了城市产业，还解决了农民的经济问题、留守儿童问题、孤寡老人问题，从而促进社会和谐、稳定发展，从经济生活上彻底让农民适应城市、融入城市、建设城市。

第三章 土地生态问题实证案例

新型城镇化强调以生态文明为背景，以人、自然、社会协调发展为依据。新型城镇化建设要保证人民利益，提高乡村居民收入，缩小乡村与城市的差距，最终达到共同富裕的目的。新型城镇化发展关系到农民生活的提高，关系到社会的进步，国家的发展。生态环境也是生产力，生态环境是自然生产力，同时也是社会生产力。新型城镇化不仅要利用其生态价值也要发掘其经济价值，利用其经济价值来满足人类生活的需要，一方面，通过土地来建设房屋、种植蔬菜等，通过矿产、太阳能等来发电，通过绿色植物来获取新鲜空气等；另一方面，用生态学视角观察社会上的资源枯竭、人口膨胀、环境恶化等问题以及由此引起的生态环境灾难、政治不稳定等问题，对这些问题进行反思，创建一个社会、经济、生态环境共同发展的循环型生态社会。

第一节 少数民族地区土地生态安全评价研究
——以天柱县为例

本节以贵州省天柱县作为研究区域，在综合考虑少数民族地区土地利用现状的基础上，建立由 12 个指标组成适合天柱县的土地生态安全评价指标体系。再利用综合指数评价方法，对天柱县 2005 ~ 2014 年的土地生态安全值进行计算，得出天柱县综合值趋势相对平稳，总体呈上升状态。具体而言，在 2005 ~ 2010 年土地生态安全值在 0.7 ~ 0.8，呈上升趋势，土地生态安全状态是Ⅲ级，即敏感；从 2011 年开始，土地生态安全状态是Ⅳ级，即良好，可见天柱县的生态安全与土地利用状况密不可分，据此，本节试图从生态安全的角度提出相应的对策建议，以期增强少数民族地区的土地集约节约利用，促进社会经济又好又快的稳定发展。

一、土地生态安全评价的意义

（一）研究背景及意义

随着社会经济的持续发展，城镇化水平的加快，非建设用地大量占用土地资源，人类对土地利用的范围和强度也越来越大，这导致土地生态环境正在悄无声息的发生变化。随之而来的生态安全问题，生态环境脆弱的类型多且表现明显，影响着经济发展和社会进步，导致国家承受巨大的损失，这样长此以往，造成的严重后果甚至将影响人类的生存，进而导致人类活动的基础即土地生态系统受到沉重的压力，因此，土地生态安全问题成为当今社会关注的重要问题之一。少数民族的发展，从一定程度上来说，是其自身因素（主要是民族结构、素质）、民族所处的自然因素、社会因素综合协调作用的结果。这三种因素或条件结合状态的优差，产生着不同民族发展的推动力。虽然我们不赞同地理环境决定其发展的观点，但是也应该充分注重自然环境对民族发展的重大作用。自然环境是民族生存和发展的自然物质基础，民族是在利用自然环境，并在同自然界进行斗争和改造自然环境中提高自己的生存和发展的质量。一个民族所处的自然环境，主要是指其生活的地域及其地理位置、地貌、地质、各种自然资源、气候条件及生态环境等。每个民族所处的自然环境不同，因而民族发展的自然条件也有差别。在民族发展过程中，良好优越的自然条件和地理环境是其得天独厚的有利条件。一般来说，一个民族人均所拥有的资源量越大，这个民族经济发展的后劲越足。随着经济的快速发展，人口迅速增加，各方面用地的竞争日益激烈，有限的土地资源已经无法满足人们无限的需求。

少数民族地区由于自然、历史等原因，大都具有一些明显的经济特点包括：社会生产力发展极不平衡，生产力发展水平低，经济基础较薄弱。很多少数民族聚居区都还以农牧为主，工业不发达，生产力发展滞后。位于贵州省东部的天柱县也不例外。天柱县以苗族、侗族人口居多，聚居区经济社会发展不平衡，对土地的利用也各不相同，由于有些地区对土地的过度利用和不合理开发，致使天柱县的土地资源受到严重的破坏，从而在很大程度上制约了天柱县经济的发展。为了满足用地的需求，尤其是对建设用地的需求，大面积的林地、耕地被转化成建设用地，原来的土地利用结构和生态环境遭到破坏，出现一系列的土地生态安全问题，影响了该地区的可持续发展，所以开展天柱县土地生态安全评价具有重要的意义。天柱县主要以旅游业、工业、农牧业为主，属于典型的少数民族文化浓厚地区，其土地生态安全与否，直接影响到天柱县经济的发展。而且该地区土地生态安全受人类活动的影响较为明显，土地生态安全有待进一步的了解和研究。本节以少数民族地区天柱县作为研究区域，采用“自然—经济—社会”模型，构建评价指标体系，得出评价状况，并提出合理可行的对策。

（二）国内研究进展

就国内的研究而言，构建指标体系采用的模型主要有以下几种：

（1）对“P－S－R”模型的运用。如张松男[208]、刘凌冰[209]等运用“P－S－R”模型，以生态压力、环境状态和环境响应作为目标层，以人均水资源等作为因素层，对生态安全进行评价。曹爱霞[210]从土地生态系统压力（P）、状态（S）、响应（R）方面出发，选择反映社会、经济、资源与环境协调发展的21个指标，设计了土地利用生态安全评价体系。

（2）“自然—经济—社会”模型的运用。如刘勇[211]、李玉平[212]等从自然、经济、社会等方面，对土地生态安全进行了评价。

（3）“数量—质量—保障”模型的运用。该模型从研究对象的数量、质量和保障方面，对研究对象的土地生态安全状况做出评价。

当前对土地生态安全问题，有的学者运用数学模型、技术软件等开展了评价研究。参考前人的评价方法，并结合天柱县的实际情况，本节运用“数量—质量—保障”模型开展土地生态安全评价研究，具体通过选取12个影响土地安全的因子，来建立评价指标体系。

（三）研究方案

1. 研究内容

以土地生态安全的定义为本节的出发点，根据调查数据及资料对天柱县土地利用的基本概况进行分析，再依据天柱县的实地状况，构建评价指标体系进行评价研究，综合分析天柱县10年内土地生态安全的变化趋势，以期为提高天柱县的土地生态安全，促进土地可持续利用提供科学依据。

2. 研究方法及技术路线

研究方法主要有文献研究法。本节从图书馆查找有关生态安全评价的文献期刊，了解评价方法并进行方法的选取，加之对数据的收集整理和分析运算，为文章的撰写打下了坚实基础[213]。

本节的技术路线具体见图3－1，步骤包括：前期通过阅读相关文献，然后在收集与整理资料的基础上，了解研究区概况，构建评价指标体系，得出天柱县的土地生态安全值，再对结果进行分析，最后总结出存在的问题与建议。

3. 数据来源

本研究所用数据来源主要为天柱县2006～2015统计年鉴、政府公告、相关文献资料三个方面，然后将其进行汇总和整理后建立综合数据库开展后期数据处理。

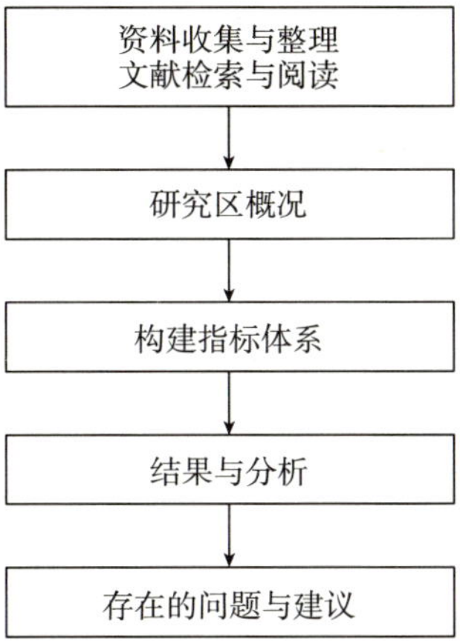

图 3－1　研究技术路线框架

二、土地利用现状分析

（一）研究区概况

天柱县位于贵州省的东部，总面积为 2201 平方千米，介于 108°55′E～109°36′E、26°42′N～27°10′N。天柱县是一个少数民族地区，以苗族和侗族居多，少数民族人口占 97.9%，是贵州省少数民族人口最多的县之一。县域有 10 个镇，6 个乡，13.18 万户。2014 年总人口达 40.86 万人，少数民族人口占非农业人口的 98%。天柱县属季风气候区，全年降雨充足，热量丰富，年均气温 16℃，年降雨量 1300 毫米左右。在雨热条件下，全县植被良好，森林覆盖率 58.52%。全县拥有耕地面积 32.76 万亩，境内自然资源非常丰富。首先，以远景储量为首，储量达 3 亿吨以上；其次，重晶石矿、硅矿、煤矿、钾矿和黄金，其储量分别为 1.08 亿吨、3500 万吨、1684 万吨、1353 万吨和 60 吨。此外县内水能储蕴量巨大，可开发 28.5 万千瓦，境内清水江开发二级电站可装机 21.4 万千瓦[214]。天柱县的地理分布见图 3－2 所示。

（二）土地利用现状

据黔东南统计年鉴数据、政府公告以及相关文献资料，可知天柱县行政辖区范围一致，全县总面积约 2201 平方千米，耕地总面积 32.76 万亩，基本农田面积为 23.41 万亩，森林覆盖率 58.52%。2005～2014 年耕地保有量 17704.52 公顷，基本农田保有面积 16188.84 公顷[215]。新增建设用地占用耕地面积的情况见表 3－1。由表可知，近年来县城新增建设用地占用耕地面积远高于其他小城镇建设用地占用耕地面积。

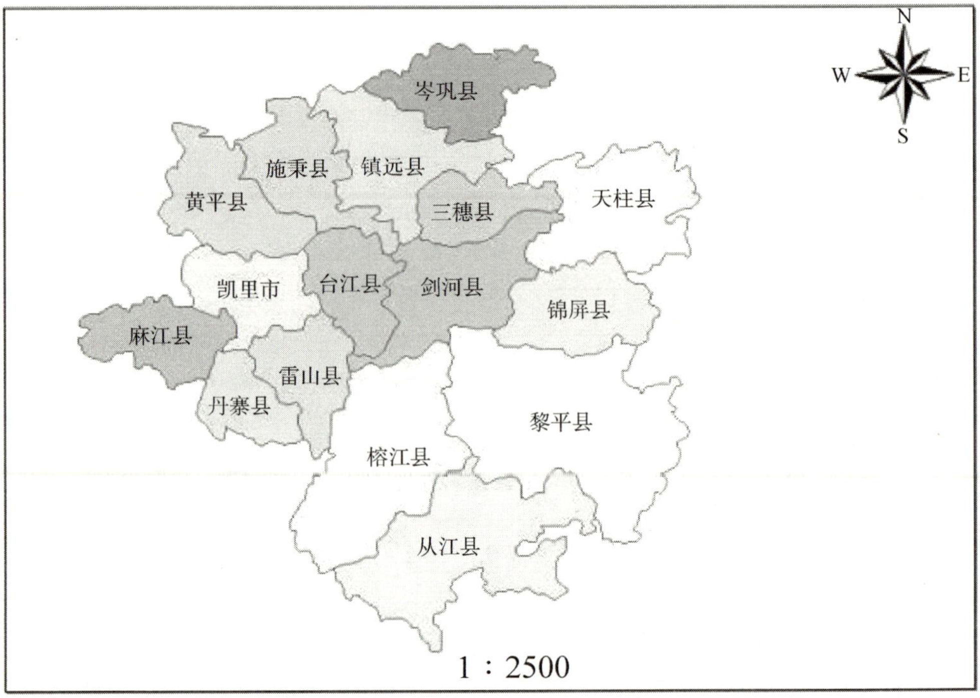

图 3 –2　天柱县行政区划

表 3 –1　新增各类建设用地面积

类别 / 用地情况	面积（公顷）	其中占用耕地面积（公顷）
新增建设用地	3678.17	2144.87
新增县城建设用地	178	140
其他小城镇建设用地	500.39	244.54

三、土地生态安全评价

（一）评价指标体系的构建

土地生态安全评价的过程综合性较强，其评价指标体系侧重点各不相同。本节在借鉴国内相关研究成果的基础上，充分考虑该地区土地利用现状情况，从自然、社会和经济三个方面，综合归纳确定了 12 个指标，构成了本节的土地生态安全评价指标体系，具体如表 3 –2 所示。

表 3－2　天柱县土地生态安全评价指标体系

目标层	项目层	指标层
土地生态安全	土地生态安全的自然因素	人均耕地面积 X_1（公顷）
		耕地面积比重 X_2/%
		林地面积比重 X_3/%
		旱地面积比重 X_4/%
	土地生态安全的经济因素	人均地区生产总值 X_5/（元）
		经济密度 X_6/（万元·km^2）
		第三产业值比重 X_7/%
		化肥施用量 X_8/（$kg \cdot hm^{-2}$）
		农药施用量 X_9/（$kg \cdot hm^{-2}$）
	土地生态安全的社会因素	城市化率 X_{10}/%
		人口自然增长率 X_{11}/‰
		人口密度 X_{12}/（人·km^{-2}）

评价指标是影响土地生态安全的重要因素，指标可分为正、负安全趋势指数，两种安全趋向性指标分别采用不同的标准化公式，计算公式分别如下：

正向指标：

$$Y_{ij} = (X_{ij} - \min X_{ij})/(\max X_{ij} - \min X_{ij}) \tag{3-1}$$

负向指标：

$$Y_{ij} = (\max X_{ij} - X_{ij})/(\max X_{ij} - \min X_{ij}) \tag{3-2}$$

上述公式中，Y_{ij}为标准化值，$\max X_{ij}$和 $\min X_{ij}$分别为最大和最小值。$i=1, 2, 3, \cdots, n$；$j=1, 2, 3, \cdots, m$。对指标数据进行标准化处理，具体结果如表 3－3 所示。

表 3－3　评价指标趋向性及基准值

类别 / 指标	趋向性	基准值	基准值来源
X_1	+	0.05	国际公认值
X_2	−	12.68	全国平均值
X_3	+	12	全国平均值
X_4	−	55	全国平均值
X_5	+	18934	全国平均值
X_6	+	100	全国平均值

续表

指标＼类别	趋向性	基准值	基准值来源
X_7	+	40	全国平均值
X_8	–	255	国际公认值
X_9	–	0.13	国际公认值
X_{10}	+	60	国际公认值
X_{11}	–	3	世界平均值
X_{12}	–	127.78	国际公认值

下面对本研究中所构建的部分指标进行具体说明[216-219]，如表3-4所示。

表3-4 评价指标的具体说明

生态系统指标	具体说明
X_1	是以整个区域的耕地面积占总人口的比重来表示，在人口不断增加、土地产出能力不变的条件下，该指标越小，对粮食的需求就越不断增加，对耕地过度利用可能会对土地生态安全产生不利影响
X_2	此类指标反映土地利用结构是否合理，耕地及林地面积比重越高，表明区域内生态压力越小，即其值越大越安全
X_3	该指标反映林地面积占土地面积的比重，林地面积比重越高，表明区域内生态压力越小，即其值越大越安全
X_4	该指标反映旱地面积占土地面积的比重，旱地面积比重越高，表明区域内生态压力越小，即其值越大越安全
X_5	该指标反映土地经济产出数量，表示区域经济实力高低的一个重要指标。在区域环境治理水平相对不高的条件下，该指标值越大，产生的各种污染物就越多；对土地生态系统的干扰越大，对土地生态安全的负面影响也就越大
X_6	指国民生产总值与土地面积的比值，反映了该地区土地利用和经济发展的程度，比例越大，土地生态安全水平就越高
X_7	第三产业对土地资源的依赖度较小，其发展有利于降低第一产业发展对土地资源的压力程度，提高土地生态安全等级
X_8、X_9	分别表示耕地施用化肥、农药总量与耕地总面积之比，农用地单位面积化肥施用对农作物、土壤结构、水质等都会产生直接或间接的消极影响。因此该类指标为负趋向指标，即值越大，土地生态安全度越低

续表

生态系统指标	具体说明
X_{10}	指城市人口占总人口的比例。城市化率越高，单位面积内人口的集聚人口越多，一定范围内对土地生态系统的压力越小
X_{11}	该指标表示整个区域年内净增人口数占年初人口数的比重。指标值越大，表明人口增长越快，对土地产生的压力越大，可能对土地生态安全带来较大负面影响
X_{12}	区域内单位面积的人口总数，反映人口对土地生态系统的压力

（二）土地生态安全综合评价

结合天柱县的实际情况，制定了评判土地生态安全的标准，如表 3－5 所示。

表 3－5 综合评判标准

等级	安全值区间	表征状态	系统特征
Ⅰ	≤0.4	恶劣	土地生态系统服务功能几近崩溃，生态过程很难逆转，生态环境受到严重破坏，生态系统结构残缺不全，功能丧失，生态恢复与重建很困难，生态环境问题严重并经常演变成生态灾害
Ⅱ	0.4～0.6	风险	土地生态系统服务功能严重退化，土地生态环境受到较大程度破坏，生态系统结构恶化较严重，功能不齐全，受到外界干扰后恢复困难，生态问题较严重，生态灾害较多
Ⅲ	0.6～0.8	敏感	土地生态系统服务功能已经产生退化，土地生态环境受到一定的破坏，生态系统结构发生变化，但可维持基本功能，受到外界干扰容易恶化，生态问题不大，生态灾害时有发生
Ⅳ	0.8～0.9	良好	土地生态系统服务功能较为完善，土地生态环境较少受破坏，生态系统结构完整，功能尚好，受干扰后一般可恢复，生态问题不显著，生态灾害不大
Ⅴ	>0.9	安全	土地生态系统服务功能完善，土地生态环境基本未受到干扰和破坏，土地生态系统结构完整，功能性强，土壤肥沃，无农业污染，植被覆盖率高，基本无生态问题和生态灾害现象发生

注：表中安全值包含下限、不包含上限，如 0.8～0.9，包含 0.8，不包含 0.9。

综合指数评价方法需建立所有评价指标的临界值，等级评定准则，依据指标权重的距离来综合评价，具体步骤如下：

（1）指标安全指数的计算。从上文可知，正趋向指标越大越安全，负趋向指标越小越安全[220-221]。指标安全指数的计算式为：

正向指标：$X_i \geqslant Y_i$ 时，$S_i = 1$；$X_i < Y_i$ 时，$S_i = X_i + Y_i$ (3-3)

负向指标：$X_i \leqslant Y_i$ 时，$S_i = 1$；$X_i < Y_i$ 时，$S_i = Y_i + X_i$ (3-4)

其中，S_i：安全指数，且 $0 \leqslant S_i \leqslant 1$；$X_i$：实际值，$Y_i$：基准值。

(2)指标权重的确定。根据指标大小给出不同的权重，使用熵权系数法来确定每个指标的权重，结果见表3-6，计算公式如下：

$$[Y] = \{y_{hj}\} mn \tag{3-5}$$

$$E_j = -(\ln m) - \sum_{i=1}^{n} y_{hi} \ln y_{hi} \tag{3-6}$$

$$W_j = (1 - E_j) + \sum_{j=1}^{n} (1 - E_j) \tag{3-7}$$

其中，m 为评价的样本数，n 为评价指标项，$j(j = 1, 2, \cdots, n)$，E_j 为输出熵，W_j 为指标权重。

表3-6　评价等级划分及权重

指标	权重	安全程度			
		Ⅰ	Ⅱ	Ⅲ	Ⅳ
X_1	0.021	0.0200	0.8600	0.9140	1.00
X_2	0.070	0.2500	0.3750	0.5000	1.00
X_3	0.200	0.1429	0.7143	0.8571	1.00
X_4	0.045	0.2500	0.3750	0.5000	1.00
X_5	0.024	0.0625	0.8125	0.937	1.00
X_6	0.024	0.0625	0.8125	0.9375	1.00
X_7	0.015	0.1667	0.5333	0.6667	1.00
X_8	0.050	0.1667	0.6000	0.8333	1.00
X_9	0.050	0.1272	0.1221	0.8779	1.00
X_{10}	0.018	0.2857	0.5714	0.8571	1.00
X_{11}	0.056	0.1000	0.5000	0.7000	1.00
X_{12}	0.0348	0.2500	0.5000	0.7500	1.00

(3) 综合安全值的计算。由于指标较多，不好确定每个指标对土地生态安全影响的大小。本研究运用综合指数模型，测算天柱县的土地生态安全综合值，具体公式如下：

$$A_j = \sum_{j=1}^{n} W_j S_j \tag{3-8}$$

其中：A_j 为综合评价值；W_j 为权重；S_j 为安全指数。

根据上述综合值的计算公式，通过对数据的统计整理计算得出天柱县2005～2014年的土地生态安全值，从而进一步分析其评价结果，具体结果如表3－7所示。

表3－7 天柱县2005～2014年土地生态安全等级结果

类别 年份	综合值	等级
2005	0.7601	Ⅲ
2006	0.7692	Ⅲ
2007	0.7704	Ⅲ
2008	0.7804	Ⅲ
2009	0.7891	Ⅲ
2010	0.7936	Ⅲ
2011	0.8014	Ⅳ
2012	0.8103	Ⅳ
2013	0.8246	Ⅳ
2014	0.8247	Ⅳ

由图3－3可知，天柱县在这十年的土地生态安全综合值走势相对平稳，总体呈上升状态。具体而言，2005～2010年土地生态安全等级在0.7～0.8，并呈上升趋势，对照表3－7，可知其土地生态安全状态为Ⅲ级，即敏感状态，说明天柱县的土地生态问题显著，但从2011年开始，其土地生态安全状态变为Ⅳ级，即良好状态，说明天柱县的土地生态问题不太显著，这跟近年来天柱县的土地利用状况的改善是息息相关的。

四、评价结果分析

（一）结论

土地是人类生存发展的重要资源。但近年来，随着社会经济的不断发展，人们一味地追求利益的最大化，而忽略了对土地资源的保护，乱占用土地的现象时有发生，土地的面积和质量急剧下降，从而导致一系列的土地生态问题频发。根据本节对天柱县2005～2014年土地生态安全等级的评价，发现该区域存在的土地利用问题如下：

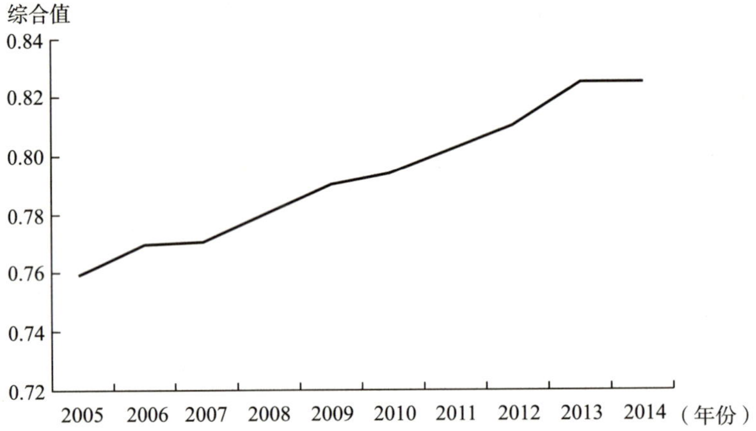

图3－3 天柱县综合值变化趋势

(1) 人口增长过快且密度大，人均耕地少且不平衡。据《天柱县统计年鉴》(2006～2015年) 数据分析可知，天柱县人口众多，人均耕地面积少，而且10年间人口呈不断增加趋势，而耕地总面积则呈减少趋势，由此导致人均耕地面积减少速度加快。到2014年末，天柱全县人口已达到40.86万人，人口密度186人·km^{-2}，人均耕地减少到了0.8亩，低于全国人均耕地0.84亩的水平。

(2) 土地利用不合理，土地后备资源急剧减少。据《黔东南统计年鉴》(2006～2015年)数据分析可知，这10年来天柱县建设用地面积呈快速增加趋势，农用地尤其是耕地面积呈不断减少趋势，未利用土地也呈快速减少趋势。尤其在这10年中，新增建设用地面积占用耕地面积的比重偏大。

(3) 土地供需矛盾突出。对天柱县的土地利用现状分析发现其土地供需存在以下问题：①人与地之间的矛盾日益突出。据数据分析，2005年全县人口密度为176人·km^{-2}，人均耕地面积0.98亩，到2014年全县人口密度为186人·km^{-2}，人均耕地面积0.8亩，人口密度比2005年增加了5.7%，人均耕地面积比2005年减少了18.4%。②建设用地占用耕地现象严重。天柱县的耕地面积2005年有381805.35亩，而到2014年仅有327600亩，10年内减少了14.2%，天柱县10年期间新增建设用地面积55172.55亩。③行业间用地需求矛盾日趋显现。经济的快速发展，各个行业的建设都在不停地占用耕地，导致行业之间用地矛盾愈演愈烈的现象。

(二) 对策建议

根据以上分析结果以及天柱县生态安全现状，本节提出以下建议对策：

(1) 提高公众的保护意识。在政府的带动下以宣传和报纸等传播方式，切实有效地对公众的生态和环境保护意识进行熏陶，提高公众生态和环境保护潜意识，让生态安全观念深入人心。

（2）保护耕地，稳步提高耕地生产力。严格执行耕地保护制度，在科学可行的基础上建立耕地保护指标以便控制建设用地占用耕地的比例，改善现有的农业所需条件，对农民耕种土地给予相应的补贴，提高农民耕作的积极性，从而不仅保证了粮食生产的数量和质量，而且在保护了耕地同时还增加了农民的经济收入。

（3）集约节约用地，重视建设用地内部挖潜。要严格实施土地利用总体规划确定的建设占用耕地指标，建设用地必须以提高土地利用效率、减轻对耕地的压力为核心，重视建设用地的内部潜力开发，加快农村居民点向城市集中进程的转变。

第二节 土地利用变化对当地生态的影响
——以贵阳市花溪区十里河滩为例

研究土地利用变化对生态的影响，对于了解生态环境变化、指导土地利用和生态协调发展有着重要的意义。贵阳市的十里河滩是城市湿地，规划用地总面积609公顷，随着土地利用模式发生变化，导致了土地资源生态环境的变化。本节以花溪区十里河滩为例，从植物、水环境、生物多样性、气候因素等方面分析土地利用变化对该区域的影响以及所存在的问题，并针对以上问题提出相应对策。

一、土地利用变化对当地生态的作用

土地利用变化对生态环境的影响，也是地理学研究的重要内容。人类的各种行为活动都是以土地利用为基础的，伴随着人们对土地利用开发的逐渐深入了解，土地利用的格局、状态和方式也不断地发生改变。近年来，许多不合适的土地利用变化所导致的生态问题日益增多并凸显出来，土地利用的变化对生态造成的影响逐渐受到人们的重视。土地利用变化是指由于人类活动和自然系统在不同时空尺度上交互作用产生的变化[222-223]。为了社会经济发展的目的，在社会生产方式下，根据土地的属性以及土地的规律，对土地进行的利用、保护和规划活动所采取的各种生物技术和科技手段称为土地利用。它包括了以生产生物产品或矿物产品为主要目的并且把土地作为主要的生产资料或者把土地视为劳作对象的生产性利用以及根据土地的空间承载力并利用它们，把土地作为人类所有活动的基

础和建造居住地的非生产性两种[224]。要想研究区域环境的变化，首先土地利用变化研究是其重要的途径，国际地圈生物圈计划和国际全球环境变化人文因素计划的重要内容是就土地利用变化[225-226]。

依据我国的实际情况，并参照吸取在土地用途管制方面有丰富经验的发达国家，1986 年，我国研究颁布了《中华人民共和国土地管理法》，并将我国的土地分为直接用于农业生产的农用地、建设建筑物和居住物等建设用地和未利用地。所谓未利用地就是指不含以上两种用地以外的其他土地。以农用地、建设用地和未利用地为基础，根据土地利用的形式以及土地利用的特征等因素，又将土地利用细分为 55 个类型，具体包括一级类和二级类。其中，耕地、林地、工矿用地、公共交通用地、水域用地、未利用地等属于一级类[227]。

随着经济社会的飞速发展及现代化的进程下，人们对土地利用的认识和建设利用也不断的加深。人地之间的矛盾已构成当今世界最为突出的矛盾之一，在我国也不例外。在人类长期的生产生活活动中土地覆盖受到人类的强行破坏和一些农用地转化为生产用地和居住用地，调查显示这些土地高达 40%。截止到 2015 年底，我国土地利用变更调查报告，具体数据见表 3-8，全国共有林地 37.95 亿亩、耕地 20.25 亿亩，园地 2.15 亿亩、牧草地 32.91 亿亩、城镇村及工矿设施用地 4.7 亿亩、交通运输用地和水域及水域设施用地分别为 0.54 亿亩、4.9 亿亩，另外，其他用地 39.2 亿亩。农用地大幅度减少，并转变为建设用地使建设用地增多，这必然会造成生态环境系统发生或好或坏的变化。因此，对土地利

表 3-8　2015 年全国土地利用现状结构

用地 \ 类别		面积（亿亩）	占土地总面积（%）
农用地	耕地	20.25	14.2
	园地	2.15	1.5
	林地	37.95	26.61
	牧草地	32.91	23.07
建设用地	城镇村及工矿设施用地	4.7	3.29
	交通运输用地	0.54	0.37
	水域及水域设施用地	4.9	3.43
	其他用地	39.2	27.49
全国总计	142.6		100

用变化所造成的生态影响进行全面的分析研究对于人类生存发展有着非常重大的

意义。花溪区是贵阳市的城乡交错带，近年来，随着城镇化的发展，土地利用也在逐渐的发生变化。花溪区从2009年12月4日按照建设规划，重点对十里河滩湿地进行打造和建设。随着土地利用模式的改变，也造成了土地资源生态环境的变化。因此，开展十里河滩地区土地利用变化对生态环境的影响具有重要的实践意义。

二、土地利用现状概述

（一）研究区概况

贵州省地处云贵高原，花溪区地理位置处于贵阳市的南部，是贵阳市著名的生态区，国土面积964.32平方千米，森林覆盖率达到41.53%。花溪区属于亚热带季风气候，雨水充足，年平均降水量约为1178毫米，无霜期平均在245天，年平均气温为15℃左右，湿度较大，气候温和宜人。花溪区地处长江和珠江的分水岭，花溪区内的河流总长390千米，水库总容量达7140万立方米。十里河滩生物资源非常丰富，呈现多样性特征。十里河滩是贵阳市珍贵的城市湿地资源，具有多类型湿地，珍贵稀少的动植物种类很多。十里河滩按景观类别分为十余个主题景区，到2013年7月，十里河滩对周围环境开展土地整治、对附近居民的土地进行流转、对景区内的景观绿化以及河道内垃圾清淤等工作已全面完成。

花溪规划划定对从龙王村道路到大将山共609公顷，土地都属于十里河滩的范围，其中，湿地部分和山体公园部分分别有219公顷和390公顷。坐落在高原岩溶丘陵区的花溪十里河滩在环境上属于亚热带季风气候，是一个主要以喀斯特地貌为主的湿地公园，它优越的自然环境、地质结构和地理位置构成了各种各样的地貌资源。2013年，整个花溪区生产总值为275.15亿元，同比增长17.1%。第一产业增加了11.33亿元，第二产业增加了142.81亿元，第三产业增加了121.05亿元，同比2012年增长了6.8%、19.4%和14.9%。三大产业结构之间的比例为4.11∶51.90∶43.99，其中可以看出第二产业增加得最多。花溪区人均生产总值大约为4.4万元，同比增长16.5%。

（二）土地利用概述

通过对2009年末土地利用变更数据进行土地规划基数分类的转换后，可知花溪区的土地总面积大约为91080公顷，其中，农用地74583.29公顷，建设用地7059.16公顷，其他土地9431.75公顷，占土地总面积比例分别为81.89%、7.75%和10.36%。

2015年，在进行第二次土地调查统计数据规划基数分类转换后，全区土地总面积为90119.12公顷，其中，农用地75502.41公顷，建设用地5943.66公顷，其他土地8673.05公顷，占土地总面积比例分别为83.78%、6.6%和9.62%，具体数据如表3－9所示。

表3－9　花溪区土地利用现状

地类 \ 时间			2009年 面积（公顷）	2009年 比重（%）	2015年 面积（公顷）	2015年 比重（%）
总土地面积			91080.20	100.00	90119.12	100.00
农用地	耕地		35357.18	47.41	34285.78	45.41
农用地	园地		725.66	0.97	1172.12	1.55
农用地	林地		30753.25	41.23	36225.25	47.98
农用地	牧草地		2579.15	3.46	228.46	0.30
农用地	其他农用地		5168.05	6.93	3590.8	4.76
农用地	农用地合计		74583.29	81.89	75502.41	83.78
建设用地	城乡用地	城镇建设用地	758.12	0.83	1540.28	1.69
建设用地	城乡用地	农村居民点用地	2038.79	2.24	2701.78	2.97
建设用地	城乡用地	采矿用地	2501.09	2.75	255.12	0.28
建设用地	城乡用地	小计	5298	5.82	4497.18	4.94
建设用地	交通水利及其他	交通用地	601.66	0.66	812.99	0.89
建设用地	交通水利及其他	水利设施用地	492.58	0.54	432.18	0.47
建设用地	交通水利及其他	其他建设用地	666.92	0.73	201.31	0.22
建设用地	交通水利及其他	小计	1761.16	1.93	1446.48	1.59
其他土地	城乡、交通水利及其分建设用地合计		7059.16	7.75	5943.66	6.6
其他土地	水域		362.55	0.40	329.89	0.37
其他土地	滩涂		57.28	0.06	10.59	0.01
其他土地	自然保留地		9011.92	9.89	8332.6	9.25
其他土地	其他土地合计		9431.75	10.36	8673.05	9.62

由表3－9分析得出花溪区土地利用的特点，如下：

（1）农用地所占比例较大。全区农用地面积比例较大，2015年全区农用地为75502.41公顷，占国土面积的83.78%，其中耕地、林地分别占45.41%、47.98%。花溪区主要是以农业生产为主导，这也对生态环境有着积极的影响。

（2）建设用地需求量增幅持续走高。城镇建设用地增幅最大，2009年为758.12公顷，到2015年就增长到1540.28公顷。建设用地的增长，导致土地利用空间变化在一定程度上影响着生态环境，其中十里河滩的规划把一些农用地也变更成建设用地，这也会导致建设用地进一步增多。

三、土地利用变化对十里河滩生态的影响

（一）对植物的影响

地表的土地使用状况受到土地利用变化的影响，以至于影响到生态环境系统中的各个自然过程。十里河滩依据规划要求，区域规划面积约为610公顷，规划中包含了湿地和山体公园两个部分。经过实地走访调查，十里河滩的建设引起了周围环境很大的改变。十里河滩景区内的景观规划是按照生态性、适宜性、多样性和经济性原则来设计的，通过人工方式一次性引入180种植物种类，增加了很多植物，形成了植物景观和自然群落相结合的植被类型多样化发展规律，使新旧植物群落之间形成共生的关系，将动植物与景区周围的环境进行充分的协调，这对于提高景观效果有积极的作用。同时这部分植物也可以吸收噪声和除尘，这对于调节局部气候和减轻城市热岛等生态效应及防灾都起到积极的作用。

（二）对水环境的影响

十里河滩地处南明河的上游，河流平缓，河道蜿蜒曲折，花溪河穿流其中。调查发现十里河滩内水分充足，土壤湿润，适宜植物的生长。植物重要的组成成分之一就是水分，同时也是树木生存必不可少的生存条件。十里河滩内水分充足，景区内植物生长得十分茂盛。为保护十里河滩湿地的水质，花溪区相关部门投入大量资金对景区内的河道进行治理和清淤等工作，完善了十里河滩的排污系统，完成花溪十里河滩上游排污系统建设。同时，在人工环境下进行国家二级保护植物的培育，试图通过水生植物生物来净化周围居民的生活污水。

（三）对生物多样性的影响

在城市中进行对生物多样性的保护和管理是必不可少的[228]。首先，十里河滩要想保护好生物的多样性应以生态优先为主，为动植物的发展提供足够的栖息环境；其次，打造一个舒适的自然环境，在生存条件下尽可能的把对动植物的环境影响降到最小；最后，增加景区内的生物多样性，同时可以预防和制止由于外来物种所造成的危害。景区内拥有各种各样的湿地，生物多样性非常好。这也使得十里河滩内动植物种类非常丰富多样，就浮游植物多达百余种，苔藓植物类和维束管植物有上千余种。同时这也是动物的栖息地，动物种类多达500多种：其中，浮游动物和底栖动物共有93种，昆虫236种，鱼种55种，两栖爬行动物有38种，鸟兽类104种，还包括了几种稀有动物。这都得益于花溪区对十里河滩打造的初衷，即这次景区的规划前提条件就是不破坏湿地原有的生态性和生物多样性。

（四）对气候的影响

气候是动植物生长非常重要的因素，温度因子则作为植物的生态环境因子影响着植物的生长发育。土地利用变化也导致大气中的温湿度和降水等不同程度的改变，从而导致十里河滩内的气候发生改变。十里河滩内的大量植物可以吸收有害气体，调节气候，因为植物内部温度具有很好的调节作用。首先，里面的茂密植物为人们提供了很好的庇荫场所，在植物的遮阴区域其温度一般要比没有遮荫的区域温度低。其次，十里河滩景区里的植物通过吸收环境中大部分的热量降低区域环境内的温度，释放出水分，增加空气湿度从而产生凉爽的效应。最后，十里河滩内的植物还可以为该区域营造局部小气候。

四、土地利用存在的问题

（一）保护十里河滩湿地的相关规章条例不健全

我国在治理城市湿地方面的工作起步较晚，比其他一些国家都要迟。因此，我国在相关湿地保护治理方面的一系列法律法规不够充足完整，由于法律法规制度的不完备造成湿地生态没有得到很好的保证。虽然景区严格遵守了18个国家代表于1971年2月2日在伊朗拉姆萨尔签署的《关于特别是作为水禽栖息地的国际重要湿地公约（简称湿地公约）》（1992年中国加入《湿地公约》），但要达到保护十里河滩生态的目的还远远不够，不能对十里河滩独特的地方景区进行更有效的保护措施。为了更全面的保护十里河滩湿地，还需要一套适合十里河滩发展、保护湿地的约束性规章条例。

（二）湿地生态环境受到破坏

十里河滩的规划建设是以湿地能够得到更好的保护为最终目标的。湿地生态系统的脆弱性对卫生的要求比一般景区要高，但是通过实地走访调查，发现十里河滩两旁的绿化带遭到严重破坏，一次性餐盒、塑料等很多垃圾，形成了严重的白色污染。十里河滩景区内部的水域也受到污染，水体受到污染后富营养化严重，漂浮在水面上的垃圾物没有得到清理，使得十里河滩的生态环境以及景观效果遭到破坏。

（三）基础设施落后，设备简陋

十里河滩湿地是沿着河流规划的，形成了美丽的风景，由于其生态性也是非常薄弱的。所以，在十里河滩的建设中，对基础设施的标准要求很苛刻。但在走访调查中却发现景区内路两旁都是把木头当作围栏，中间用绳子来连接固定住木头，经过长时间的风吹日晒以后，木头大多都已经腐烂，绳子也被恶意破坏了，围栏便失去了作用。这样对旅游者的安全存在很大的危险。而对于管理者来说，经常的更新和修理坏掉的围栏需要消耗大量的资金和劳动力，而且反复的修理也没有达到预期的效果。另外，景区内观景台周围的水上安全设施也比较少。

（四）交通规划尚未完善

十里河滩位于花溪大道北段至南端，范围很宽很广，因此，管理也特别的吃力，导致在这一地段内的任何一个地方都可以驱车进入十里河滩内，交通区位条件很好。然而，正是因为这样的交通区位条件，却导致每逢周末节假日花溪大道上就会特别堵车，外来的游客很多，停车场车次爆满。尽管十里河滩管理处在花溪北段至南端开放了节假日临时停车位，但由于游客太多，还是有很多游客找不到停车位。交通问题仍然是一个困扰管理处负责人头疼的问题。而且花溪临近大学城，一到周末学生也特别多，使得这一地区的交通更加拥堵。另外，十里河滩内出租的自行车与外部出租的自行车更是鱼龙混杂，而且也不安全。

五、对策建议

（一）完善法律法规，加强动态监测与科学研究

为了完善相关的法律法规，花溪区政府可以与相关部门共同签订《湿地保护条约》或其他与湿地管理有关的条约来管理十里河滩湿地。也可以通过对花溪区十里河滩的调查研究，创建各个湿地监测中心与监测的网络体系，将湿地资源研究同环境保护监测一起加到土地资源调查与监测范畴当中[229]，为我国城市湿地的管理提供数据理论支持。同时，也为十里河滩的可持续发展奠定坚实的基础。

（二）与学校合作，提高全民保护意识

十里河滩邻近贵州大学、贵州师范大学、贵州财经大学等高校。高校里汇聚了很多具有专业知识的精英，花溪区可充分运用其优越的地理位置与这些高校建立合作关系，让这些高校为十里河滩的发展培养专业技术性人才，促进十里河滩湿地的持续发展。十里河滩的保护工作需要全社会的共同参与，所以开展宣传和传播湿地保护方面的知识是重中之重，这有利于提高社会的文明素质、文明旅游认识。十里河滩景区保护应考虑展开各种模式的公共宣传和教育活动。通过使用媒体资源、联合各种环保日等举行传播生态保护的相关知识来提升公众对城市湿地重要性的认识，提高湿地保护的自觉性，深化大家的湿地保护意识。从而为十里河滩的建设和保护管理工作创建一个和谐的社会环境。

（三）合理规划，完善基础设施

对于十里河滩内基础设施简陋等情况，管理处应该尽快派工作人员进行排查，将坏掉的设施进行修理，合理安排园内的基础设施建设。如对十里河滩内餐饮食品的管理问题，可以从以下五个方面开展工作：第一，把餐饮区域规划到一个指定的区域，使餐饮的买卖区域都保持一致，这样看起来就会更工整、干净些；第二，公共设施要按时进行维护，确保景区内所有公共基础设施都能供游客

正常使用；第三，定时打捞水域内的垃圾并在第一时间对被污染的河流进行综合整治；第四，对相关管理人员进行专业化培训，提高其生态认识；第五，设立湿地保护广告牌，增强人们对十里河滩景区内环境及基础设施的保护意识。

（四）合理规划，缓解交通问题

针对十里河滩外来游客停车难问题，为了使游客的出行更轻松，十里河滩景区可与贵阳公交公司部门进行沟通，可以在节假日增开贵阳各地到花溪主干道的公交车。同时对停车场进行规划，增加停车位，对外来交通工具实行限入等措施。十里河滩内的人行道和自行车道挂上合理醒目的指示牌，提醒人们人车分道，禁止自行车胡乱行驶。交通是旅游中最重要的问题，只有切实解决好交通问题，才能给十里河滩带来更多的旅游者。

总之，土地利用变化对生态的影响是双面的，十里河滩的土地利用变化对该地的生态影响利大于弊。对于它的未来建设应坚持原生态理念，根据当地适宜的方向进行治理，合理的进行周围村落的整改，对当地的气候、植物、水环境、生物多样性等有着积极的影响。虽然花溪十里河滩资源优势突出，但是在土地利用过程中也存在诸多问题，只有把这些问题解决好，才能更好的保护生物资源的多样性。

第三节　生物农药在土地可持续利用中的应用研究

本节首先介绍了生物农药的概念，通过对生物农药在可持续农业中的应用及生物农药与生态系统的关联性研究，分析生物农药在土地可持续利用中存在问题及影响土地可持续利用的因素；其次针对全球生物农药产业的发展、市场、推广应用现状并分析了国内外研究热点及趋势，进而对未来生物农药的发展提出展望；最后从土地可持续利用角度分析生物农药在国内的发展前景。

一、生物农药的出现

随着高毒化学农药逐步退出市场，生物农药的研究与应用获得了广阔的空间，近 20 年来，全世界生物农药得到了迅猛的发展。2014 年“两会”期间，环保成为市场焦点议题，环保部副部长吴晓青表示，土壤环境保护法已列入全国人大的立法计划，并将在提高环境违法成本等问题上取得突破。农药作为重污染行业，对土壤和环境的影响较大，2013 年环保部就已经启动了草甘膦企业核查，首批核查名单于 2015 年 3 月出台。另外，毒性较大的百草枯水剂按照计划也已停止生产。环保压力有望改善农药发展格局，除了产能压缩带来草甘膦等传统品种景气度上升之外，生物农药也将迎来新的发展机遇。

从农业部发布的种种政策来看，对生物农药的扶持正逐步加强。2013 年 11 月 28 日，农业部正式启动全国农业可持续发展规划编制工作，着重生态平衡建设，处理好环境保护与农业生产的关系，以及区域资源环境承载力问题。目前，我国农业在过度使用化肥、农药的背景下，农业部启动可持续发展规划编制，有利于提升生物农药等毒副作用小的产品使用比例。另外，国家发改委正在编制《农业环境突出问题治理总体规划（2014～2018 年）》，农药毒性问题已引起高层重视。

总体来看，随着经济和社会的发展及人民生活水平的提高，农业在土地可持续发展的大趋势下，正经受着一场由数量型向质量型、由产量型向效益型转变的深刻历史变革。为了与我国农业及土地可持续发展策略相适应，农药的发展方向将是从非选择性农药转向选择性农药，从传统的有机化学物质转向“生态合理农药”和“环境和谐农药”，以利于保护环境，促进农业及土地的可持续发展。因此，许多生物农药由于具有新颖的杀虫作用机制，在环境无残留和具有良好的选择性等优点而将日益受到重视。

二、生物农药与可持续农业

（一）生物农药概念

目前为止，关于生物农药还没有一个明确而又清晰的定义。按照联合国粮农组织的标准，生物农药一般是天然化合物或遗传基因修饰剂，主要包括生物化学农药信息素、激素、植物调节剂、昆虫生长调节剂和微生物农药真菌、细菌、昆虫病毒、原生动物，或经遗传改造的微生物两个部分，农用抗生素制剂不包括在内。总结起来，生物农药一般是指直接利用生物产生的生物活性物质或生物活体对害虫、病菌、杂草、线虫、鼠类等有害生物进行防治的一类农药制剂[230]。

市场上在应用的生物农药，大体可分为两类，分别是生物体农药和生物化学农药。然而从国内的具体实践情况来看，量产的微生物源农药多数是生物农药产物。

（二）生物农药的优点

（1）害虫不易产生抗性。害虫之所以不容易产生抗性，即使产生抗性也要很长时间，因为生物农药对其更有益，对害虫的作用点增加。

（2）选择性强，对人畜安全。市场上量产并广泛推广的生物农药产物，在多数情况下仅对病虫害有效，在正常情况下对人、畜以及各种有益生物相对安全，而对非靶标生物几乎没有影响。

(3) 对生态系统更有益。生物农药根治害虫的方式是采用部分特别微生物自身的灭虫、防病功效。自然生态系统是它有效成分的源泉。然而遇到阳光容易分解，也易被植物、各种土壤微生物降解是其独有的特征，实现了其源于自然，归于自然的绿色循环。因此，能够认为它们对自然生态环境是安全、无污染的。

(4) 可以诱发害虫流行病。有些生物农药在水平或垂直上传输能力的卵群，在有些情况下，具有定殖、扩散和发展流行的能力。不仅能对现代的有害生物起控制作用，而且对后代有害生物种群起到必然的抑制作用，延续性是一大优势。

(三) 生物农药的缺点

微生物农药有优点，但也有不足之处。一是专一性强，通常仅对一种害虫起作用，对其他害虫无影响；二是对温湿度需求较高，微生物源农药行使的适合温度在15℃~30℃，跨越这个限度，生物农药在害虫体内的孕育时间长且对湿度比较敏感，药效和湿度呈正相关性；三是紫外线的影响，微生物源农药会因强烈的紫外线照射而不起作用，最佳的选取是阴天或薄暮施药；四是见效没有化学农药快，施用后对不良现象的根治不能当即生效，施药时段应较化学农药早2~3天等。

总结归纳为以下五个方面：复杂的活性成分、外界因素的困扰、不足的质量稳定性及较短的产品有效期、缓慢的控制效果、把握有害生物的范围小。

(四) 可持续农业的内涵及特征

以可持续发展思想为导向的可持续农业，将自然资源和生物资源考虑在农业生态系统中，着力鼓励高效利用，把节能减排作为指导思想。可持续农业的目的：不断增加生产，保证食品安全；不断提高农民的利益，消除贫困；合理地利用资源，保护和改善环境，强调在满足当代人生存需求的同时，又不破坏后代人赖以生存的资源基础环境条件。可持续农业务必是生态上是可恢复的，不然就不能延续到最后；经济上必须是高产和盈余的，不然在经济上就不能延续；社会上是容易接受的，不然可持续农业就不可行。

总而言之，可持续农业所涉及的不仅是技术问题，而且是思想方法和钻研方式问题，必须从多个视角了解它。农业经济与农业生态环境是可持续农业同步规划的一种新的战略、农业对策。

(五) 生物农药在可持续农业中的作用

(1) 苏云金芽孢杆菌。当前钻研最多、用量最大的杀虫细菌，占有生物农药九成以上的市场份额。苏云金芽孢杆菌能够杀死上百多种鳞翅目昆虫且对人畜无害，它拥有多个亚种和多种血清型，不易产生抗药性[231]。在害虫吞噬制成品后会产生非凡的酶，苏云金芽孢杆菌会被这非凡的酶剖析，从而使害虫因肠道穿孔而死亡；良好的乳化性能，杀虫谱广，能对付多种鳞翅目害虫的蔬菜，预防和处理好各种水果、茶叶、烟草和其他植物。重要的控制目标是玉米螟、棉铃虫、稻纵卷叶螟和粘虫等。

（2）井冈霉素。防治水稻纹枯病的克星，市场上获得了一致好评。当前国内有几十多家工厂在批量生产。占有一半以上的市场份额，足以说明其疗效，作用也已从水稻扩展到了小麦和玉米及其他作物。因为科学高效的研发成功地削减了资金的投入，它属低毒杀菌剂，兴许还有很多农民朋友不了解，井冈霉素在农业生产中高效率、低污染，且药性安全的优势，深受国内外用户的拥护。

三、生物农药在土地可持续利用中的应用

（一）生物农药与土壤环境

1. 生物农药能增强土壤中蔗糖酶的活性

土壤中的土壤酶、微生物、动植物的残体活体都是土壤酶来源的重要途径。作用在土壤能量转化及物质循环的过程中，土壤的生长及肥力都有非常大的益处[232-234]。土壤酶活性与土壤本身的因素关联，一旦土壤本身受到影响，那么就与土壤酶活性有关联。土壤蔗糖酶是土壤酶中非常重要的物质。土壤蔗糖酶活性的高低取决于土壤中微生物的多少、土壤呼吸性能及 N、P 的多少，它在自身功能下产生的葡萄糖是植物、微生物的养分源泉，关联着作物的孕育，所以土壤蔗糖酶活性的高低可以透射出土壤的肥力及熟化水平的强弱，因此，其是衡量土壤肥力的重要因素。土壤是陆地最基本的组成部分，土壤肥力质量直接影响土地级别。所以，必须维持和提高土壤的肥力才能使土地资源持续利用。

苏云金芽孢杆菌和井冈霉素这两种生物农药与大多数化学农药对土壤蔗糖酶的抵抗有明显的不同，主要在于它们增强了土壤蔗糖酶的活性。就环境危害方面而言，化学农药高于生物农药，生物农药对环境的污染较小。需要强调的是简单的激活土壤酶活性，土壤养分还可能导致过早提前，而大量消耗造成不必要的浪费。如果及时的抑制也可以节省养分，提高作物对土壤养分的利用率。但作为对土壤酶的激活或抑制活性的异物，如果结合各种营养素需求的作物生长周期，及时喷涂是最重要的，可以实现农药和化肥的双重效应。

2. 生物农药能延长肥料的有效期

印糠是杀虫杀菌植物，遭到虫害的情况较少，因其能覆盖裸露土皮、改进土壤和削减水土流失，所以通常被用于城镇乡村的绿化建设，在道路两边、景观以及部分区域当作防护林带，这种措施可以节约农药的支出，也可以为减少环境污染做出贡献[235]。印谏素能够延迟铵态氮向硝态氮的快速变动，所以印谏制剂或印谏饼不光具备杀虫、杀线虫和杀菌作用，而且经过节制有效氮迟缓延续的释放，从而延长肥料的有效期。将印谏饼施于土壤中，能明显改善绿豆和鹰嘴豆中

的根结线虫、肾形回旋线虫、蔬菜矮化线虫、印度螺旋线虫与寄生病源菌中的菜豆大壳球孢、茄属丝核菌、豆类叶点霉、尖孢镰孢的数目和产生频率，还能明显增加土壤中腐生菌和非病原线虫的数目，这有利于土壤生态系统的保护，维持土壤肥力，促进土地的可持续利用。

3. 生物农药不容易对土地结构造成破坏

内含鱼藤酮是珍贵豆科的灭虫克星，其优势是鱼藤酮在植物的上部，这样能防止因深挖而对土地结构进行毁坏。该非洲山毛豆对环境要求不严，易成活，生长迅速，短时间便可成规模。因其含有根瘤菌，能固定大气中的游离氮，所以常被视为环保资源，应用种植在山坡、荒漠地带，也因此成为了改善土壤环境的最佳作物。消灭害虫的有效成分在植物较高的部位即叶片之上，叶片上的有效成分含量比其他的位置都多，用它的叶片来获取杀虫剂材料，能够不伤其枝，不破坏林木，易破碎和处理，不仅节约了大量人力物力，也在一定程度上改善了土壤环境，保护了植被。然而杀虫植物资源的开发及利用必须科学合理，否则，不但达不到保护生态环境的目的，反而将会破坏生态环境。

4. 生物农药能促进土壤生态的恢复

长期使用化肥，致使土壤生态恶化，是土传病害和线虫为害的关键所在。土壤中的微生物能够分为有益菌和有害菌。有益菌对于改良土壤，增进作物生长举足轻重，但它们依托有机质才能繁殖，持久大批使用化肥使土壤有机质下降，有益菌因恶化而削减。有害菌（包含线虫）在缺乏有机质的情况下能够进入植株体内，凭借汲取植株的营养来繁殖。有益菌和有害菌之间是对等的关系，土壤中有机质削减导致有益菌大量减少，失去了有益菌的作物，有害菌和线虫就快速批量滋生从而为害作物发育，重则致使作物死亡。良好的生态环境有利于有益菌的繁殖，但不利于有害菌和线虫的繁殖。只有依据这样的原理并选择对应的措施，锲而不舍就能从本质上防治土传病害和线虫为害。

5. 生物农药能改善农家肥的配比

只要土壤中的有机质大量增加就可以提高有益菌的数量，促进有益细菌在土壤中生长。假如人为注入大量的细菌能从根本上改善土壤生态，增长有机质最简捷的方式便是多施农家肥，可是农家肥务必要有效发酵腐熟[236]。便于农家肥迅速发酵最简捷的方式便是往农家肥中掺杂生化黄腐酸。生化黄腐酸包含多菌种有益菌，又是高活性的腐殖酸，是最佳生物农药有机质。人工培育的有益菌中的微生物菌，原理是在完全发酵的农家肥中加入黄腐酸和微生物菌，然后再应用到土壤之中，这样便能够快速恢复良好土壤成分，为土地的可持续利用奠定良好的根蒂。

（二）生物农药与生态系统

生物农药对生态环境的影响小，具体表现为三个方面：

（1）农药在害虫身上发生作用表现出来的结果有所不同，部分被消灭，部分活了下来，而且有的还没有一点妨碍，反而出现数目的增长，还有些因为消灭了相克的种类，出现了因强者的减少而弱者增加的现象。害虫因农药的施用，致使没有抗性的害虫产生了抵抗性、害虫行为的疯狂、本来弱的害虫变为强的害虫[237-239]。相比之下，生物农药的特性就是害虫不易产生抗性，针对性强以至于害虫不会猖獗。

（2）微生物制剂为酵素菌生物有机鱼肥，包含光合细菌、芽孢杆菌、放线菌和真菌等十几种微生物，并经过与秸秆、麦麸等有机生物肥发酵而成[240]。微生物制剂鱼肥施入水中后，叶绿素显著增高，证明在微生物的作用下，藻菌构成共生体系，加快了对氮、磷营养元素的吸收和转化。快速转变成鱼类生长所需的饵料生物，整个水生生物系统表现出多样性。相比之下，化学农药进入水体后，对各类水生生物都将产生必然的影响，从而能够破坏水体生态体系的平衡。其中浮游生物反应较大，加入后2~3天，种类和多样性明显减少，用药量越大，结果越厉害。一星期左右，生物群落数目逐步恢复，乃至增多，但群落的结构却发生变化，敏感种类削减或消失，耐污染种类增长，生物多样化降低。

（3）生物农药对提高土壤的肥力有益，对促进土地的可持续利用有益[241]。如苏云金芽孢杆菌、井冈霉素与大多数化学农药对土壤蔗糖酶的抵抗有明显的不同，它们增强了土壤蔗糖酶的活性，就环境危害方面而言，化学农药是高于生物农药的。相反，化学农药多数直接渗入土壤中且易依附在土壤里，空气中的化学农药随风飘落在作物上，随后的雨水冲刷也最终渗入土壤里。部分毒性时间长的化学农药还会影响土壤中多种生物，影响土壤中酶的性质，以至于影响土壤肥力，抑制土地可持续的利用。

四、生物农药应用的影响因素分析

近年来，生物农药的销售额在逐渐提高，发展势头较好，但与化学农药相比，市场占有率仍然很低，还远远不能满足社会对生物农药的市场需要，分析其原因如下：

（一）生物农药在市场上性价比不占优势

随着部分高危害化学农药禁用，从根本上解决了农药在作物上的滞留，生物农药的发展途径更加的开阔[242]。生物农药的应用和发展将是未来农药行业发展的主流方向，然而有些学者表明，尽管生物农药在研制上我国已走在前列，但生物农药的推行和使用却不普遍。最主要的原因是生物农药开发成本高，与高危害农药相对低廉的价格上相比不占优势，而且大部分农产品都是用来直接销售，因此，农民并不太关心农药存留带来的影响。此外，我国一些生物农药生产企业，存在规模小、配置差、资金不足和技术落后等困难，致使生物农药的生产成本进一步抬高。使用生物农药防虫治病，提高了种植成本，以至于大多数农民不肯使用生物农药，这就大大削减了生物农药的市场份额。

（二）农户对生物农药的认知和使用技能缺乏

生物农药之所以没有被多数农户接受，还由于其推广的不积极和农户长时间使用化学农药的习惯。因价格高且见效慢，不能提前看到成效，为了早回笼资金，农户依然选择化学农药。至于那些科学环保的耕种，农户们觉得那些不是他们最为关心的问题[243,244]。及时见效是农户选择农药时首先考虑的，因为药效不能及时的显示出来，这也为其使用和推广埋下了隐患。虽然农户施用化学农药技能和方法已经十分熟练，但对生物农药了解不够，农户总体的理论认知需要强化，因为生物农药的根治原理与化学农药不同，对具体操作要求较高，而许多农民不能驾驭基本的操作，这也是在一定程度上影响了生物农药的推广普及。

（三）行业管理体系不完善

生物农药缺乏成系统的体系和标准，致使登记难，以至于走向市场需要非常曲折的过程。另外登记费用高，企业难接受农药登记所需的费用，也制约了生物农药产业的发展[245]。还有生物农药同化学农药相比，无论是农户的消费认知还是厂家在生产经营及研发技术难度上，两者都存在很大的不同。生物农药和化学农药有本质的不一样，尚未有对应的单位对其管理，导致化学农药市场管理方式被用于生物农药。化学农药的理论体系强加于生物农药，这样生物农药的绿色生态环保特点将会埋没。具体在发展生物农药过程中，因为登记制度的不完善、见效慢、偏高的成本、技能要求高等因素，生物农药的社会价值未完全显示出来。因此，只有新的能量进入这个行业，配合多个部门的支持，才能高效的应用推广生物农药。

（四）有关生物农药的政策执行不力

跨入21世纪后，尽管我国生物农药研发处于世界领先水平，发布了不少有益于促进生物农药发展的政策法规，但因为历史、经济以及技术等方面的因素，在政策导向、市场监管、金融支持、税收等方面缺乏实质性举措，政府并未承担起应尽的职责，更未建立起有效的激励措施。国家未能进行生物农药的强制性推广，虽然有关于高毒农药关闭生产计划的规定，但地方或部门在利益的驱动下，在实行这些法律的过程中还是较为困难的。

五、结果分析

随着生态文明建设政治导向的倾斜，生物农药的发展面临历史上最佳的时机。国家战略的指引、措施上的鼓励，高毒农药的裁减为生物农药腾出了开阔的发展空间。随着在生态建设的过程中，人民生活水平的提高对生物农药产生迫切的要求，农业生产者对生物农药的看法在渐渐地改变。在大力倡导生态文明的今天，每个国家注定会给予生物农药钻研、建设和使用更多的重视，在科技攻关战略中，生物源农药的研发也已成为重点。生物农药资源又十分丰富，这都为今后生物农药的发展提供了十分有力的保障。出于对农产品安全性、生物多样性、土地可持续利用、生态环境保护等方面的需求，生物农药都将占据不可取代的地位，进而发挥其突出作用，为社会经济发展做出杰出的贡献。

为使生物农药更好地应用于土地可持续利用中，应重点抓好以下四点工作：

（1）完善土地法律和政策，保证土地资源的质量稳定或提高。在新土地管理法中，虽然在土地生态保护方面的内容有所增加，但没有具体可行的办法来改变土地资源的质量，所以必须做出具体有力的措施及政策，增强对土地资源的保护，才能让其可持续利用。

（2）重基础，强鼓励。在全球一体化的市场经济下，农药市场的争斗愈演愈烈。高性价比的生物农药是市场需要的。政府应重视基础研究，加强知识创新，大力开发新品种，拥有自己的知识产权，加快科技成果产业化，提高产品质量，建立自己的产品质量标准。强化产品质量的监督和治理，增加开发和资本的投入，对改进的产品赋予重赏，且在价格、税收方面予以照顾。

（3）加强宣传力度，提高农民的生态环境意识。加强宣传，提高农民的生态环境认识和植保水准，目前对生物农药宣传强度不够，特别是应加强对农民的宣传工作。农民是生产者，也是农业经营，病虫害防治活动的决策者，更是农药生态系统的管理人员。增强农民科技素质，强化培训使其科学有效的使用，清楚认识到生物农药在农业可持续发展中的地位及作用，是当前工作的重中之重。

（4）积极展开转基因作物安全性评估和抗性危害评价，转基因作物有节约杀虫剂和杀菌剂的功能，将成为有害生物综合防治中的一个重要技术措施。因此，我们必须加强对转基因作物的抗性风险评估和生态风险评价。包括美国在内的几个发达国家联合建议了“基因工程安全问题备忘录”，欧盟规定在转基因食品上务必贴上标签，日本也筹划对转基因仪器进行登记。近年来，国家有相关部门实施了“农业生物基因工程安全管理实施办法”“基因工程安全管理办法”等，这些政策对转基因作物和转基因作物的正确鉴定及使用措施提供了切实可行的依据。

第四节　村域生态养殖的综合效益分析
——以龙广镇纳桃村为例

生态养殖充分利用林地资源发展养殖，促进农民增产增收，通过对纳桃村生态养殖现状的分析，结合纳桃村的发展现状综合分析其养殖效益。结果表明：①自2010年建立林下生态养殖示范基地，生态鸡年出栏260万只，养殖小区、养殖户可实现每年新增纯收入2600万元，合作社新增年收益500万元的经济效益。②纳桃村是以鸡—沼—鱼—花木—菜的水陆复合畜禽养殖生态农业模式，以养鸡、养鱼为主，以沼、花木、菜为辅的生态种养模式。将相应的植物、动物、微生物等生物种群匹配组合起来，形成合理有效开发、利用多种资源，防治和治理农村环境污染。③生态养鸡可以为消费者提供健康安全的畜产品，为消费者提供绿色无污染的消费产品。

一、生态养殖的重要意义

（一）研究背景

生态养殖是从农业可持续发展的角度，因地制宜，根据各区域的地域特色和特有品种，选择能发挥当地优势的生态养殖模式。纵观现有的研究成果，鲜有一些不足之处，主要表现在四个方面：第一，随着养殖规模的不断扩大，相应配套设施不完善，造成养殖环境逐渐恶化，带来一系列问题，如环境污染、动物疾病等[246]；第二，追求“自然”或“绿色”，提高畜禽产品的质量，对畜禽采取散养或立体养殖的方式，但由于缺乏经验和科学的生态平衡意识，资源的开发与利用不合理，导致资源浪费和环境的严重破坏[247]；第三，片面的追求畜禽高产出和养殖效益，在养殖过程中添加的违禁药物会在动物体内残留，对消费者的健康造成潜在危险[248]；第四，由于大规模高密度的饲养方式导致动物长期处于亚临床状态，容易引发一系列动物疾病，如禽流感就是典型例子。

以龙广镇纳桃村为研究对象，对生态养殖的物质循环过程进行分析，分析村域生态养殖的经济效益、生态效益及社会效益。为以后农村经济的发展和畜禽生态养殖提供参考模式和建议，对我国西部农村经济的发展也具有典型的社会经济意义。

（二）研究方案

1. 研究内容

本节研究生态养殖的综合效益，分析纳桃村生态养殖的现状及规模，充分利用当地森林资源优势，结合当地经济发展林下生态养殖和渔业，兼观光农业发展的产业模式。以沼气为基础，将传统单一种植和高密度饲养以及观光农业园有机结合，达到能量多层转换，物质高效循环，提高综合效益的目的。利用沼气池把养殖、种植相结合，通过生物循环质能转换技术，形成物质流、能量流较快循环的能源生态系统，实现动物转化、植物生产和微生物还原的良性循环，促进经济、社会、生态环境协调发展[249]。通过沼气的链接，使整个食物链结构得以有效延长，对资源的利用能够实现多次循环，使物质达到良性循环和可再生循环。

2. 研究方法

基于实地调查数据资料，结合纳桃村种养合作社提供的相关数据资料，与全国不同规模畜禽养殖效益比较为研究基础[250]，分析纳桃村现有生态养殖的规模、数量、模式等生态养殖的经济效益；根据其生态养殖的模式和物质循环过程、畜禽排污处理等方面，分析生态养殖的生态效益；根据本区域内自然环境和居民生活习惯等情况，参考主要畜禽产品提供的蛋白质含量及价格比较，分析生态养殖的社会效益。

3. 数据来源

本节的调查方法主要是以实地调查为主，结合该村种养合作社提供数据，查找各类有关生态养殖综合效益分析的文献及在研究成果的基础上，参考已有文献对生态养殖各阶段物质循环过程的分析以及综合效益估算，总结生态养殖产业链所产生的经济、生态和社会效益之间的协调关系。

二、生态养殖的现状

（一）研究区概况

纳桃村位于黔西南区域黔桂滇交界处（105°9′~105°11′E，25°04′~25°06′），地处南昆铁路、国道324线、龙万公路沿线，紧靠东峰林大道。全村道路硬化进村3120米，通组通户1590米，交通便利。属于典型的喀斯特地貌，东西两侧略高，中部及西南稍低，冬暖夏凉，雨量充沛。纳桃村由纳桃、纳南、新寨、板拉、磨雍5个自然村寨组成，全村面积共8.07平方千米，其中，耕地面积2219.0亩，2012年全村人口3128人，农业人口2968人。全村农民的生计以优质稻、高产玉米、小麦等粮食作物为主，其他经济作物包括：蔬菜、生猪、优质鸡、人工菌等。通过沼气综合利用技术，发挥沼气的链接作用，种养殖相结合的立体养殖模式，形成以禽畜养殖为主、种植为辅的农业发展体系，增强经济发展后劲[251]。将沼气技术与林下养鸡、池塘养鱼、田间种植等结合起来，促进农村高效农业发展和农民增产增收，图3-4为纳桃村所在区位图。

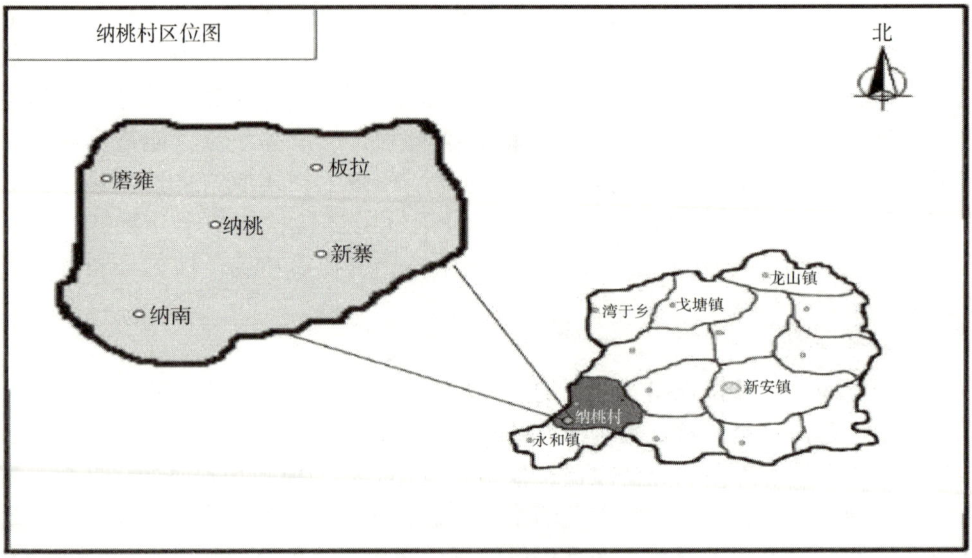

图 3-4　纳桃村区位

（二）生态养殖概况

纳桃村自 2010 年 8 月 18 日召开由 28 人组成的设立人大会后，正式设立纳桃村种植、养殖农民专业合作社，是农民自发组成的互助性经济组织。目前，已建成 1000 亩林下生态养殖基地，指导新技术及林下生态养殖技术应用科技示范户 1000 余户，养殖小区 90 个，可实现年养殖规模 300 万只，实现年出栏 260 万只林下生态商品鸡，养殖小区、养殖户可实现每年新增纯收入 2600 万元，合作社新增年收益 500 万元的经济效益。自 2010 年建立纳桃村种养殖合作社以来，规模不断扩大，由以合作社 + 养殖小区 + 农户的养殖模式带动 87 余户贫困户发展生态养殖，解决村民就业 285 人。农村经济合作组织作为农民生产的“平台”，坚持“民办、民管、民受益”的原则，促进农村集约化经营，带动农村经济的发展和农户的增收[252]。

纳桃村生态养殖以畜禽养殖、养鱼为主，以沼气、花木、田间套作相结合，建立鸡—沼—鱼—花木—菜等水陆复合式发展林下立体养殖。通过利用本村丰富的林地资源和荒山发展生态养鸡，不仅解决了养殖场地，而且节约耕地、优化自然环境，生产绿色畜产品，促进农民增收，实现优势互补，畜林双赢[253]。主要的循环方式：鸡粪还沼—沼气照明—沼气孵化—沼液养鱼—塘泥肥田—种植蔬果及青饲料、谷物养畜等。充分发挥养殖各个环节的效应，实现了资源的循环再利用，达到提高综合效益的目的。

三、生态养殖的经济效益

（一）生态养鸡的经济效益

根据2014～2015年调查结果分析，纳桃村种养合作社以产—供—销的模式发展生产，实行“六统一分”的原则，即“统一品种、统一饲料、统一防疫、统一技术、统一销售、分区饲养”，具体见图3－5。养殖小区和农户按每户500只脱温鸡饲养规模的标准，在10亩林地中搭建100平方米的简易鸡棚，鸡苗费5元，医疗防育费2元/只，饲料平均每只26元，按成活率90%计算，养殖90天出栏体重2.1千克左右，合作社按18元/千克回收。标准农户养殖年收益如表3－10所示。

表3－10　生态养鸡年收益　　单位：元

周期	设施费	鸡苗费	防育费	饲料费	总成本	收益	净收益	累计净收益
1	3500	2500	1000	13000	20000	22500	2500	2500
2	850	2500	1000	13000	17350	22500	5150	7650
3	850	2500	1000	13000	17350	22500	5150	12800

资料来源：2014～2015年实地调查。

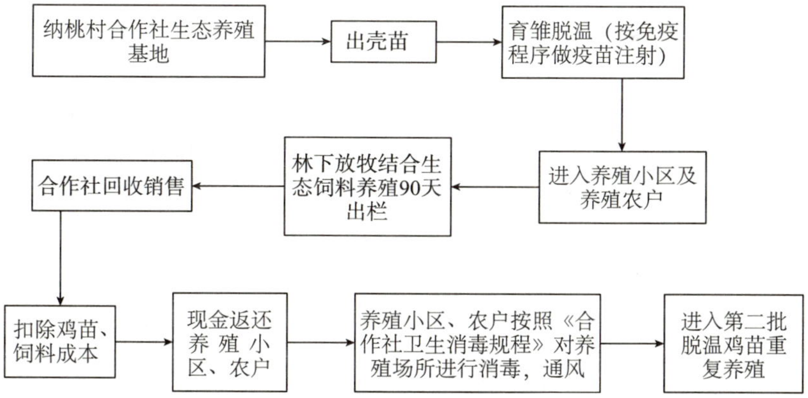

图3－5　生态养鸡产销系统

近年来，我国广大城乡居民消费水平大幅度提高，恩格尔系数正逐年下降，禽肉消费呈缓步增加的趋势，特别是健康优质的绿色有机家禽产品所占比重将大幅增长。据中国农科院农业信息研究所发布的《中国农业展望报告（2015—2024）》预测：未来10年我国居民的禽肉消费将明显放缓。2015年居民消费基本已保持稳定，到2020年，我国城乡居民人均禽肉占有量约为11.9千克；到2018年，人均禽肉占有量将达到12.6千克，比2014年增加1.6千克，年均约增长 1.3%，比过去 10 年下降 1.45%[256]。普通肉鸡由于生长速度快，活动受限，饲料含激素或药物，其肉质得不到消费者的信任，同时市场风险大，如 2011 年 10 月至 2012 年 6 月普通鸡的价格为 12 元/千克；而林下生态鸡属于优质健康的绿色有机家禽产品，由于其养殖的特殊方式和环境，以肉质鲜美，深受广大消费者欢迎，其价格一直保持在 26 元/千克以上且供不应求。可见发展林下生态养鸡的经济效益良好，图 3－6 为 2018 年畜禽肉类产品市场份额预测，禽肉市场的市场份额预测值占到 40% 的比例，市场前景广阔。

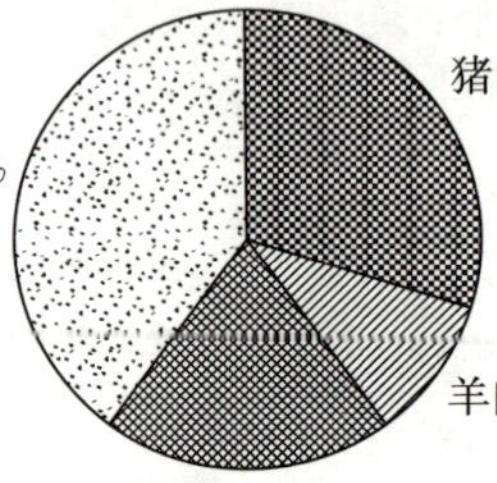

图 3－6　2020 年肉类产品市场份额预测

（二）沼—鱼—花木—菜的经济效益

生态养殖各环节都能产生不同程度的经济收益，除了生态养鸡之外，还以纳桃村生态养殖沼—鱼—花木—菜为例计算其经济效益。目前，纳桃村能正常使用的沼气池共计 258 口，农户在此基础上发展生态养殖，实现池塘养鱼、田间种花木、套作蔬菜谷物、林下荒山养鸡、鸡粪还沼、沼液养鸡养鱼，塘泥沼渣肥田的循环过程。在这过程中其产生的经济效益，具体如下：利用沼气养鱼，每公顷水面可增产约 350 千克，沼液养鸡每只鸡可节约成本 2.5 元，沼渣栽培作物、牧草等青饲料可增产增收 80%，一口 8 立方米的沼气池，年产气 380 多立方米，可满足 1 户 4～5 人的煮饭、照明等需要，每年节约燃料费和电费 800 元，在化肥和农药用量上可节约 1250 元，养畜增效 150～250 元，种植增效 2000 元，养鱼每年增收 3500 元，另外，其中的花木主要作为生态农业观光。

生态立体养殖符合国家对农业发展的规划，能够争取到更多的农业投入。为了促进畜牧业的健康发展，一方面是继续加大对食草畜牧业的投入力度，另一方面也是重点扶持的省（区），要积极争取国家资金，继续加大对牛羊生产的投入力度，加强主体培育，提高抗风险能力。适度规模化发展，确保畜牧业生产保质增收[254]。优化农村畜牧业经济结构，加快畜禽品种改良和仔畜繁殖，加大大型良种繁育场和养殖小区建设、防疫体系建设以及优质饲草基地建设，改变传统的粗放型畜牧业生产方式，促进畜牧业的持续健康发展[255]。由于林下生态养殖是野外放养，生态的活动性强，恢复了鸡的生活习性本能。加上林下养殖畜禽因捕食林间虫草，投喂谷物和生态饲料，其肉质鲜美，所以深受广大消费者欢迎，市场前景广阔。以纳桃村种养合作社为中心，带动养殖小区和农户发展生态养殖，有效地降低了农民的市场风险，是农户增收、增加养殖经济效益的必然趋势，是带动农民增收致富的好路径。

四、生态养殖的生态效益

生态养殖以畜牧业和沼气利用为中心，将相应的动物、植物、微生物等生物种群有机匹配组合，合理利用多种资源有效开发，防治和治理农村畜禽养殖污染，实现农村经济集约化发展[257]。畜禽粪便和植物作为发酵沼气原料，可以开发农村生活能源，调整农业产业结构，促进养殖、种植、农业旅游、资源环境等相互协调全面发展，进一步提高农村环境和城乡居民生活质量。

（一）生态养殖与节能减排

以往农村主要利用秸秆等作为燃料，一方面，大量的可用秸秆、干牛羊粪便等化为灰烬；另一方面，农民却因燃料不足，过度砍伐树木，使植被受到毁坏，造成水土流失，严重破坏了生态平衡。而采取生态养殖模式，充分开发利用沼气，则减少了因燃料而造成的大气污染。据统计，沼肥中含有 15% 左右的腐殖核酸，有利于土壤形成团粒结构；沼肥中的纤维和大量微量元素等有机成分，有利于疏松土壤并且增强土壤中的有机质含量；长期使用沼肥，可以使土壤的有机质氮、磷、钾等营养元素的含量日渐增加，同时也使得土壤酶的活性增强，土壤的物理性状得到不同程度的改善，土壤肥力显著提高，有利于作物对营养的吸收和利用[258]。不同的养殖模式有着不同的物质循环系统，纳桃村以鸡—沼—鱼—花木—菜的生态养殖模式发展生态养殖，建立立体种植与养殖的格局，组成各种生物之间共生互利的关系，主要的食物链结构如图 3－7 所示。

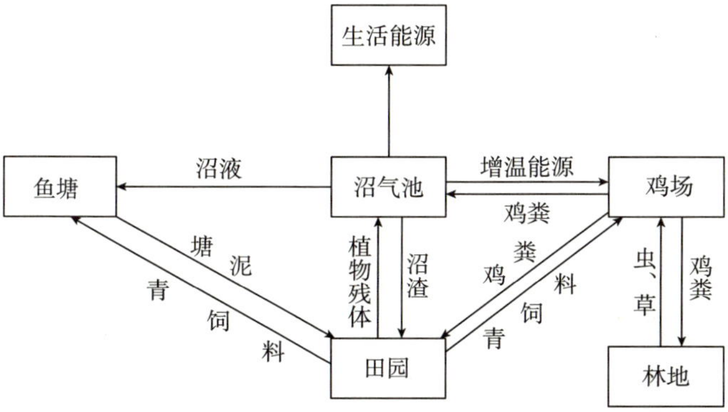

图 3－7 生态养殖畜禽—沼气食物链

（二）生态养殖的物质循环

林下养殖通过沼气池发酵，转换畜禽粪便中的有害物质，科学环保。此外，畜禽粪尿对生态农业有多种用途：如鸡粪经烘干消毒后，可作其他牲畜的饲料，也可作食用菌的培养基肥。沼渣、沼液等再作为有机肥料施用到农业种植中，至于畜禽的乳、毛、皮等，更是工副业的重要原料。畜牧业生产与其他很多方面的生产都有着密切的联系，能达到相互供应、相互促进的作用，使生态农业中的能量流和物质流趋于最佳的状态，达到生态效益、经济效益和社会效益的统一。纳桃村是以鸡—沼—鱼—花木—菜的生态养殖模式，目前，全村能正常使用的沼气池共计258口，农户利用沼液养鱼，每公顷水面可增产约350千克，沼液养鸡每只鸡可节约成本2.5元左右，沼液栽培作物、牧草等青饲料可增产增收80%左右，沼气还可满足煮饭、照明等需要，节约燃料费、电费、化肥和农药，减少土壤污染和水污染。鸡粪中有25%为有机物，包括非常适合于植物生长的有机肥，其氮、磷、钾含量高于其他禽类，具体数据如表3－11所示。

表3－11　畜禽粪便的肥分比较　　单位:%

肥料种类	氮	磷	钾
鸡粪	1.63	1.54	0.85
猪粪	0.56	0.40	0.44
牛粪	0.32	0.25	0.15
羊粪	0.65	0.50	0.25

资料来源：郑长山、谷子林．规模化生态蛋鸡养殖技术［M］．北京：中国农业大学出版社，2013.

五、生态养殖的社会效益

生态养殖对于提高农村人口的生活质量和健康水平具有积极的意义，有利于我国农村产业结构的优化调整，可以有效地转移和消化农村闲散劳动力，充分利用农村空余庭院，缓解我国耕地紧张的国情。我国是畜牧业大国，肉类产量和蛋类产量均占世界第一。但由于大规模的饲养和在饲料中添加大量抗生素、激素等，动物性产品普遍存在药物残留的问题，使得我国动物性产品遭受出口贸易壁垒[259]。为了保护消费者的权益，也为了提高我国动物性产品在国际市场的竞争力，我国必须走农业可持续发展的道路，即发展生态农业。

（一）生态养殖与生活质量

生态养鸡保证产品的质量，不过分追求生产性能，避免因食用药物残留过多的畜产品而导致的问题。林下养殖保证畜禽绿色生产，使用的药物和化学添加剂少，畜禽产品的质量安全，生态养殖能够提高禽蛋的品质，增加鸡蛋中微量元素含量，降低鸡蛋胆固醇的含量，蛋黄颜色深且口味鲜美。生态养殖为消费者提供绿色无污染的消费产品，新鲜的禽蛋和肉类作为人类生活中蛋白质的主要来源。从表 3－12 中畜禽产品与肉类蛋白质价格对比，可以看出畜禽产品的价格仅为 0.068 元/克，分别是猪肉蛋白质价格的 28%、羊肉蛋白质价格的 38%、牛肉蛋白质价格的 27%、鸡肉蛋白质价格的 61%。因此，生态养殖的发展能够为我国消费者提供廉价的蛋白质供给。

表 3－12　主要畜禽产品的蛋白质价格对比

项目＼差别	猪肉	羊肉	牛肉	鸡肉	鸡蛋
全国平均价格（元/千克）	21.32	33.64	31.84	15.42	8.24
蛋白质含量（%）	9.53	17.8	14.3	13.5	12.9
蛋白质价格（元/克）	0.243	0.180	0.252	0.111	0.068

资料来源：林海的《家禽养殖福利评价技术》。

（二）生态养殖与观光农业的发展

纳桃村建设布依农特生态观光园，集养殖、种植、农事活动、布依族节庆、农业园观光、休闲垂钓等为一体，在发展林下养殖的基础上发展观光旅游型农业，促进农民收入水平的增加，城乡居民的恩格尔系数呈逐年递减趋势，休闲旅游观光逐渐成为城乡居民休闲度假的一项重要活动。纳桃村建设布依农特生态观光园，具有浓郁的民族文化气息，发展休闲观光农业园，在发展农村经济、改善农村生态环境、促进民族文化交流和传承等方面均具有重要的现实意义。

六、结果分析

我国生态农业的发展重点在于生态、经济、社会三大效益的有机结合，相互促进，协调发展。纳桃村属于典型的喀斯特地貌区，以保护生态为出发点和立足点，发展生态养殖，对农村经济的发展、合理利用自然资源、改善生态环境和实现农业的可持续发展具有重要的意义。目前，我国各地特别是在西部大开发建设中，国家把改善环境和保护生态建设作为最基本的条件，各地区都鼓励发展生态产业。中国政府在未来的经济社会发展规划中也把发展农业放在首位，并着重强调抓好农业生态建设，发展生态农业[260]。在发展生态养殖的基础上建设休闲农业观光园，开发农村旅游资源，促进农村经济的发展和丰富城乡生活，生态养殖的发展前景还是十分广阔的。

生态农业是实现农业可持续发展的必然趋势。纳桃村发展生态养殖以保护生态为出发点和立足点，对农村经济的发展和农业可持续发展具有重要的意义。通过对纳桃村生态养殖情况的调查分析得出以下三点结论：

（1）在经济效益方面。就纳桃村生态养殖的模式而言，可适当延长养殖的产业链，通过发展不同模式的生态农业以实现农村产业结构升级。发展林下养鸡的年收益为 12800 元，另外渔业和种植花木蔬菜还有很大的发展空间，可以最大限度地发展利用资源，增加农民收益。

（2）在生态效益方面：在养殖过程中放牧的方式不够合理，轮牧的方式也不太有序，导致林地表层植被过少，没有补种牧草。鸡粪便的处理不够及时导致粪便污染水源，鸡饮用受污染的水后容易染病。

（3）在社会效益方面：养殖人员基本为农户，存在私自添加抗生素和激素的情况，影响农产品的销售。由于建设中的生态农业观光园缺乏宣传力度和相应的管理制度，观光的旅客不足。

本节还存在以下三点不足之处：

（1）调查的范围不够广泛，纳桃村生态养殖的地区养殖规模属于中小型，而且只获取了 2013 ~2015 年的养殖情况，数据变化情况不明显。

（2）由于研究条件限制，肥料化和资源化没有做相应的实验，只是通过查阅相关文献和资料进行对比分析。

（3）研究的区域比较单一，应该考虑研究在不同养殖模式下的生态养殖对比，进一步分析纳桃村生态养殖的发展模式，以便更深入的研究纳桃村生态养殖的综合效益，同时提高养殖过程中资源的利用率。

第五节　基于 SWOT 分析的禄丰世界恐龙谷景区旅游发展对策研究

随着人类经济水平的提高，人类精神方面的需求量不断提高，令旅游业蓬勃发展，各类旅游资源不断被开发。1938 年，在云南禄丰发现大型恐龙化石群集聚遗址。2008 年 4 月，集旅游资源开发、遗址保护、科普科考、观光游览、高科技娱乐和休闲度假于一体的大型恐龙文化旅游主题公园“禄丰世界恐龙谷”建成运营。然而，景区运营至今，仍然存在很多问题，如旅游产品单一，管理机制不成熟，宣传力度不够，客源市场狭窄等。本节通过对景区发展现状的分析，运用 SWOT 分析法对禄丰恐龙谷景区的发展进行了优势、劣势、机遇、威胁方面的分析，旨在为禄丰恐龙谷景区的旅游资源发展提出切实可行的发展对策。

一、地质公园旅游的重要意义

（一）选题意义

现代社会经济水平的快速增长，使得人们的物质需求在越来越大的程度上得到满足，同时精神方面的需求量也在大幅度的提高。为了在精神需求方面得到更大程度的满足，人类逐渐开始去揭秘大自然叹为观止的伟大杰作，随之而来蓬勃发展的旅游业，令各类价值连城的旅游资源陆续被开发出来，如地质遗迹的开发。目前，云南是我国最具吸引力的旅游目的地之一，以石林、泸沽湖、轿子雪山、香格里拉等著名旅游景区为代表的旅游业飞速发展。2008 年4 月，禄丰世界恐龙谷地质公园建成开放。禄丰恐龙谷的开发为云南旅游增添了一大亮点，是带动禄丰本地旅游业、周边阿纳村经济发展的关键一步。然而，由于地质公园的开发在各国各地已成为潮流，而禄丰世界恐龙谷又仅是以化石群开发为主的主题公园，资源较为单一，想要在云南这个景区如麻的地方脱颖而出取得良好的经济效益，就必须因地制宜地不断创新发展。在世界各地旅游业蓬勃发展的当下，该景区发展仍然存在很多问题。本节着眼于云南禄丰世界恐龙谷地质公园旅游业的长远发展，运用 SWOT 分析法，对景区的发展现状从优势、劣势、机会、威胁四个方面进行分析，找出阻碍景区发展的各种因素，尝试提出一系列解决方案，并结合资源开发优势和当地实际，为禄丰世界恐龙谷景区发展提出切实可行的发展对策。

（二）国内外研究现状

1. 国外研究现状

在国外旅游研究中，英国的克里·戈弗雷（Kerry Godfrey）和杰基·克拉克（Jakie Clarke）较早地把 SWOT 分析应用在旅游规划中。他们认为，旅游地的综合竞争能力分析是旅游地开发和战略经营管理中的一个关键问题，在制定区域旅游发展规划或区域旅游发展战略时，SWOT 分析法对于了解区域旅游发展的各项影响因素而言，是一种切实可行的研究方法[261]。1996 年，第三十届国际地质大会在北京召开，法国地质学教授马丁尼（Gup Martini）和希腊地质学教授佐罗斯（Nickorus Zouros），基于欧洲经济发展带来的环境问题、旅游的分流问题、科学普及、提高科学素养等诸多问题，提出了建立“欧洲地质公园”和促成地学旅游网络的建议[262]。20 世纪 80 年代，一些具有指导意义的旅游规划和旅游发展战略研究的理论及著作集中出现。波特（Porter，1980）将竞争优势战略广泛引用到区域旅游发展研究中[263]。Wolfgang Eder 和 Margarete Patzak 提出地质公园作为公共教育和娱乐休闲的工具，要起到带动当地经济发展的作用[264]。

2. 国内研究现状

我国地质学家早在1985年就提出在地质意义突出、地质景观优美的地区建立地质公园的建议，以开发有价值的地质旅游资源，并加强对这些地区的保护，促进科研、科考工作的开展[265]。要增强旅游竞争力与吸引力，一是要对已有旅游产品的文化性进行提升和改善，二是还要新增一些文化创新性的产品和项目[266]。何玉婷采用SWOT分析法对四川省发展水利旅游的优势、劣势，以及所面临的机遇与威胁进行研究，并提出有助于更好探索四川水利旅游的对策[267]。苏金豹等运用SWOT分析法，对辉河国家自然保护区生态旅游开发条件的优势、劣势和外部环境的机会、威胁进行分析，提出辉河自然保护区旅游产品的开发对策[268]。卢志明等借鉴了九寨沟和黄龙在行政上垂直领导，在规划上高度集中的成功管理经验，提出建立地方管委会，实行"多套牌子，一套班子"的管理体制[269]。

（三）理论基础

1. 旅游资源

随着旅游业的兴起，国内外很多学者陆续开始研究旅游科学，并从各个角度给出了旅游资源的定义。其中，霍洛韦（J. C. Holloway）认为，旅游吸引物就是那些给旅游者以积极的效益或特征的东西，它可以是海滨或湖滨、山岳风景、狩猎公园、有趣的历史纪念物和文化活动、体育运动以及令人愉悦舒适的会议环境。我国学者卢云亭认为凡是对旅游者产生吸引力，并具备一定旅游功能和价值的自然和人文因素的材料，统称为旅游资源[270]。旅游资源有着非常丰富的内涵，多年来不同的学者从不同的角度对旅游资源给出了多种多样的定义表述。

2. 地质遗迹

在国外，对地质遗迹概念的研究从20世纪90年代就已经开始。其中，Ibrahim Komoo认为，地质遗迹的价值要与科学科研的价值相联系，一些矿藏、化石及不同地质风貌也要与审美、休闲、文化娱乐价值相联系[271]。W. Eder指出地质遗迹除具备科学价值之外，还应该具有审美、休闲及文化价值[272]。

在国内早期研究中将地质遗迹归入自然遗产的范畴，直到1995年在原地质矿产部颁布的《地质遗迹保护管理规定》中，明确地提出了地质遗迹的概念，并指出地质遗迹是在地球演化的漫长地质历史时期，由各种内外动力地质作用，形成、发展并遗留下来的珍贵的、不可再生的地质自然遗产[273]。赵逊（2003）认为，地质遗迹是指地质历史时期保存遗留下来的，可用以追索地球演化历史的重要地质现象[274]。

3. SWOT分析法

SWOT分析法是19世纪80年代初由美国旧金山大学管理学院教授H. Weihric所提出的，运用SWOT法进行选择分析，就是将密切相关的各种主要内部优势因素（Strengths）、劣势因素（Weaknesses）、机会因素（Opportunities）和威胁因素（Threats），通过调查罗列出来，并用矩阵形式按照一定的顺序排列起来，通过系统分析，把各个因素互相匹配之后加以分析，从而得到一系列正确的结论。

20世纪中期，SWOT分析法被运用到旅游科学研究中来。由于SWOT分析法简洁明了，方便有效，当数据不够准确或充足、分析手段也不够全面时，运用这样的分析方法也能得到说服力充足的结论。目前，国际旅游业将SWOT分析模型应用于更多旅游项目的策划与决策判断。而对区域旅游发展进行SWOT分析是通过分析和评价自己的旅游产品、内外环境及同竞争对手进行充分的比较，明确景区在内部条件上的优势和劣势，识别环境中影响景区的主要方面和因素及其变化趋势，从而把握住环境中的有利机会，避免不利的环境威胁，使自己相对于竞争对手在满足旅游者个性化需求方面树立品牌、创造特色、提供适销对路的旅游产品，集中自己的强项和优势寻找尚未为众人察觉的机遇，从而保持在市场竞争中的优势地位，并形成景区的核心竞争能力[275]。SWOT分析法在蓬勃发展的旅游业中将会得到越来越广泛的运用。

二、禄丰世界恐龙谷旅游发展现状

（一）恐龙谷旅游资源概况

禄丰世界恐龙谷是以恐龙化石为主，以古生物化石为主要旅游资源而开发的5A级旅游区，地处距昆明市80千米，距楚雄市68千米处昆楚高速公路旁的川街乡阿纳村的恐龙山，正好位于昆明—大理—丽江这条云南黄金旅游线上，是一处叹为观止的恐龙生活大遗址。景区占地面积共3.6平方千米，一期核心景区投资约5亿元，目前正在逐步开发完善中，于2008年4月18日竣工开始运营。禄丰已于2004年被纳入第三批国家地质公园之列（见图3-8），这为禄丰阿纳恐龙谷的旅游发展奠定了良好的宣传基础。

1. 恐龙谷旅游资源类型及特点

禄丰恐龙谷遗址有着优越的地理环境和区位环境，其旅游景观主要有自然景观和人文景观。

（1）自然景观。自然景观以地文景观和生物景观为主。地文景观以动植物化石为主，其中，植物化石主要是恐龙时代的孑遗植物和一平浪古植物。动物化石主要是恐龙化石，在此发现了距今1.35亿~1.8亿年早、中、晚期的恐龙生存遗迹。仅1938年在禄丰一带发现的古生物化石就有哺乳、两栖、爬行三大类，24属30多种，分为肉食性和草食性，而且仅在阿纳200多平方米的坡地上就埋藏了8具大型恐龙化石个体。迄今为止，在禄丰被专家发掘出的恐龙化石有120多具，

图 3 – 8　恐龙谷国家地质公园

这样的密集程度在世界上绝无仅有，仍埋藏于地下的数百具恐龙化石也已经被发现。禄丰恐龙谷遗址区身处阿纳办事处老山箐坝子里，这种微盆地的地貌类型是云贵高原的特有景观，站在山顶的遗址核心区可以看到农田、村寨和丘陵相间的美丽景色（见图 3 – 9）。主题公园所在的整个地域范围都是自然观光的理想去处。生物景观以云贵高原独有的动植物风光为主，景色秀丽。由于地处西南，气候为亚热带湿润的季风气候，水源充足，植被覆盖率高，植物景观类型丰富，花草树木风姿绰约，也因此成为不少鸟类栖息首选地。在景区观光的过程中，随处可听见悦耳的鸟鸣声，能给旅游者带来身心愉悦的体验。

（2）人文景观。恐龙文化节（见图 3 – 10 和图 3 – 11）和彝族火把节是禄丰恐龙谷独有的人文景观。盛大的禄丰恐龙谷文化节始于 1991 年，节庆的规模和内容也越来越丰富和成熟。节庆中心区和会址地迁移到恐龙谷后更为恐龙谷带来了大批的游客，国际影响力也越来越大。一年一度的彝族火把节（见图 3 – 12），有热情似火的彝族人民邀你来跳左脚舞。此外，当地的少数民族节庆也很多，可以作为次要的节庆主题吸引更多客源。

总的来说，禄丰恐龙谷旅游资源独具特色，是很多旅游者在其他旅游目的地领略不到的独特体验，是海内外旅游者休闲娱乐，观光度假的理想旅游地。

图 3－9　禄丰世界恐龙谷全景示意

图 3－10　景区正门景观

图 3-11　禄丰恐龙文化节

图 3-12　楚雄彝族火把节

2. 恐龙谷旅游资源评价

旅游资源的价值具有多重性，因为这种价值是对旅游主体作用而言，旅游主体作用与旅游资源的形式不同、目的不同，表现出来的价值也就不同。禄丰恐龙化石遗址强烈地表现出了侏罗纪时期物种和地质的演变，并且具有优美的自然环境，独特的民族风情以及宜人的气候，旅游观赏与科普科考价值并存。

（1）旅游观光价值。旅游观光价值是指旅游资源所能提供给旅游者美感的种类及强度。禄丰恐龙谷是中国恐龙之乡，以恐龙化石为主的古生物化石丰富多样，经过人工开发后其旅游形象和旅游体验更为生动多彩。另外，由于地处西南，既有优美的风光，又有良好的植被覆盖（见图 3 - 13）。禄丰隶属楚雄彝族自治州，拥有独具特色的彝族文化资源。云南气候宜人，禄丰恐龙谷处于非城区，相比城区空气更为清新，有四季宜人，适合养生休憩这一特点。后门建筑呈巨型恐龙形象（见图 3 - 14），造型独特。这些旅游资源的特点含有自然景观美学价值中的很多美学要素，在旅游活动中能给旅游者带来充分的景观美感体验和心灵震撼，颇具观光价值。

图 3 - 13　景区一角

图 3－14　景区后门景观

（2）科学考察价值。科学考察价值是指对于地学研究有利的景观。禄丰恐龙谷的开发，对于世界各地的科学工作者来说无疑是个好消息，因为这里古生物化石种类十分丰富，数量空前庞大，且保存完整，拥有较高的科学考察价值，是理想的地球生物演变科考地之一。

（二）恐龙谷旅游资源开发现状

1938 年，杨钟健先生在禄丰发掘出"许氏禄丰龙"（见图 3－15 和图 3－16），并在重庆装架展示。1958 年，第一枚"禄丰龙纪念邮票"（见图3－17）由国家邮政部发行。1961 年，在禄丰县境内发现"恐龙化石"和"腊玛古猿化石"，禄丰被国务院、云南省列为古脊椎动物化石保护区。自 1991 年起，一年一度举办的禄丰恐龙文化节这种形式从逐渐丰富的节庆领域越发走向成熟，在省内的影响力也越来越大。1995 年，发现禄丰川街阿纳恐龙山化石点。2004 年，禄丰被纳入第三批国家地质公园之列。2007 年，阿纳恐龙谷项目启动，2008 年竣工开始运营。

阿纳恐龙谷遗址馆是一片恐龙大坟场，馆内完整地保留着一条 1.6 亿年前中侏罗纪晚期的地质剖面（见图 3－18），20 具蛇颈龟化石和恐龙化石展示在已发掘的呈 25 度角倾斜，面积约 380 平方米的剖面上，一百多具恐龙和其他生物化石覆盖在待挖掘的坡面下，宏伟而诡秘。遗址馆还展示了 60 多具恐龙化石标本

（图 3 - 19），气势宏伟，极为壮观，堪称世界第一。

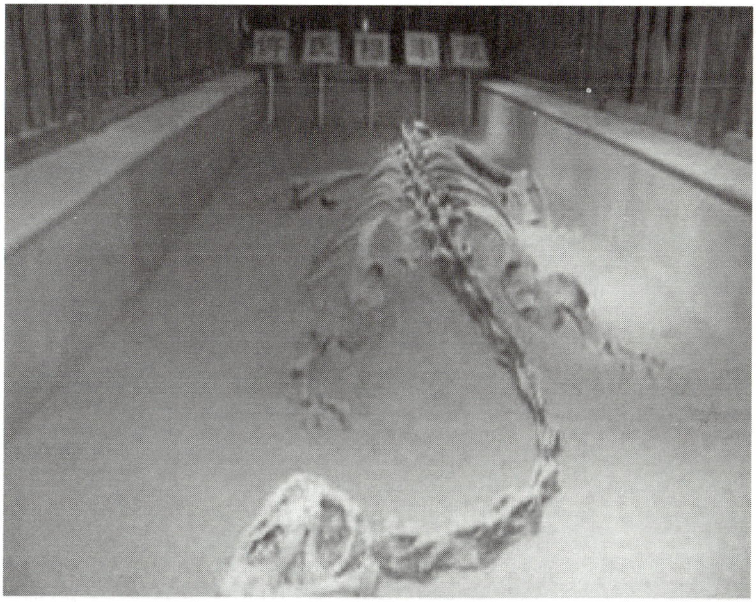

图 3 - 15　许氏禄丰龙

图 3 - 16　某校学生参观恐龙遗址

图 3-17　禄丰龙纪念邮票

三、旅游资源开发 SWOT 分析

（一）优势分析

1. 经济与政策优势

（1）在经济方面，禄丰县是在楚雄州内经济收入只比楚雄市低的较发达地区，一、二、三产业的产值比例为 26.4∶33.1∶40.5，具有发展旅游业的良好经济基础。2001 年全县实现国内生产总值 24.7 亿元。主题公园是一种投资大、风险高的旅游项目，禄丰良好的经济基础使其具有良好的投资环境，不管是开发建设一些新项目，还是吸引外来投资，都具备改善基础设施和旅游接待设施的资金保障。

（2）在政策方面，自 1995 年起，云南省便开始加大旅游业培养力度，确定了将旅游业作为全省支柱产业的战略目标。1999 年，旅游业被纳入楚雄州大力发展的五大重要产业之列，预计目标将在十年之内把旅游业培养成整个州的主要产业。在这样的背景之下，借助从 1991 年就开始举办并且逐步转变成传统的恐

图 3－18　地质剖面

图 3－19　部分恐龙化石展示架

龙文化节，加大“恐龙之乡”的旅游形象宣传力度，“侏罗纪恐龙遗址公园”被视为今后旅游发展的领头项目，是寻求规划管理、招商引资等方面的高投入和高开端。

2. 交通区位优势

禄丰县是去往云南西部、西北部地区一定要经过的地方，总面积 3536 平方千米，纬度位置约为北纬 24 度，在楚雄彝族自治州的东部。阿纳恐龙谷距省会昆明仅 85 千米，铁路、高速公路四通八达，而且从全国各地到达昆明的高铁即将开通，为恐龙谷的发展提供了良好的交通优势。恐龙谷正门距高速路只有一百米，遗址公园的外观形象形成高速路边独特的景观和最好的视觉广告（见图 3 –20）。

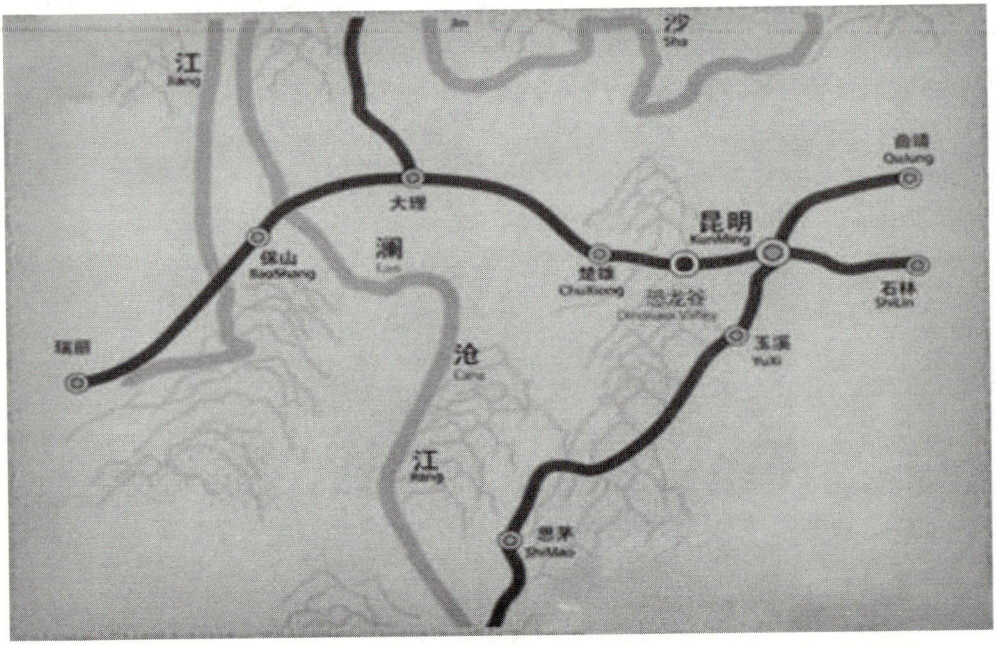

图 3 –20　交通区位示意

禄丰县地处滇中和滇西北旅游区的相交处，属滇中旅游区，影响其发展的主要是昆明市和楚雄市的带动作用。一百多千米之外的禄丰得到省会昆明市经济政治中心城市地位以及良好交通优势的影响发展迅速。禄丰具有吸收中心城市旅游消费群体的地理优势，因为其邻近于昆明、楚雄、大理、玉溪等城市，并且这些城市的著名旅游景区也可以为其带来大量客源。

3. 资源优势

在探访了世界全部著名恐龙化石点后，著名的恐龙研究专家董枝明教授认为禄丰恐龙化石探秘地的规模可谓前所未有。尤其在旅游观赏、科普、科考方面与其他资源相比，具有互补性和不可替代性，是不可再生的垄断性资源。禄丰阿纳恐龙谷具有七大世界之最：①有世界最多的恐龙化石种类；②有迄今为止世界上最古老、最原始的脊椎动物蜥龙化石群；③有世界最大的恐龙发掘坑；④有世界最集中的恐龙化石埋藏；⑤有世界最大的恐龙化石完整性；⑥有世界最大的恐龙化石保留数量；⑦有世界最长的恐龙生存跨越年代。

除了上述优势的恐龙化石资源之外，其他伴生资源也十分丰富，古村古寨、彝族风情、恐龙文化节、其他古脊椎化石等形成的资源聚集综合优势。高知名度奠定了其世界范围的市场基础，如果能将资源优势转化为与之相适应的世界级的、较强市场美誉度的旅游产品，就可形成巨大的客源市场。

（二）劣势分析

1. 缺乏相对充足的客源市场

首先禄丰世界恐龙谷属于门票高、消费高的主题公园，其主要游客多为收入水平较高的城市人口。昆明市为景区重要的客源地，其总人口有近500万，但市区人口大约仅有60万。这就造成了该公园客源供给水平低的现状。其次，无论从客源供给还是旅游消费来说都存在相当大的差距，因为云南属于西部地区经济较不发达的省份之一，人均收入水平低，与禄丰邻近的楚雄、曲靖、玉溪等城市居民的旅游消费能力也较低。加之，虽然昆明依靠1999年的世博园项目使旅游接待人数有了一定的提升，但是昆明的流动人口相对沿海开放地区要少得多，而且缺乏经商、考察等对主题公园需求较高的游客。

2. 主题公园建设的风险性

主题公园的产品生命周期大多较短，想要提高旅游吸引力和重游率就必须不断的开发新的旅游产品，所以主题公园固定投入成本很高，是一项风险非常大的投资。如前几年曾经风光一时的云南民族村和世博园，由于在客源开拓和产品更新方面明显落后，现在正面临主题公园生命周期的衰落期，门票收入已不足以偿还巨大的建设投入资金。禄丰恐龙谷的旅游发展需要有科学可靠、充足翔实的理论和调查作为基础，因为它同样也存在类似的隐患。

3. 相关配套设施有待完善

由于当地经济落后，基础设施和旅游服务设施条件也受到限制，软硬件的配备都比较落后（见图3－21）。恐龙遗址公园开发运作的成功，除了带来更多昆明地区的游客之外，必定会引入大量的国内外游客，遗址公园周边地域和可作为接待地的禄丰县城，亟须积极配套和完善旅游接待设施。

图 3－21　位于景区正门右侧的休息区

（三）机会分析

1. 国家西部大开发战略的实施

当前，云南基础设施建设的脚步会越来越快，因为中央确立西部大开发战略的实施，将极大的改变长久以来阻碍旅游业发展的"瓶颈"因素。另外，与国外和沿海发达地区日益密切的联系，将为云南吸引更多的游客，让更多人走进恐龙谷。更重要的是，这将使云南在资金、技术、人才等方面获得越来越多的支持。

2. 西部旅游热的兴起

西部旅游热的兴起，特别是香格里拉生态旅游区逐渐成为国内外旅游者争相前往的旅游目的地，将为处在云南西部黄金旅游线上的禄丰恐龙谷带来丰富的客源市场。与昆楚高速路仅百米距离的交通区位，更易于禄丰恐龙谷景区快速融入滇中旅游圈。

3. 云南省对旅游业发展的重视

云南省已开始加强健康社会经济、民族文化大省的发展战略，调整经济结构和产业结构，并明确提出加快第三产业的发展、将旅游业作为新的经济增长点，这毫无疑问是恐龙谷旅游发展的良好机遇，也就是说，恐龙谷的建设发展会得到更多有效的政策和大量资金的支持。

（四）威胁分析

1. 恐龙资源的普及性高，主题公园竞争激烈

由于恐龙曾经统治地球达几千万年，它们的足迹基本遍布了当时的整个陆地。经过漫长的地壳运动和生物演化，为数众多的恐龙成为沉睡在地下的化石。国内外很多地方都发现了恐龙生活的痕迹。如今，国内外许多恐龙化石资源或主题公园开发正在蓬勃发展，竞争将越发激烈。另外，恐龙化石越来越常见，人们对它的了解越来越多，探知欲望也就越来越低。禄丰恐龙谷只有不断创新，开发新的旅游产品，避免旅游产品的单一性，导致旅游者旅游体验的乏味，才能最大限度地发挥恐龙化石资源文化的魅力。

2. 省内热点旅游景区景点之间客源的竞争

云南省作为旅游大省，昆明、大理、丽江、西双版纳等地层次多样、内容丰富的精品旅游景区景点举不胜举，这些都是特色鲜明的、具有垄断性的旅游吸引物，构成外来游客在云南主要旅游线路的重要节点。禄丰恐龙遗址公园要从这些实力强劲的“对手”手中争取客源，需要树立独特的旅游形象，不搞重复雷同的产品建设，力争融入省级精品旅游线路的序列之中，从区域旅游互补的角度寻求自身的发展模式。

3. 缺乏高素质旅游业人才和科学的管理

禄丰世界恐龙谷遗址所在地阿纳村属于农村地区，恐龙谷的开发征用了阿纳村村民的土地，为了生存，村民大多进入恐龙谷工作，同时也由于恐龙谷能支付的工资待遇低，聘请不到太多高素质的旅游业人才。如今，恐龙谷景区的工作人员基本上是来自阿纳村或者周围村的村民，这些村民的特点是普遍学历低，甚至没有文化，没有服务经验，没有接受过专业的培训，综合素质低。如果长期聘用这些人员，服务水平及管理得不到提升，将在很大程度上阻碍景区的发展。

四、禄丰世界恐龙谷旅游发展对策

（一）增强区域旅游合作

景区开发时间较短，需要加强与省内其他著名景区间的区域合作，努力扩大知名度，积极拓展客源市场。目前，虽然景区已与一些著名景区达成合作协议形成精品旅游路线，但客源市场拓展还有待加强，应积极与一些著名的旅行社签署合作协议，运用其他著名景区的知名度把游客引到恐龙谷景区来。云南省旅游资源多以自然风光为主，恐龙遗址公园是一种全新的资源类型，可以与现有的优势旅游资源形成同一线路上的资源互补，增加旅游线路的可游性。加强区域间旅游合作，可为恐龙谷带来大量的国内外客源，使景区客源市场进一步向境外拓展。

（二）提高景区规划和开发的科学性

为了降低主题公园开发风险，经营者必须对景区进行科学的规划和开发。目

前，景区正在不断规划发展中，其中的新建、改建、扩建旅游建设项目，应当符合其旅游发展规划。开发旅游资源和建设旅游设施，要依法进行环境影响评价，注意生态环境保护，科学规划新建项目，使之与周围景观形成最大程度的协调。

（三）加大基础设施投资

大力发展旅游硬件设施是旅游业长远发展的基础。据统计，恐龙谷所在地阿纳村目前为止仅有 6 家宾馆，11 家餐馆，景区内有三个餐厅，档次不高，服务水平有待提升。春节期间，阿纳村民会在景区门口摆摊设点卖各种水果、食物，但这些摊点的卫生和服务质量都有待改进提升。由于该景区有交通区位的优势，离昆明、楚雄都不算远，离县城禄丰仅 24 千米，游客游览完景区的正常时间也就4 ~5 个小时，在当地过夜的游客较少，住宿需求不大，因此，目前为止宾馆数量基本能供应游客住宿需求。而餐饮需求相对较大，需要适当增建餐饮服务点，原有的和未来增建的餐饮和住宿点都需要加强卫生和服务水平管理。若未来景区扩大建设，餐饮和住宿设施都需要增建。

根据实际情况，节假日期间客流量较大，应在原有基础上增加旅游专线载客量，使前来旅游的游客聚得拢、散得开。加强绿化，使景区生态系统更加平衡，完善安全管理、医疗救护和安全检查系统，如检票口后吊桥（见图 3 －22）和河岸（见图3 －23）的护栏等需要从各个角落进行安全检查，增聘安保人员，保证游客安全。

图 3 －22　吊桥

图 3－23　河岸景观

（四）开发新的旅游产品

禄丰世界恐龙谷旅游资源以地质资源为主，而且开发深度不够，可供参观的景点有限，旅游产品单一，游客在景区的逗留时间较短，旅游接待人数也比较少，且季节性十分明显，客流量集中在节假日尤其是春节期间。针对这种情况，建议开发特色旅游接待区，本功能区宜与游客活动娱乐区相邻，并和以安静、庄重为主要基调的遗址区保持一定的距离。建筑形式要吸收本地民族特色建筑的造型，符合餐饮、购物、住宿的多功能要求。要严格控制建筑高度，作为整个主题公园的配角，以一层和二层的建筑为主，不能遮挡主要景区和周边环境的视线。具体如下：

1. 开发度假村及景观房产

为满足高收入游客的需求，在主题公园的附近开发恐龙度假村，与当地的家庭旅馆互补，形成能满足不同消费层次游客需求的住宿接待设施体系。度假村的建筑以民族建筑风格为主，在外观上尽可能选择与周围自然环境相协调的建筑材料和形式，内部生活设施要符合星级酒店的卫生和服务标准。度假村尽可能布局在安静舒适的环境中，长期居住在城区的游客能满足对于其休息放松的需求。今后可以利用当地的交通区位优势和主题公园的影响力以及安静舒适的环境逐渐引入房地产业，尝试开发少量的景观房向各地的高收入阶层人口出售。

2. 开辟餐饮购物一条街

餐饮是扩大主题公园经济效益最直接的方法，游客在大型的主题公园内一般会逗留 6～7 个小时，大量的用餐需求也随之产生，从主题公园中独立一片区域来开辟一条餐饮购物街，把餐饮商业建筑汇集在一起，形成整体优势。特色旅游商品是提升景区形象、增加效益的一个重要来源。在园区中旅游商店与餐饮集中规划在一条街里，可以方便游客的需要，并且开发的商品和商业街景观都要独具特色，而不是市面上随处可见的商品和大众化的建筑。

3. 创新旅游节庆活动

节庆活动是提升禄丰旅游知名度和产业综合效益性的重要途径。一个成功的旅游节庆活动不仅需要新奇独特的创意策划，还需要很好的宣传促销。它要求不仅需要很好的活动与接待组织，还需要考虑其市场规模与接待能力以及产生的综合效果。从禄丰的实际情况分析，应该在原有恐龙文化节以及当地彝族民族文化的基础上深度挖掘其文化特点，进行创新发展，将这些文化展示出来，推向中国，推向世界。形成以文化旅游为坚强后盾的旅游观光胜地，全面提高禄丰恐龙谷的旅游综合竞争力。

（五）拓展促销方式，提高景区知名度

一个产品要推向市场，促销很重要，昆明、大理、丽江等旅游目的地已开发多年，名声传遍国内外，而恐龙谷的开发时间较短，原有的促销方式影响范围不够大。要使旅游者在云南众多旅游目的地中选择恐龙谷，就要提高知名度，必须加大拓展促销方式的力度，让更多旅游者认识禄丰世界恐龙谷，对禄丰恐龙谷景区有认同感，进而产生旅游动机。既要正面宣传营造氛围，又要密切配合有关部门做好舆论引导工作。

（六）重视旅游人才的培养

旅游业的发展离不开人力资源的支持，目前，恐龙谷旅游业人力资源在数量上基本能满足需求，但综合素质普遍偏低。如果想要提升恐龙谷的旅游竞争力，就必须培养高综合素质人才，增强理论知识的教育和实际应用能力的培训。在前期应积极做好旅游人才的储备和从外界挖掘高素质旅游专业人才的工作，后期则应注重培训工作，针对管理人员进行多种形式的培训。对于导游，可定期进行多方面的考核、培训，除了对他们进行专业知识的培训之外，还要培训心理、医疗、语言等各方面的内容，对其他基层人员要严格要求，从整体上提高工作人员的综合素质。

第六节　生态文明背景下新型城镇化发展探析
——以安顺市为例

符合生态文明的新型城镇化是在遵循人、自然、社会和谐发展的前提下进行的以人为本，资源节约，环境友好，城乡一体，小城镇、新型农村社区协调发展，互促互进的城镇化。发展新型城镇化是国家发展的必经之路，是国家实现全面小康的必然选择。因此只有在生态文明背景下促进新型城镇化发展，同时在新型城镇化发展中也要注重生态文明建设。本节以生态文明为视角对安顺市的地理环境、人文素质等进行研究，探索促进安顺市新型城镇化的可持续发展之路。

一、生态文明在新型城镇化发展中的重要作用

（一）研究意义

新型城镇化是国家为了避免过去城镇化发展带来的环境污染、资源浪费、城乡二元结构等问题而提出的。本节以生态文明为视角对安顺市的生态环境现状进行分析，研究安顺市新型城镇化建设对生态环境的影响，以促进安顺市新型城镇化建设的可持续发展。首先，本节对相关概念进行探讨分析，希望对今后安顺市的城镇发展有一定的帮助；其次，本节探讨了安顺市的环境现状，对安顺市新型城镇化发展进行探索，就安顺市的现状而言，分析其存在的问题，并发掘其优势。找到符合安顺市新型城镇化发展的路径，有效解决日益突出的生态环境问题是本节的关键所在，在此基础上提出有针对性的对策。以上为本节的研究内容，希望能为安顺市新型城镇化建设做出一点贡献。

（二）国内外研究综述

国外的研究概况，包括：霍华德（1898）提出的田园城市理论，并提出工业化背景下城市所提供的生产生活环境与人们所希望的环境存在矛盾，大城市与自然之间的关系相互疏远[276]。莱斯·R. 布朗（1981）在《建立一个可持续发展的社会》中，首次提出了可持续发展问题。联合国环境与发展委员会（1987）发布的《我们共同的未来》报告，对可持续发展做了进一步论述，成为人类建构生态文明的纲领性文件[277]。联合国环境与发展大会（1992）通过的《21 世纪议程》，以及在里约热内卢召开的联合国环境与发展大会，提出的全球可持续发展战略，拉开了建设生态文明的序幕[278]。詹克斯等（1996）合写的《紧凑城市，一种永续的城市形态?》以永续利用为目标分析城市发展，提出未来城市可持续发展之路。国际生态城市会议（2008）指出生态城市是生态健康的城市，我们所生活的城市必须实现人与自然的和谐共处，最终实现可持续发展。

在国内，胡际权（2005）认为，新型城镇化较传统城镇化具有几个方面的“新”特征，具体是城镇布局协调、产业协调、功能协调、规模协调、社会环境协调、区域发展协调等[279]。吴江（2010）认为，新型城镇化的新特点在于是以人为本的、市场主导、城乡统筹、多元协调发展的城镇化[280]。常益飞（2010）认为，新型城镇化从发展观念、制度改革、城乡关系、发展模式等方面不断提升

城镇化建设的质量与内涵[281]。喻新安等（2012）认为，新型城镇化具有强大的动力机制、宽厚的承载平台，坚持多元化的城镇化道路、集约节约经营，追求优良的环境和功能，多元的促进城乡统筹、推崇社会和谐等主要特征[282]。蒋晓岚和程必定（2013）认为，人口城市化率是新型城镇化外在特征的反映，而区域“城市性”才是新型城镇化的内涵与本质特征[283]。沈清基（2013）提出，推进城镇化必须与生态文明建设同步，城镇化是工具和手段，生态文明才是最终目标[284]。廖勇（2014）提出，要建设基于城镇文化内在机理传承的城镇化、基于人文关怀与和谐发展的城镇化和基于文化重塑与创新的城镇化[285]。

（三）相关概念

1. 新型城镇化

新型城镇化是以节约集约、生态宜居、城乡统筹、环境友好、和谐发展为基本特征的城镇化[276]。新型城镇化强调以生态文明为背景，以人、自然、社会协调发展为依据。安顺市新型城镇化建设要保证人民利益，提高乡村居民收入，缩小乡村与城市的差距，最终达到共同富裕的目的。新型城镇化发展关系到农民生活水平的提高，关系到社会的进步，国家的发展。

2. 生态文明

生态文明是人类遵循人、自然、社会和谐发展这一客观规律而取得的物质与精神成果的总和，是以人与自然、人与人、人与社会和谐共生、良性循环、全面发展、持续繁荣为基本宗旨的社会形态[277]。生态文明必须以人的意识为基础，让人类了解到生态对人类发展的重要作用。

（四）理论基础

1. 可持续发展理论

可持续发展理论是既满足当代人的需求，又不对后代人满足其自身需求的能力构成危害的发展[277]。这就要求新型城镇化在满足人类生活需求的同时，避免破坏环境，避免对资源的过度利用，要集约、节约重复利用资源。可持续发展理论对新型城镇化而言要注重以下两点：第一，新型城镇化发展要保证自然资源的可持续利用。安顺市新型城镇化发展要最大限度地保护耕地、林地，最大限度地提高自然物质利用效率，加大先进技术和设备的投入促进自然物质的重复利用。第二，新型城镇化要促进人才的可持续发展。安顺市新型城镇化要持续、有效发展，面临传统企业转型、新型企业建立、污染企业治理等问题，要解决这些问题必须引进人才，培养人才，加大教育的投资力度，培养新型的符合新型城镇化发展需求的技术科研人员。

2. 生态伦理学理论

生态伦理学即环境伦理学，主要从人的道德层面分析人与生态环境和谐共处的问题，它强调三方面的内容：第一，尊重与善待自然，这要求我们尊重自然并顺应自然，自然是人类赖以生存的环境，破坏自然环境就是将人类自己推上灭亡[277]。安顺市新型城镇化发展必须尊重自然的发展规律，按照生态环境的发展规律发展城镇化，在生态环境的承载力范围内发展城镇化。第二，关心个人并关心人类，个人对自然行为影响的并不是个人而是全人类，如生活在河水上游的人做污染水资源的事，受影响的是整个河段中下游的人。安顺市新型城镇化要认识到“青山绿水也是金山银山”的一部分，以破坏环境为代价的新型城镇化得不到长远的发展，环境的破坏早晚有一天也会对人类自己产生不良影响。就像这几年北京的雾霾给人们的生活带来很大的不便。第三，思考现在也思考未来，人类可以繁衍生息，人的进步不能只顾现在的利益，还要考虑人以后的利益[277]。新型城镇化不仅要考虑代内公平也要考虑代际公平，安顺市新型城镇化必须依照安顺市的新型城镇规划执行，但在制定规划时不能只看重短暂的利益，而要用长远的眼光制定规划。从生态文明的角度，规划的制定不能牺牲其他市县的利益，不能不顾子孙后代的福祉，肆意挖掘矿产、破坏环境。

3. 生态经济学理论

安顺市新型城镇化发展要贯彻生态经济学理论，在环境承载力范围内促进经济利益的最大化，具体需要考虑到：第一，生态环境也是生产力，生态环境是自然生产力同时也是社会生产力[286]。如绿色植物可以吸收二氧化碳放出人类生活所需的氧气。生态景观可以供人观赏，也可以带动经济发展。就安顺而言，如黄果树、龙宫等就是这样的生态景观，所以安顺市新型城镇化建设要保护生态环境。第二，保护生态就是赚取利益。好的生态可以提高安顺市在城镇化建设中引入物质和资金的吸引力，从而改进人民的就业率，促进本地区各方面的建设。安顺市是旅游生态城市、历史文化遗址城市，通过保护环境对引进投资具有很大的优势。

4. 马克思主义生态哲学理论

马克思主义生态哲学从人的角度出发，用辩证的眼光观察世界，从哲学的视角对人、社会、自然的问题进行分析，提出将人和社会融于自然，最大限度的发掘人内心对自然的善，并发展和弘扬这种善，最终实现人、社会、自然的内在和谐。主要体现在：

（1）生态自然观。人类不是自然的绝对中心，人既是自然之子，又是自然之友，人和自然有着共同的命运[286]。安顺市城镇化发展要尊重自然规律，考虑生态环境因素。

（2）生态价值观。马克思主义价值论认为，价值的本质是现实的人同满足其某种需要的客观事物的属性之间的关系[286]。由此可以推断出自然不仅有生态价值也有经济价值。新型城镇化不仅要利用其生态价值也要发掘其经济价值，利用其价值来满足人类生活的需要，如通过土地来建设房屋，种植蔬菜等；通过矿产、太阳能等来发电；通过绿色植物来获取新鲜空气等。

（3）生态社会观。用生态学视角观察社会上的资源枯竭、人口膨胀、环境恶化等问题以及由此引起的生态环境灾难、政治不稳定等问题，对这些问题进行反思，创建一个社会、经济、生态环境共同发展的循环型生态社会。安顺市新型城镇化建设也要关注上述问题，通过对国内外相关事件的反思，寻找适合安顺市新型城镇化建设的循环发展之路。

二、安顺市新型城镇化发展概况

安顺市位于贵州东部，与贵阳、六盘水、兴义、都匀、毕节相邻，地处北盘江流域和乌江流域地带，属喀斯特地貌集中地区，安顺市严重的石漠化对安顺的城镇化建设造成了很大的影响。安顺市辖区内有两区、一县、三个自治县、两个管理区。安顺市是全国有名的旅游城市，屯堡之乡。市区内有王若飞故居、安顺文庙和武庙等旅游景点、还拥有少数民族传统手艺蜡染等传统的工艺，还有关岭的古生物化石群、众所周知的亚洲第一大瀑布黄果树瀑布，还有世界上太阳辐射最低的龙宫等。它们都对安顺的新型城镇化发展既有促进作用，又有一定的限制作用。一方面，它们促进了安顺市的经济发展；另一方面，历史文化古迹在城镇规划中是必须保留的东西，这就限制了安顺新型城镇化的发展。2011 年，当时的贵州省省长以及省委书记提出贵安新区的概念，随后关于贵安新区的一系列文件下发，贵安新区成为第八个国家级新区，贵安新区的建立给安顺的经济发展带来了一定的帮助。2015 年安顺市获批复成为贵州省第一个国家新型城镇化试点区域，为安顺市的发展指明了道路。这是机遇也是挑战，安顺市新型城镇化发展将会为贵州省其他城市的新型城镇化建设指明道路。

三、安顺市新型城镇化发展中的生态问题

（一）土地资源的保护堪忧

安顺市新型城镇化发展离不开土地，保护土地资源是新型城镇化中必须面临的问题，安顺市土地资源的好坏是由其土地的自然属性和社会属性决定的。安顺市土地数量有限，石漠化严重，人民文化素质不高，土地资源利用存在不合理现象，违法用地情况也有待控制。要改善耕地质量，必须严禁建设用地占用基本农田，一定程度上控制建设用地占用优质耕地，对占用的耕地要进行补充，对造成土地污染的坚决施行谁污染谁治理的原则。具体问题如下：

（1）土地数量有限。据统计，2012 年安顺市全市范围内拥有园地 7150. 21

公顷，林地314182.56公顷，草地104672.30公顷，城镇村、工矿用地27463.74公顷，耕地296031.17公顷，交通用地9416.50公顷，水域水利用地13686.20公顷，其他用地150221.62公顷，总面积922824.30公顷。

（2）土地石漠化严重，难以利用。安顺市中度石漠化面积占全市国土面积的10.30%，强度石漠化面积占全市国土面积的6.49%，极度石漠化面积占全市国土面积的1.84%[287]。另外，由于农民文化水平低，为了增加粮食产量，过量使用农药和化肥造成了部分土壤的污染。

（3）存在违法用地情况。2015年安顺市违法用地、违法建设出现了不同程度的加重，截止到8月底，全市新增违法用地647宗，面积4853.51亩，2015年8月26～28日，市两违办对各县区"两违"工作进行抽查，从抽查情况来看，首先是西秀区最为严重，违法用地327宗，面积1507.55亩；其次依次为普定县，违法用地131宗，面积578.46亩；镇宁县违法用地151宗，面积171.34亩；关岭县违法用地17宗，面积946.95亩和开发区违法用地103宗，面积1214.15亩。

（二）水污染问题突出

环境污染指自然的或人为的破坏，向环境中添加某种物质而超过环境的自净能力而产生危害的行为。总的来说，安顺市生态环境良好，但也有部分不足。存在水污染情况，虽然主要河流北盘江、三岔河水质达到规定标准，饮用水源水质符合标准，但虹山湖、贯城河水质受城市生活污水的影响严重。2014年虹山湖水质有所好转，由2013年的劣Ⅴ类重度污染转变为Ⅳ类轻度污染，贯城河城区段水质污染严重，仍为劣Ⅴ类。

（三）自然灾害防护基础设施不完善

安顺市新型城镇建设要缩小城市与乡村的差距，增加居民收入，需要增加资金、物质投入，引进技术和教育，改善乡村基础设施条件，预防自然灾害的发生。2014年安顺市遭遇了10余次自然灾害，109.47万人（次）受灾，因灾死亡1人，农作物受灾面积58.63千公顷，成灾35.11千公顷，绝收9.57千公顷，倒塌房屋1705间，严重损坏房屋1286间，轻度损坏房屋3382间。由此可以看出，安顺市农村自然灾害防护基础设施建设仍不完善。

（四）生态意识薄弱

人民生态意识薄弱是安顺市新型城镇化发展的主要问题，由于城镇化建设的发展，一些人口由农转非，除了务农之外，其他的技能并不掌握。一方面，在新型城镇化过程中一部分农民的土地被征收，虽然有征地补偿款，俗话说"坐吃山空"，但总有用完的一天。另一方面，由于文化程度低，对城市的生活难于融入，找不到工作或只能做一些体力活，工资低，将来随着科技的发展，很容易被科技替代。因此，很难在城市中长期生存下去。人民生态保护、法律意识薄弱。由于安顺市进行新型城镇化建设，要将一些近城区的土地、房屋进行统一规划管理。因此，会对被征用土地和房屋的居民一些补偿，有的居民为了多得到一些补偿款，会做出一些在耕地上种树、建房等改变耕地用途、破坏耕地质量的违法行为。

四、生态文明指导下安顺市新型城镇化发展对策

安顺市新型城镇化的发展离不开一个好而长远的规划，在进行规划的制定、实施和监督等阶段都要以生态文明作为基本理念，不脱离国家新型城镇规划的目标。

（一）发展集约、节约型城镇，保护耕地

安顺市新型城镇化要走集约、节约化道路，要发挥政府的宏观调控作用，优化城镇布局，提高土地质量，盘活土地存量，促进城乡一体化建设，防止城市的无限扩张。首先，土地数量的有限性制约着安顺市新型城镇化发展，要求城镇建设要节约、集约利用土地。避免像美国过去一样的摊大饼模式，美国在1700～1990年城镇化率由7%变为75.2%，由于政府任其自由发展，城镇化发展过度郊区化，造成土地资源的过度浪费，使得交通成本、环境保护成本和治理成本增加。安顺市城镇化应避免增加不必要的基础设施建设以及环境保护的成本。其次，对于石漠化地区，寻求石漠化治理的可持续发展之道。可以向石漠化治理取得成果的地区取经，通过引进资源既发展经济，又治理环境，还可以进一步了解石漠化的形成原因，防止石漠化土地的再次形成。安顺市关岭县板贵乡的石漠化治理就是一个很成功的案例。利用滴灌的技术对植物进行灌溉，种植一些耐旱植物如火龙果、花椒等，既能防止水土流失引起石漠化加剧，又能促进本村经济的发展。最后，对于违章用地的情况，要建立健全相关的规章管理制度。相关部门要加大监督管理力度，对违法用地情况及时处理，做到“执法必严，违法必究”。加大打击违法用地的宣传力度，增强人民的合理用地意识。

（二）转变经济发展模式，走环境友好型发展道路

安顺市新型城镇化建设要走绿色发展之路，必须优化产业结构，在生态环境的承载力阈值范围内，充分利用内部的生态环境资源，寻求经济效益的最大化。首先，淘汰污染严重的重工业，发展以服务业为主的污染小的产业。安顺市城镇化发展应充分利用安顺的旅游生态和文化遗产资源，通过旅游所带来人口聚集发展服务业，在一定程度上促进经济的增长。其次，加大投资力度，引进先进科技和技术人才，优化产业结构，发展具有高科技的生态新兴产业。对安顺市城区贯城河和虹山湖进行治理，在污水处理厂引进先进技术和优秀的技术人才对生活污

水进行处理再排放。对于工业废气、废渣也要进行处理再排放。适当增加城市绿色空间，对于规划未用到的闲置土地都可以作为城市的绿色空间，从而提高城市的自净能力。另外，通过宣传和培训等手段增强农民的生态意识，普及农药、化肥的正确使用方法，在保证粮食收成的同时防止土壤污染。最后，政府要制定一定的规章制度和奖惩制度，按照谁污染、谁治理的原则对污染处理未达标的企业进行整改并做出相应的惩罚，对促进生态文明发展的企业给予适当的奖励。

（三）加强自然灾害防护基础设施建设

安顺市受到的自然灾害主要是洪涝和干旱。为了避免自然灾害造成农民收入减少，需要建设城市河道和灌溉系统来疏通水流，应对洪涝和干旱气候。除此之外，政府应采取相应措施宣传自然灾害的防治办法，对于受灾区域的人民给予相应的补贴。自然灾害对农民的经济收入造成很大的损失，新型城镇化建设要破除城乡二元结构，缩小城乡贫富差距，必须减少农民损失，提高农民收入。从长远来看，安顺市应加强乡镇基础设施建设，使农民生活质量逐渐改善，缩小乡镇与城市的差距。

（四）加强生态文明普及工作，增强人民生态文明意识

加强生态文明普及工作，增强人民生态文明意识，人民爱护环境的意识影响着安顺城镇化发展的文明程度。首先，要加大对资金的投入，培养优秀教师，增强教师的生态文明意识。其次，将生态文明作为地方课程纳入九年义务教育中，从小培养孩子的生态文明意识。最后，将生态文明理念融入社会，形成良好的生态文明意识氛围。

（五）开展可持续发展城镇建设

可持续发展城镇建设是以人为本的城镇化，同时要遵循人、自然和社会的和谐发展。首先，以人为本要解决人的问题，也就是失地农民的生存问题。其次，对于失地农民的生存问题，除了征地补偿之外，还应该对失地农民进行技术的培训，只有让农民拥有一技之长，才能更有助于农民在城市中生存下去。最后，进行新型城镇化建设需要以人的视角去观察自然、观察社会，顺应自然和社会的发展来进行城镇化建设，最终达到可持续发展的目的。

综上所述，虽然安顺市政府加大了城镇化建设的投入力度，但新型城镇化发展还面临很多的问题，如人民的生态意识、水污染、资源浪费、城镇化发展的法治政策等都还需要进一步完善。本节通过对安顺市实际情况的分析，提出增强人民的生态意识、加强环境基础设施建设、制定严格的法治体系等对策，探寻适合安顺市新型城镇化的可持续发展之路。

第四章　房地产业发展实证案例

党的十八届三中全会提出，推进新型城镇化是新时代条件下全面建成小康社会，加快社会主义现代化建设的重大战略。在新型城镇化的大背景下，近几年来，农村危房改造工作越来越受到国家的重视，我国是一个农业大国，只有解决好农民的问题，才能真正使国家走上富强稳定的道路。搞好农村危房改造工作的意义十分重大，不仅可以改善农民的居住与生活条件，而且更重要的是通过危房改造工作可以加快城镇化的速度，使城乡差距进一步缩小，达到共同富裕的目标。新型城镇化作为当前的热点问题，而提到城镇化，就永远离不开“房地产”这个话题。房地产业有着国家经济支柱产业的重要地位，大大的影响着国民经济的发展，上下关联逾60个行业，新型城镇化要想取得成功，房地产业的稳健发展就是必需的，然而房价高涨、泡沫严重、空置率高、供需失衡等问题严峻，严重影响我国社会的长治久安，阻碍城镇化的进程。过去房地产业暴利的畸形发展是不可持续的，“黄金十年”已成为历史一去不复返。在以“人”为核心的城镇化背景下，房地产业要寻求健康稳健的可持续发展，只有顺应社会发展新趋势——在以人为本的新型城镇化背景下，寻找创新转型之路。为了更好地推进新型城镇化的发展，为了房地产业的可持续发展，房地产市场需要正确面对新型城镇化的挑战，寻找自身发展的新机遇已迫在眉睫。

第一节　新型城镇化背景下农村危房改造情况调研分析

——以盘县断江镇为例

党的十八届三中全会提出，推进新型城镇化是在新时代条件下全面建成小康社会，加快社会主义现代化建设的重大战略。由此可见，城镇化建设一直被政府所关注。但在城市基础设施建设的过程中，出现了很多问题，严重影响了城镇化建设的进程。农村地区危房改造工作是一项重大的民心工程，是改善民生的大好事。如果不重视危改过程中存在的问题，其效果就可能会被大打折扣。

农村危房改造工作对城镇化的进程有着很强的促进作用，危房改造改善了农民的生存环境，提高了居民的生活水平。城镇化进程的推进对农村危房改造有拉动作用，农村危房改造又对城镇化有反作用，农村危房改造推动着城镇化的速度进一步提升。本节从国内外危房改造的相关研究入手，分析了当前我国农村传统居民危房改造过程中存在的问题，并尝试给出一些对策和建议。

一、新型城镇化建设与危房改造

（一）研究意义

我国现代城镇化相比西方国家起步较晚，由于清朝政府闭关锁国政策的影响，我国的发展与西方差距越来越大。中华人民共和国成立以后由于各方面因素的影响，我国的城镇化发展也十分缓慢，我国城镇化真正起步于改革开放以后，大批的城市对外开放，经济迅速发展，我国的城镇化水平快速提升。新型城镇化提出的背景是我国城镇化发展不合理甚至传统的城镇化已经对社会发展起到了阻碍作用，新型城镇的理念适应我国当前城镇化发展的需求，已经成为建设中国特色社会主义社会的重要途径[288]。传统城镇化的发展片面扩大城市规模和城市空间，从而导致城市的发展水平不高、竞争力不强。新型城镇化与农村危房改造属于整体与部分的关系，既要搞好整体，也要重视部分的发展，特别是关键的部分。新型城镇化为农村危房改造提供了一个良好的环境，农村危房改造的推进也对新型城镇化有着很大的促进作用，可以加快新型城镇化的速度。新型城镇化不仅注重城市人口的增加和城市规模的扩大，而且更注重城市发展的协调性、可持续性，在以人为本的前提下，把新型工业化作为城市发展的动力，坚持统筹兼顾，推动城市现代化、集群化、生态化、农村现代化，全面提升城镇化的质量和水平，是一条资源节约、环境友好、经济高效、文化繁荣、城乡统筹、社会和谐、个性鲜明，大中小城市和小城镇协调发展的城镇化道路[289]。

就目前而言，我国农村的房屋建筑质量普遍偏低。由于盘县断江镇各方面条件的限制，经济发展相对落后，因此，有些村近几年才修通水泥路。断江镇农村大部分房屋建设年代都在20世纪六七十年代，有些甚至是用泥土堆建或者直接用石头垒起来的，没有使用一点混凝土，居住条件非常差，遇到暴雨天气经常发生漏雨现象，有时候还会导致房屋倒塌。房屋稳定性极差，墙体开裂严重，木结构支架老化变形严重，这些种种隐患都对广大农民的生命财产安全构成重大威胁。在2009年的危房改造中，所有的房屋危险等级全部是D级的，由此可见，农村危房改造已经迫在眉睫了。2008 年中国南方凝冻灾害导致许多农村住房受损，特别是偏远农村地区，由于房屋建造年代久远，加上凝冻灾害的袭击，许多农村住房已变成危房，对人民群众的生命财产安全构成重大威胁。中央政府情为民所系，对农村地区的危房改造工作十分重视，从 2008 年 5 月开始，中央开始着手解决农村危房改造工作。农村危房改造是由国家引导实施的一项重大惠民工程，本节通过对农村危房改造的分析，在现状分析的基础上找到农村危房改造中的问题，探寻问题的解决方案，提出关于危房改造的对策与建议，从而提高危房改造资金的使用效率。

（二）研究方案

本节主要对农村危房改造过程中的影响因素进行研究，并对比危房改造前后的变化，根据分析结果提出相应的建议，具有一定的现实意义。通过对农村危房改造的研究分析，可以发现危房改造过程中最突出、最急需解决的影响因素，使危房改造的效果达到最优化，在资金有限的前提下让农民在危房改造中获得最大实惠，为农村危房改造项目的实施者、新农村规划的规划者和农村住房的建设者提供资金支持，也可以给其他使用财政补助资金的项目与工程提供参考意见。本节的研究方法包括：

（1）文献研究法。收集各类相关文献以及期刊论文，经过整理与分析，找出对农村危房改造有参考意义的部分。

（2）分析综合法。经过对危房改造各方面因素的研究分析，找到危房改造过程中存在的问题，提出相应的解决措施。

（3）观察法。通过对改造前后的农村危房的实地观察，分析改造前后各方面的问题，找到解决问题的方法。

（三）国内外研究现状

1. 国外研究现状

1931 年的《雅典宪章》就提出了传统建筑修复的总体框架和建议，1964 年的《威尼斯宪章》强调传统建筑修复过程中历史原真性的保护。1958 年 8 月，关于传统建筑修复中旧城改造问题的国际研讨会在荷兰海牙召开。这次研讨会首次提出了“民居改建”的概念，指出根据城市发展需要的民居改建是由“开发”、“修复”和“保护”三个方面构成。20 世纪 50 ~60 年代以后，西方各国民居改建规模迅猛发展，民居改造使城市面貌焕然一新[290]。由于历史条件的制约，在改革开放以前，我国的城镇化发展十分缓慢，落后西方城市化近百年，在这段时间里西方发达国家已经基本完成城市化建设，有些国家甚至已经出现了逆城市化现象[291]。这不仅使得国外城市化的相关理论研究在时间上比我国早许多，研究范围和程度也深许多，而且出现了一些在国际上有较大影响的研究学者和学术观点。

2. 国内研究现状

1931 年，建筑学专家梁思成先生最早开始进行我国传统建筑修复的相关理论和实践研究，在山东曲阜的孔庙修葺计划中，第一次创造性地提出了“修旧如旧”的传统建筑修复理论，其影响一直持续到现在。近些年来，我国学者对于民居改建的学术兴趣主要集中在城市危房改造方面，针对特定城区如北京、丽江、重庆、杭州等城市进行可持续性改造与规划的成果斐然，相关理论研究也比较丰富，包括旧城更新中规划设计问题、房地产开发问题、保护与发展的矛盾问题、旧城更新与城市发展的空间关系等。国内对城镇化理论的研究较晚，但起点较高。特别是 21 世纪以来，国内城镇化研究呈现出良好的发展态势，大致可分为三个阶段（年代以前、年代及世纪以来）、四大学派（量化实证学派、经济地理学派、生态环境学派和现实问题研究学派）[292]。

（四）相关概念

1. 农村危房改造

农村危房是指依据《农村危险房屋鉴定技术导则（试行）》鉴定属于整栋危房（D 级）或局部危险（C 级）的农房。整栋危险的房屋（D 级）宏观表征为：地基基础出现损害，房屋承重构件破坏严重，结构构件及其连接破坏严重，结构整体牢固性受到威胁，局部结构面临坍塌的危险，D 级危房需要拆除重建才能达到安全居住条件。局部危险的房屋（C 级）宏观表征为：房屋的地基是稳定的，但是房屋结构上出现裂缝，有些墙体的损坏比较严重，C 级危险房屋在经过修缮后还可以居住。但是在实际操作中，由于农村受条件限制难以聘请第三方鉴定机构，危房鉴定标准仅以《农村危险房屋鉴定技术导则（试行）》为指导，依据当地地质情况和房屋情况综合确定，且多是通过村庄内部对比确定。政府对农村危房改造工作十分重视，所以政府资金必须做到利用好每一分钱，把钱用到需要的地方。农村危房改造资金补助的重点对象是五保户、低保户、困难户家庭。补助对象就是参与危房改造工作的农户。农村危房改造补助资金主要来源是中央政府，还有其他资金，还包括地方政府资金、社会捐赠等。补助资金要求专款专用，并直接补助到户，不得出现截留、挤占、挪用或变相使用等现象。农村危房改造的定义主要是结合政府对农村危房改造的指导性文件和以往学者对农村危房改造所下的定义[293]。本节所研究的农村危房改造专指 2008 年在贵州省试点后推向全国，在国家住建部、发改委、财政部的指导下，在各级财政专项补助帮扶下开展的以解决农村困难群众居住问题为目的，对农村危房采取修补或重建等改造措施的系统工程。

2. 新型城镇化建设

坚持走中国特色的新型城镇化道路，推进以人为核心的城镇化，推动大中小城市和小城镇协调发展、产业和城镇融合发展，促进城镇化和新农村建设协调推进。优化城市空间结构和管理格局，增强城市综合承载能力[294]。虽然中国是世界上最早出现城镇的国家之一，但是由于各种因素的影响，我国的城镇化水平远远低于西方发达国家的城镇化水平。从 1978 年改革开放以后，中国的城镇化水平不断提升，特别是近几年发展成果显著。2011 年中国的城镇常住人口首次超过农村人口，这些都是广大人民群众和干部共同努力的结果。然而在城镇化过程中许多农民失去了土地，又没有了工作，虽然表面上成为了城市户口，但是生活条件并没有改善，甚至比以前的生活水平还有所下降。中国新型城镇化的“新”包含几层意义，既有路线与西方国家相比的“新”，也有具体方式的“新”，中国的新型城镇化是在以马克思主义为指导思想的前提下，充分发挥主观能动性，走出来自己的一条“新”的城镇化道路。我国是一个农业大国，解决全国人民的生活问题最主要还得从农村出发，搞好农村危房改造工作的意义十分重大，不仅可以改善农民的居住与生活条件，而且更重要的是通过危房改造工作可以加快城镇化的速度，使全国城乡差距进一步缩小，达到共同富裕的目标。

3. 新型城镇化与农村危房改造

在新型城镇化的大背景下，农村危房改造工作近几年来越来越受到国家的重视，我国是一个农业大国，只有解决好农民的问题，才能真正使国家走上富强稳定的道路。发达国家的城镇化水平基本达到 80%，而中国目前的城镇化水平尚处于一个过渡阶段，这也是最重要的一个阶段，只有做好过渡阶段的各项工作，才能使中国真正走向现代化，赶上发达国家的步伐，因此农村危房改造是一个重要的切入点，搞好了农村危房改造这一关键部位，国家城镇化水平才能得到真正的提高。中国已经进入城镇化的中期阶段，传统的以经济发展为中心目标、以外向型工业化为中心动力、以地方政府为主导、以土地为主要内容、以规模扩张为发展方式、以物质资本大量投入为驱动要素的城镇化模式已不可持续[295]。传统的城镇化已经不能适应现代经济发展的需求，具体表现在人口的不完全城镇化，大量的人口向高级别的城市聚集，中小城市的发展速度很缓慢，特别是小型城镇的分布比较散，这给国家资金造成巨大的压力。必须以改善需求结构、优化产业结构、促进区域协调发展、推进城镇化为重点，着力解决制约经济持续健康发展的重大结构性问题[296]。

新型城镇化与农村危房改造的关系就像哲学上的整体与部分的关系。农村危房改造是部分，且是关键的部分，对整体的发展有着重大的影响。新型城镇化是整体，处于主导地位，统领部分。也就是说，农村危房改造在国家新型城镇化的大背景下，我们要立足整体，统筹全局，做好新型城镇化的各项工作，为农村危房改造创造良好的条件。只有搞好新型城镇化过程中农村危房改造这一关键的部分，才能实现真正的城镇化。

二、盘县断江镇农村危房改造情况分析

在国家政策的支持下，2008 年贵州省盘县断江镇正式开始危房改造工作。（见表 4－1），2009 年改造户数共计 200 户，中央补助资金共计 3138000 元，改造前总建筑面积 10457 平方米，改造后总建筑面积 23798.4 平方米。2010 年改造户数共计 45 户，中央补助资金共计 900000 元，改造前总建筑面积 1071 平方米，改造后总建筑面积 1327.5 平方米。2011 年改造户数共计 49 户，中央补助资金共计 788000 元，改造前总建筑面积 2292 平方米，改造后总建筑面积 5886 平方米。2012 年改造户数共计 201 户，中央补助资金共计 2412000 元，改造前总建筑面积 14446 平方米，改造后总建筑面积 21055 平方米。2013 年改造户数共计 316 户，中央补助资金共计 3792000 元，改造前总建筑面积 22527 平方米，改造后总建筑面积 34290 平方米。

（一）危房改造面积分析

在 2009～2013 年，断江镇共计完成危房改造 811 户，改造前总建筑面积共计 50793 平方米，改造后总建筑面积 86356.9 平方米，增加面积 35563.9 平方米，增加了农户住房面积，改善了居住环境，保障了农户的生命财产安全。在危房改造的同时，有利于农村基础设施的建设，使农村经济得到发展，农民收入提高，彻底告别了以前破烂的土坯房、石头房，农民生活条件得到明显的改善。

表 4－1　2009～2013 年盘县断江镇危房改造户数与改造面积单位：平方米

类别/年份	改造数（户）	中央补助资金（元）	改造前面积	改造后面积	改造后面积增长
2009	200	3138000	10457	23798.4	13341.4
2010	45	900000	1071	1327.5	256.5
2011	49	788000	2292	5886	3594
2012	201	2412000	14446	21055	6609
2013	316	3792000	22527	34290	11763
合计	811	11030000	50793	86356.9	35563.9

资料来源：盘县断江镇危房改造办公室（下同）。

（二）危房改造补助资金分析

2009～2013 年盘县断江镇在危房改造的 811 户中，以困难户为主，所有资金除了中央补助资金之外，其余资金由农户自己筹备（如表 4－2），在 2009 年危

改名单中一般户 72 户，困难户 108 户，低保户 20 户，国家补助金额为一般户每户 14000 元，困难户每户 16000 元，低保户每户 20000 元。2010 年情况比较特殊，全镇改造的 45 户全部是五保户，以每户 20000 元的标准补助，五保户改造的所有权属于各村集体所有，面积都是统一的 29.5 平方米。2011 年全镇共计改造 49 户，其中困难户 45 户，低保户 4 户，困难户的补助标准是每户 16000 元，低保户的补助标准也是每户 16000 元，与 2009 年相比，低保户的补助资金降低了 4000 元。2012 年危房改造数相对于 2010 年和 2011 年增加较多，总数达到 201 户，与 2009 年相当，其中一般户 60 户，困难户 88 户，低保户 53 户，一般户的补助标准为 12000 元每户，比 2009 年每户下降 2000 元，困难户与低保户的补助标准都比之前下降，以每户 12000 元的补助标准补助。到 2013 年，危房改造数量继续增加，共改造 316 户，其中一般户 144 户，困难户 119 户，低保户 53 户，每户补助资金与 2012 年保持一致，一般户、困难户、低保户的补助标准都一样，为每户 12000 元。

表 4－2　2009～2013 年盘县断江镇危房改造资金补助情况　　单位：元

类别 / 年份	一般户	困难户	低保户	五保户
2009	14000	16000	20000	—
2010	—	—	—	20000
2011	—	16000	16000	—
2012	12000	12000	12000	—
2013	12000	12000	12000	—

（三）危房改造农户贫困类型分析

断江镇在 2009～2013 年共计改造农村危房 811 户，（如表 4－3），其中一般户 276 户、困难户 360 户、低保户 130 户、五保户 45 户。以困难户为主要对象，2010 年危改户都是五保户，也正是由于 2010 年对五保户集中的改造，使得2011～2013 年的危房改造对象中不再有五保户，经过五年的危房改造工作，农村危房得到普遍的改善，农户搬进了新的住所，有针对性的帮助了农村困难家庭。

表 4－3　2009～2013 年盘县断江镇危房改造农户贫困类型　　单位：户

类别 / 年份	一般户	困难户	低保户	五保户
2009	72	108	20	0

续表

类别 / 年份	一般户	困难户	低保户	五保户
2010	0	0	0	45
2011	0	45	4	0
2012	60	88	53	0
2013	144	119	53	0
合计	276	360	130	45

（四）危房改造方式分析

在对断江镇的危房改造过程中，如表 4 – 4 所示，在改造方式方面，2009 年与 2011 年主要是采用异地非集中建设为主，原址建设的很少，具体原因是因为 2009 年处于危房改造的前期，大部分房屋是以前的建筑，房屋危险等级全部属于 D 级，原址建设成本较大，在新的地方建设可以节约资金。2010 年由于改造的全部是五保户，大部分都属于无住所的人，基本没有生活来源，政府采用了相对集中的建设方式，这样可以降低运输成本，节约有限的国家资金，以后也方便管理没有生活来源的五保户人士。

表 4 – 4　2009 ~ 2011 年盘县断江镇危房改造方式　　单位：户

类别 / 年份	异地非集中建设	异地相对集中建设	房屋置换	原址重建
2009	100	47	23	200
2010	0	45	0	45
2011	25	13	11	49
合计	125	105	34	294

2012 年与 2013 年的危房改造方式与前三年有所变化（如表 4 – 5），新增加了修缮加固方式，大部分采取了原址重建，2013 年原址重建的比 2012 年增加较多，主要原因是交通条件的改善，建设成本较以前降低，由于前几年危房改造工作的进行，D 级危房已经基本上改造结束，所以后面的危房改造工作相对以前要更加容易。

表 4－5　2012～2013 年盘县断江镇危房改造方式　　单位：户

类别/年份	修缮加固	异地相对集中建设	原址建设
2012	75	45	81
2013	6	43	267
合计	81	88	348

2009 年危房改造的危险等级全部是 D 级（如表 4－6），由于处于改造的前期，需要改造的房屋较多，优先改造危险度高，属于亟须入住的危房。2010 年改造的都是五保户的住所，都是以 D 级为主，还有一部分人属于无住所状态，政府对这些危房集中改造建设，优先解决了困难群众的基本住房问题。在 2010 年对五保户危房进行改造以后，2011 年危改的等级 D 级逐渐减少。2012 年与 2013 年危房改造的等级都是 C 级，由此可以看出，经过前几年的改造，D 级危险的房屋已经基本消除，改造的重点转向 C 级，2013 年改造数量比 2012 年以及前几年都有增加的趋势，可以看到政府对农村的建设越来越重视，经过五年的建设，断江镇已经基本上完成对农村危房的改造，解决了农村住房的基本问题，农户的居住条件得到明显的提升。

表 4－6　2009～2013 年盘县断江镇危房改造危险等级　　单位：户

类别/年份	C 级	D 级	无住房
2009	0	200	0
2010	1	34	10
2011	6	43	0
2012	200	0	0
2013	316	0	0
合计	523	277	10

（五）危房改造给当地带来的影响

农村危房改造是一项重大的惠民工程，经过几年的危房改造工作，当地 D 级危房基本消失，C 级危房也逐渐被新的住房所取代。危房改造工作大大改善了农民的居住条件，人们纷纷搬进新家，以前破烂不堪的住所已经成为历史，农民们的生命财产安全不再受到威胁。危房改造拉动了当地经济的发展，由于在改造过程中对建筑原材料的需求，带动了当地建筑产业的发展，同时也对装饰、灯饰等行业具有推动作用。危房改造使得当地房屋布局相对优化，经过集中建设的房屋可以节约资金并减少土地的占用，缓解了当地用地紧张的局面。

三、农村危房改造中的影响因素

1. 农村危房的具体情况复杂多变

断江镇位于贵州省西部，由于地处云贵高原，地形起伏大，平地少，自然条件恶劣，交通不便。在这些条件共同作用下使得当地农村危房情况复杂多变，布局分散，这些原因都给国家危房改造工作带来了很大困难，村民住所过于分散，不利于危房改造工作的进行，同时增加改造成本。加上当地传统观念的影响，很多人不愿意离开自己的住所在其他地方建房居住，这也给政府的集中改造和搬迁造成了影响。

2. 危房改造缺少规划

由于地理条件的限制，加上很多人的老观念不愿意搬离自己的“老家”，无法进行真正意义上的规划工作。农村住房缺少规划，布局零乱，造成土地浪费，无形中增加了国家资金投入。

3. 资金不足

根据调查发现，农村危房改造资金的主要来源于国家补助和农户自筹，由于我国土地面积辽阔，还有很多地区没有摆脱贫困的帽子，国家支付危房改造资金的压力非常大。特别是西部地区由于自然和历史原因导致很多地区贫穷落后，加上西部地区自然灾害频发，加剧了居民的住房问题，导致更多危房的出现。加上农村危房改造经费需求与当地极度落后的现实状况矛盾突出。以安顺市镇宁县为例，首先，如果要全部完成农村危房改造任务，需要资金共计约 4000 万元。然而 2009 年镇宁县的财政收入仅为 1.3 亿元，其中财政支出达到了 1.25 亿元。要拿出 4000 万元进行农村危房改造，县财政明显难以承受。其次，大部分农村危房改造户经济贫困，危改投入能力有限。因此，农村民居危房改造经费需求与当地极度落后的现实状况矛盾十分突出[297]。

资金不足除了影响危房改造工作进程之外，还会引发一系列的问题，由于危房改造地区大多数经济发展落后，很多农户除了国家补助资金以外无法筹集剩余的资金，导致很多农户住在危房中，却没有能力进行改造工作。另外，尽管通过实施农村民居危房改造，部分群众居住的危房得到了改造或新建，但水、电、路、消防、群众活动场所等附属设施因投入不足而严重滞后，极大地影响了当地村民的生产生活[298]。

4. 有需要改造的危房没有得到及时改造

政府出台的危房改造政策中明确规定：首先改造的是那些亟须改造的用户。

然而在实际的改造过程中却与政策不相符，有些亟须改造的危房却没有得到改造，究其原因主要有以下几个方面：由于国家的补助资金有限，除了危房改造补助的资金之外，不足的部分还需要农民自身筹集剩余资金。但住在危房里的农户大部分都是自身经济困难，没有固定的工作，没有资金来源，不可能再有资金来补足除了危房改造国家补助不足的部分。这些原因就给危房改造工作造成很大的困难，导致危房改造工作不及时。

5. 危改户贫困程度加剧

首先，进行危房改造最需要的就是钱，而钱对于农民来说是一个致命性的问题，本来就很贫穷，加上危房改造对资金的需求，农民们不得不借钱盖房，这样一来，原本就十分贫困的农民，变得更加贫困。其次，危房改造都是有工期限制的，为了赶在验收前完成改造，农户不得不放弃外出打工选择在家进行改造工作，这样既耽误了农活，又耽误了很多人出去打工赚钱的时间，原本收入就十分微薄的农户，为了危房改造工作筹集了很多资金，加上改造过程中耽误了许多时间，这使得危改农户的生活水平在短期内更加困难。

6. 破坏特色传统建筑

断江镇处于云贵两省的交界处，境内有很多少数民族居住，因此，也有许多具有少数民族特色的建筑物，这些建筑物在危房改造过程中遭受或多或少的破坏，有些甚至直接被拆除，这给当地少数民族传统文化财产带来一定损失。具有民族特色的建筑是当地人民的特有财富，在危房改造中遭受破坏，需要进一步修复。但由于农村交通条件不便利，加上住房多以土坯房为主，如果经常维修，这也给改造增加困难，一旦再要求本来就很贫困的农户增加投入，就会给农户带来更大的经济压力。

四、对策建议

1. 宣传危房改造工作，改变农户老观念

偏远农村地区由于历史原因导致该地区农民思想比较落后，特别是对年纪大的人来说，危房改造中需要搬离原址重建的那些危房很难实施下来，他们的老观念导致他们对自己的老家很依赖，不会轻易搬离。所以想要更好的开展危房改造工作必须从根本上解决问题，从思想工作上入手，通过各种宣传活动，提高农民的文化水平，转变他们的老观念，为危房改造工作的顺利进行扫除障碍。加强农村民居危房改造的宣传工作，向当地群众耐心宣传“危改”的重要意义，同时结合不同区域的实际情况制定详细、透明、通俗易懂的改造方案，消除百姓心中的顾虑并促使其思想观念的更新[299]。充分尊重当地农民的传统，在危房改造过程中充分发挥他们的主动性，让他们感受到尊重，有了主人翁意识，这样才能提高农户的积极性，危房改造工作才会得到更多农户们的支持，从而保证危改工作的顺利进行。

2. 统筹规划，合理布局

统一同步开展村庄布点规划和村庄建设土地利用总体规划，明确空间布局，解决好农居点与农保地间的冲突，综合考虑危房改造工程与小城镇建设、新农村建设、扶贫开发等惠民政策，以防出现“村内老房空心化、村外新房无规划”现象[300]。

3. 多方位解决资金问题

可以考虑将福利彩票资金每年拿出一定资金支持困难农民盖房，加大福利彩票资金投入农村危房改造的比例[301]。在开源的同时，要做好节流的工作，简化各部门间的审批手续，提高工作效率，节约资金。还可以给农户统一购买建筑原材料，这样可以压低购买价格，给农户减少经济压力。

4. 注意保护传统民居

农村危房改造工作也要因地制宜，在改造过程中要做到具体问题具体分析，在改造过程中要注意当地的风俗习惯，在房屋布局上做到实用性与现代生活相结合，设计风格上注意体现传统的建筑风格。对于有特色的民族建筑，要做到尽量去保护，能不破坏的就不破坏。具体来说，要把民居改造与村寨长远发展目标相结合，分别制定总体发展规划和民居改造规划。针对不同类型、不同结构的民居，实行“分户设计”[302]，尽量保护当地具有少数民族传统风格的建筑物。

第二节 新型城镇化背景下房地产市场供求的发展趋势分析
——以贵州省为例

当前贵州省商品住房市场存在的问题是住房供需在总量和结构上的失衡问题，研究该地区房地产供需情况希望能为贵州省房地产市场健康、持续、协调发展发挥积极的作用。本节从贵州省的实际状况出发，结合城镇化和房地产市场理论，分析贵州省房地产市场供需状况和发展趋势，以及贵州省房地产市场与城镇化发展的关系，从而对房地产目前的发展形势做出判断，并对房地产业健康发展提出推动城乡住房协同发展、加强保障性住房的后续管理、为新型城镇化提供一定的产业支撑、因地制宜地进行房地产发展等相应的政策建议。

一、新型城镇化中房地产业的发展

（一）研究意义

新型城镇化成为当下的热点话题，提到城镇化就不得不联系到房地产，因为城镇化与房地产业息息相关。房地产业与国民经济的发展息息相关，连接60多个相关产业，具有十分重要的地位。要成功的发展新型城镇化，房地产业的稳健发展就是必需的，然而房地产业中房价高涨、泡沫严重、空置率高、供需失衡等问题严峻，严重影响我国社会的长治久安，阻碍城镇化的进程。过去房地产业暴利的畸形发展是不可持续的，“黄金十年”已成为历史一去不复返。在以“人”为核心的城镇化背景下，房地产业要寻求健康稳健的可持续发展，只有顺应社会发展新趋势——在以人为本的新型城镇化背景下，寻找创新转型之路。不管是对于新型城镇化，还是对于房地产业，这样的机遇对它们的发展而言都是极其重要的。为了更好地推进新型城镇化的发展，为了房地产业的可持续发展，房地产市场应正确面对新型城镇化的挑战，寻找发展的新机遇已急不可待。近年来，随着新型城镇化理念的提出和城镇化的快速推进，新型城镇化与房地产业的关系也备受关注。那么，新型城镇化与房地产业到底有什么关系？而两者之间又是否相互影响？基于以上问题，本节试图对新型城镇化下的房地产市场供求发展趋势做出判断，并为贵州省房地产市场健康、持续、协调发展提出相应的对策建议。

（二）相关概念

1. 房地产市场的内涵

关于房地产，邓小平曾说过商品市场要展现出不错的效果，其市场系统就应该要包含房地产、信息等因素，从此房地产市场正式诞生。房地产市场有狭义和广义两层含义。从狭义上说，房地产市场是指房产和地产的买卖、租赁、抵押、典当等交易活动的场所；从广义上说，房地产市场是整个社会房地产交易关系的总和[303]。党的十三大报告中指出：“社会主义市场体系，不仅包括消费品和生产资料等商品市场，而且应当包括资金、劳务、技术、信息和房地产等生产要素市场[304]”。房地产市场的关键要素包括价格、资金等，是由多个不同的要素形成的完好体系。

2. 新型城镇化的基本理论

新型城镇化是在2012年中央经济工作会议首次正式提出的，当时强调“把生态文明理念和原则全面融入城镇化全过程，走集约、智能、绿色、低碳的新型城镇化道路”，从此新型城镇化才慢慢受到各学术界人士的关注。新型城镇化是在城镇化的基础上拓展而来，虽然目前新型城镇化并没有明确的定义，但一般认为“新型城镇化就是以民生、可持续发展和质量为内涵，以追求平等、幸福、转型、绿色、健康和集约为核心目标，以实现区域统筹与协调为一体、产业升级与低碳转型、生态文明和集约高效、制度改革和体制创新为重点内容的崭新的城镇化过程”[305]。

不断推进工业化与城市化之间的合理互动，推动城镇化与农业现代化之间协调发展是胡锦涛主席在党的十八大上提到的中国新城市道路特点。这是历次政府报告中首次提出“新型城镇化”并将城镇化提到了一定的高度。在这个报告中，对新型城镇化给出了定义，即“坚持以人为本，以新型工业化为动力，以统筹兼顾为原则，推动城市现代化、城市集群化、城市生态化、农村城镇化，全面提升城镇化质量和水平，走科学发展、集约高效、功能完善、环境友好、社会和谐、个性鲜明、城乡一体、大中小城市和小城镇协调发展的城镇化建设路子”[306]。要使人民有更舒服的居住地，就需要以科学发展观为指导，提高新型城镇化的品质与水准，着重考虑以人为本、集约发展、环境友好等模式对新型城镇化进行发展，是对其实行很好的归纳与革新。

3. 新型城镇化对房地产市场的影响

为了新型城镇化的建设能够有个好的前景，小城市、小城镇建设就更加不可或缺了[307]。对其建设而言：首先，大规模的促进城市的基本设施建设；其次，建设基本住房，通过住房产业为主导产业，促进经济发展。除此之外，城镇化对土地矛盾等方面的问题也有一定的积极作用。农民是否有购置城市住房的实力是促使农民融入城市，发展房地产的驱动力之一。中国社科院发布的 2010 年《经济蓝皮书》里提到：我国房价收入比超出合理承受范围，有超过 85% 的城市家庭无能力买房。倘若城镇家庭有超过 85% 无法购置需要的住房，这样农民就更不可能购置了。因此，要加快城镇化的快速发展，让农民能够进城买房的重要前提便是农民有能力去购买自己想要的住房。其实农民在城市扎根，不仅要他们有购置住房的实力，而且要有一个有用的农村土地市场，以促进农村土地制度改革和土地转让，如此就可以为农村土地市场的土地供应增加土地定价，为农民提供金融保障。鉴于此，必须要在两者都满足的状况下，放开中小城市对户口的限制，以实现对新型城镇化的期望，否则该改革的影响就很小了。

（三）研究方案

本节的研究方法包括：①文献研究法。查阅有关房地产市场供求方面的文献、收集相关资料，进行前期分析。②对比分析法。对近几年的房地产数据进行对比而得出结论。③相关性分析法。对新型城镇化与房地产市场进行相关性分析，得出两者的相关性。本节的主要数据有我国城镇化率、贵州省房地产以及全国房地产市场的相关数据。其数据主要来源于《2015 年贵州省房地产发展报告》《2016 年城市发展报告》以及《2016 年城市统计年鉴》等。技术路线如图 4－1 所示。

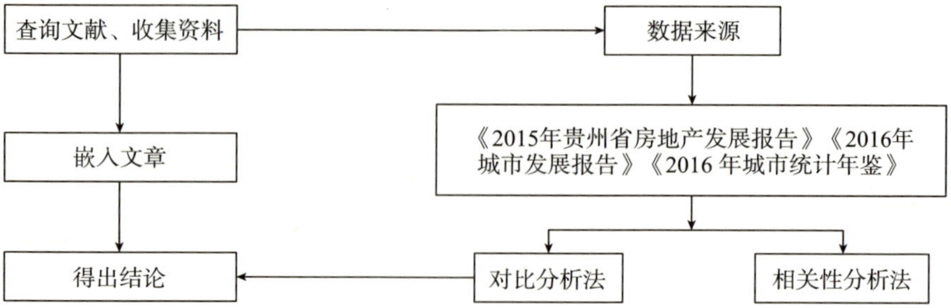

图4-1　技术路线

二、新型城镇化背景下贵州省房地产业现状

（一）贵州省城镇化现状分析

据统计，贵州省2015年城镇人口为1482.74万人，占贵州总人口的42.01%，相对于2010年城镇人口增加了306.5万，农村人口减少了256万，城镇人口比重增加8.20个百分点[308]。依据2005年人口普查和2015年1%人口抽样调查的数据分析可以看出，2005年全国平均人口城镇化水平为42.99%，到2015年全国平均人口城镇化水平为56.1%，同比增长13.11%；贵州省2005年人口城镇化水平为26.87%，2015年城镇化水平为42.01%，同比增长15.14%（见表4-7），其增速高于全国水平。据此可以看出：贵州省与全国其他省、自治区、直辖市的城镇化水平差距在不断减小。贵州省目前城镇化水平在全国范围内由2005年的初级阶段上升到中级阶段。

2005~2015年以来，虽然贵州城镇化率处于我国所有省份中的倒数第二，但是从城镇化的增速来说，贵州省在31个省份中排名第五位，贵州的城镇化增长速度相对于各省、自治区、直辖市来说都是十分高的。可见，贵州省虽然属于西部地区中比较落后的省份，但通过近几年的发展，城市化率有了很大的进步，特别是增速在全国都处于前列，如果贵州省照这样的趋势发展下去将来城镇化率会越来越高。

表4-7　2005、2015年中国大陆31个省、自治区、直辖市人口城镇化水平

单位:%

类别 省市区	2015年城镇化率	2005年城镇化率	城镇化增长速度
上海	89.12	89.09	0.03
北京	86.51	83.62	2.89

续表

类别 省市区	2015 年城镇化率	2005 年城镇化率	城镇化增长速度
天津	82.64	75.11	7.53
广东	68.71	60.68	8.03
辽宁	67.35	58.70	8.65
黑龙江	58.80	53.10	5.7
吉林	55.30	52.52	2.78
浙江	65.80	56.02	9.78
内蒙古	60.30	47.20	13.1
福建	62.59	47.30	15.29
江苏	66.52	50.11	16.41
湖北	56.85	43.20	13.65
海南	55.12	45.20	9.92
山东	57.01	45.00	12.01
山西	55.03	43.01	12.02
青海	50.30	39.25	11.05
新疆	47.25	37.15	10.1
宁夏	55.23	42.28	12.95
陕西	53.92	37.23	16.69
湖南	50.50	37.00	13.5
广西	47.06	33.62	13.44
安徽	50.50	35.50	15
江西	51.62	42.99	8.63
四川	47.69	33.00	14.69
甘肃	43.19	30.02	13.17
贵州	42.01	26.87	15.14
云南	42.90	29.50	13.4
河南	46.85	30.65	16.2
西藏	25.75	26.65	-0.9
重庆	59.80	45.21	14.59
河北	49.62	37.69	11.93

（二）贵州省房地产业现状分析

从我国2014年商品房的销售情况上来看，东部地区商品房销售面积下跌最为严重，下跌幅度比全国的7.6%还低6.2个百分点[309,310]。西部地区同比增长0.6个百分点（见图4-2）。而作为西部地区的贵州省，商品房销售面积增速比西部地区均值高出了6.3%。可见，即使与全国平均水平比较，贵州省2014年的商品房销售增速仍占较高比重。从2014年住宅的销售情况来看，住宅销售面积排名后三位的省份分别是辽宁、吉林、黑龙江，排前三位的省份是西藏、甘肃、河南。而贵州省销售住宅面积增速继湖北、广西之后排第六位，销售面积增速为2.3%，比全国的-9.1%高出了11.4个百分点（见表4-8），由此可见，2014年贵州省住宅销售面积与全国相比较，也处于较高的水平。

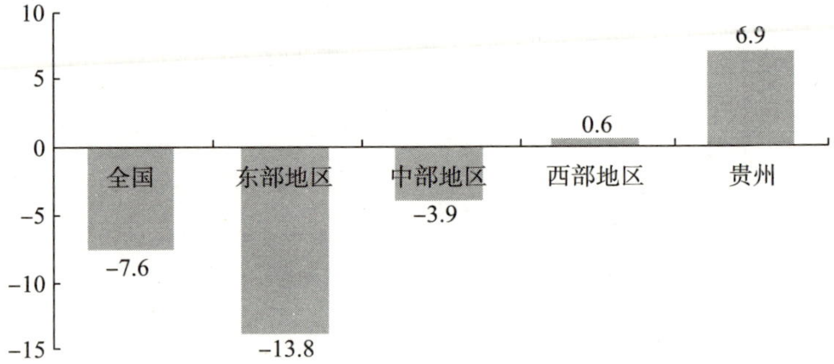

图4-2　商品房销售面积同比增速

表4-8　2014年31个省（区、市）商品房、住宅销售面积增速比较

省（区、市）	商品房（%）	住宅（%）	省（区、市）	商品房（%）	住宅（%）
平均	-7.6	-9.1	四川	-2.3	-5.1
辽宁	-38.1	-38.5	浙江	-4.3	-3.8
吉林	-28.6	-30.1	安徽	-1.0	-3.7
黑龙江	-25.9	-27.6	山西	-4.1	-3.4
海南	-15.7	-18.4	江西	-3.2	-2.5
北京	-23.6	-16.7	青海	9.0	-1.8
福建	-11.9	-16.0	河北	0.5	-0.1
新疆	-10.0	-14.4	陕西	1.6	0.2
山东	-11.1	-14.3	宁夏	7.7	1.2
天津	-12.7	-14.1	重庆	5.9	1.5
江苏	-14.0	-13.6	贵州	6.9	2.3

续表

省（区、市）	商品房（%）	住宅（%）	省（区、市）	商品房（%）	住宅（%）
内蒙古	-10.2	-11.8	广西	5.4	3.8
上海	-12.5	-11.7	湖北	5.7	5.0
湖南	-8.6	-10.3	河南	7.8	6.8
云南	-3.5	-8.3	甘肃	8.6	6.9
广东	-5.3	-7.6	西藏	133.6	135.5

（三）新型城镇化背景下贵州省房地产发展的机遇与挑战

2015 年贵州省常住人口 3529.50 人，城镇化率为 42.01%，比 2014 年增加 2 个百分点，增加城镇人口 21.46 万人。近几年，贵州省有 300 万人口转移到城镇，引导 500 万人实现就近就业。我国城镇化水平与发达国家相比还有较大的差距[311]。并且贵州省在我国的城镇化率排名靠后，所以贵州的城镇化率还有很大的上升空间。改造城镇棚户区、城郊村作为我国 2015 年政府工作的一个大方向。这也为贵州省房地产市场的发展提供了较大的需求动力。新型城镇化对于贵州省房地产业不仅是挑战，更多是巨大的机遇。

三、新型城镇化背景下贵州省房地产业的供需现状

（一）贵州省房地产市场的供给状况

在我国商品房的预售制度中，商品房交易大多是期房，而且一旦房地产建设开始，不管有没有竣工都不能再撤回，所以新开发的房地产产品就已经形成有效供给[312-315]。因此，仅仅考虑待售面积并不能完整反映房地产市场的库存情况，本节用房地产开发企业房屋新开工面积与商品房销售面积之间的关系来分析库存情况，然后通过库存情况进而分析贵州省的房地产市场供给状况。

2005~2014 年，除去 2007 年、2008 年之外，其余年份贵州的库存压力均小于全国。2005~2009 年以来，贵州与全国的库存压力均属于持续增加状态，贵州更是比最高的 2008 年还高出不少。因此，从持续增加的库存可以看出，无论是全国的房地产供求量还是贵州的房地产供求量都已达饱和状态（如图 4-3 所示）。

（二）贵州省房地产市场的需求状况

2014 年贵州省各个区域的销售增速相较于商品房总销售而言存在明显的差异（见表 4-9）。从销售情况来看，贵阳市、铜仁市、遵义市分别为全省的销售量前三位，分别占全省商品房销售的 27.7%、17.1% 和 12.3%，销售量最低的是六盘水市，其销售面积为 153.2 万平方米，占全省商品房销售量的 3.8%。按

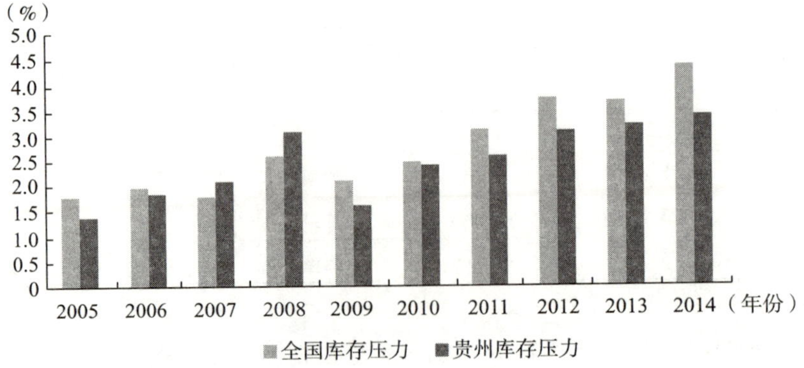

图 4-3　2005~2014 年贵州与全国房地产开发企业库存压力指数比较

增速来看，贵阳市与遵义市同比均为负值。其中贵阳市下降幅度最大，同比下降 27.7 个百分点，其余七个地区均处于上升状态。与 2007 年相比，遵义、安顺、毕节、铜仁、黔南州占比上升，其中铜仁上升最多，为 12.1 个百分点。其余四个市均下降，而贵阳和六盘水则分别下降了 17.4 个百分点和 4.3 个百分点。

通过 2007 年与 2014 年贵州省九个地区商品房销售情况的对比分析发现，2014 年和 2007 年贵州省商品房销售的地区占比差异在减小，因此，贵州省九个地区对商品房的需求差异也在逐渐变小。在 2014 年贵州省商品房销售总面积为 3445.4 万平方米，同比增长 6.9%，与全国的 -7.6% 相比多出 14.5 个百分点，由此可以看出，贵州省对商品房的总需求在不断地增加。

表 4-9　贵州 9 个地区商品房销售情况　　单位：万平方米

项目	2014 年			2007 年	
	销售量	同比增长（%）	占比（%）	销售量	占比（%）
贵阳市	948.1	-27.2	27.7	591.6	45.1
六盘水市	153.2	16.6	3.8	106.6	8.1
遵义市	420.3	-20.5	12.3	157.4	12.0
安顺市	207.5	23.7	6.1	43.3	3.3
毕节市	238.5	26.3	7.0	46.5	3.5
铜仁市	586.4	12.8	17.1	65.4	5.0
黔西南州	180.4	46.6	5.3	79.7	6.1
黔东南州	331.3	21.7	9.7	129.0	9.8
黔南州	379.7	45.6	11.1	93.4	7.1
总计	3445.4		100.0	1312.9	100.0

四、新型城镇化背景下贵州省房地产业的发展趋势

2015年以来，随着房地产市场的不断回暖，以及各地区房地产交易情况的显著增加，我国经济发展进入了增长新常态。此外，政府也针对各地区出台了一些相应的政策，以公积金政策调整为主，包括财政补贴和税费减免等政策，刺激需求特别是改善性需求释放[316,317]。回顾贵州房地产市场的发展，可以看出贵州省房地产市场具有很大的市场潜力。从图4-4可以看出，自2010年以来，贵州省商品房的销售面积一直呈现上升趋势，其中2016年贵州省销售面积高达2178.5527万平方米，但是与全国的2538.8万平方米还有一定的距离，所以贵州省房地产市场应该还有较大的上升空间。

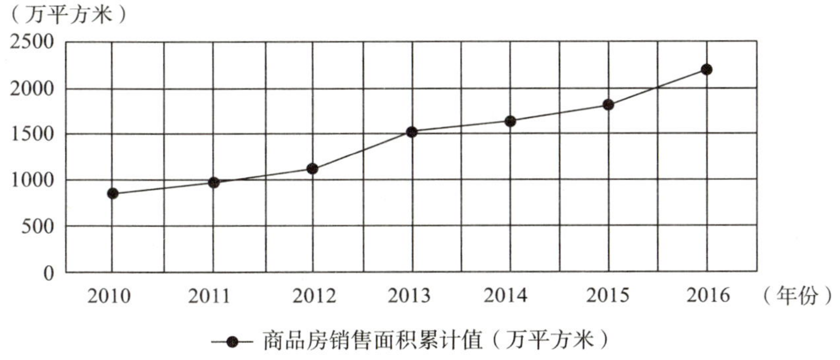

图4-4 2010~2016年贵州省商品房销售面积情况

针对新型城镇化对房地产市场是否产生影响的问题，本节以2010~2016年贵州省商品房销售面积与2010~2016年贵州省城镇化率为两个变量进行了相关性分析。从表4-10可以看出，7个样本数据计算出的2010~2016年贵州省商品房销售面积与城镇化率的Pearson相关系数值为0.986，它的实际显著性水平为0.001，小于理论显著性水平0.01，说明相关系数的值不是由偶然因素造成的，相关系数0.986已接近于1，说明2010~2016年贵州省商品房销售面积与2010~2016年贵州省城镇化率之间存在高度的线性正相关。

表4-10 城镇化率与贵州省商品房销售面积的相关性分析

		城镇化率	商品房销售面积
城镇化率	Pearson 相关性	1	0.986**
	显著性（双侧）		0.001
	N	7	7

续表

		城镇化率	商品房销售面积
商品房销售面积	Pearson 相关性	0.986**	1
	显著性（双侧）	0.001	
	N	7	7

注：**表示在0.01水平（双侧）上显著相关。

五、结果分析

目前，我国的城镇化还会有很大的发展，这将会在未来的一段时间里成为房地产业建设的主要动力[318~320]。近几年，我国城镇化率也逐年提高，到2016年已增长至57.35%，而城镇化率提高后也必然会促使城镇人口的增加，最终导致人们对于住房的高需求。通过本节的分析研究，可以得出以下结论：①以库存压力对市场供给进行分析表明，在贵州省房地产市场供给的状况中，贵州省的房地产供给量自2009年以来一直持续增加，现已基本饱和；②对于贵州省房地产市场的需求状况而言，以贵州九个地区的商品房销售量以及通过2007年与2014年的纵向对比发现，对于贵州省而言，全省房地产市场的总需求还一直在不断地增加；③通过贵州省近几年的商品房销售情况以及城镇化与房地产市场相关性的分析可知，城镇化率的增长也在不断影响着房地产市场的需求变化。针对以上结论，本节提出贵州省今后房地产市场发展的几点建议：

（1）推动城乡住房协同发展，要建立城乡一体的新型城乡关系，构建健全的体制机制是必不可少的，也是突破城乡二元结构的必要手段。当前我国城镇和农村出现了两种情况，一是许多在城镇工作，然而却没有正式的住房；二是农村许多的住房长时间没有人去住。在新型城镇化的建设中，城镇人口一直在不断地增加。在相关政策束缚的情况下，农村宅基地需求减少与城镇居住用地需求增加和农村住房需求减少与城镇住房需求增加直接关联。城乡住房联动效应的客观存在，需要兼顾思考城乡住房，推动创建城乡联合的住房建设形式。为促进城乡住房协同发展，应加强对农民住房财产权益的保护、一些已经或正在实施置换地区现有相关政策的完善等问题的解决，以此促进城乡全方位一体化。

（2）因地制宜地发展房地产，在促进房地产市场的健康发展过程中，新城镇化建设是必不可少的环节。当前对于不一样的城市发展阶段需要面对的难题也是不尽相同的[321]。2016年，上海市城镇化率已经达到88.02%，已经进入了城镇化的发展后期。但是对于大多数二、三线城市来说，还处于城镇化发展的中期阶段，如贵州为37.83%，甘肃为40.13%。因此，合理进行房地产建设也十分重要，需要我们因地制宜地拟定策略。

（3）加强保障性住房的后续管理，保障性住房在这些年一直在大范围的发展，许多已经成功参与应用，大量的家庭住房问题也得到了解决，然而后续管理却出现了许多问题。分析解决在后续管理中出现的各项问题可以通过设置保障性住房后续资金等措施来预防出现的紧急状况，政府应该加强监管力度，营造“政府监管，市场运作”的经营机制。明确管理部门，建立属地管理、综合管理体系，构建服务管理框架。为了保证国有资产不会流失，应该将保障房当成主要国有资产实行管理，保证管理机构的管理职责和资产核定、资产运用、处置和监督检验。

附录　调查问卷

附录1　农户耕地撂荒行为调查问卷

您好！

本次问卷调查是为了解农村撂荒地的现状以及普通民众对于撂荒地的保护意识的强弱。本次调查不记名，不涉及隐私，所有回答只用于统计分析，各种答案没有正确、错误之分。请您在百忙之中抽出一点时间填写这份调查表。衷心感谢您的支持和协助！

撂荒地：指经耕种，肥力下降，或其他原因被荒废的土地。

1. 您的年龄是？

□20岁及以下　□21~40岁　□41~60岁　□60岁以上

2. 您的性别？

□　男　□　女

3. 您的受教育程度？

□小学及以下　□初中　□高中（技校、中专）　□本科及以上

4. 农业收入占家庭总收入的比重是多少？

□没有　□很少　□一半　□大部分

5. 您家粮食能否自给自足？

□能　□不能

6. 您认为耕地对您家重要吗？

□不重要　□不太重要　□非常重要

7. 您了解撂荒地的大概意思吗？

□了解　　　　　　　□不了解

8. 您家有没有撂荒地？

□有　　　　　　　　□没有

9. 您家撂荒土地的原因有哪些？（多选）

□距离远、交通不便

□自然天气影响、产出低

□农资（种子、农膜、化肥等）价格上涨、成本高

□土地零散，不便耕作

□农产品价格低

□其他

10. 您家土地撂荒了多少年？

□1～2 年　　　　　□2～3 年　　　　　□3～4 年　　　　　□5 年以上

11. 您认为撂荒地的产生危害有哪些？（多选）

□导致农村可用耕地减少

□国家的粮食压力不断加重

□造成耕地质量下降

□造成农业经济收入下降

□其他

12. 您觉得耕地撂荒应不应该？

□应该　　　　　　　□不应该　　　　　□无所谓

13. 对于被撂荒的土地您有没有考虑过种植树木？

□有　　　　　　　　□没有

14. 您是否知道我国耕地保护政策？

□知道　　　　　　　□知道一部分　　　□不知道

15. 您是否知道我国的《闲置土地处置办法》？

□知道　　　　　　　□知道一部分　　　□不知道

16. 您觉得撂荒土地的行为受不受法律的管理与约束？

□受　　　　　　　　□不受　　　　　　□不清楚

17. 您认为保护耕地、减少土地撂荒的目的是？（多选）

□保障国家粮食安全 □保证社会稳定，减少人口外流

□作为农民养老保障 □防止水土流失，保护土壤

□其他

18. 您是否愿意参与耕地保护，减少撂荒土地行动？

□愿意　　　　　　　□不愿意

19. 如果认为不愿意，其原因是？（可多选）

□成本代价高

□政府在减少撂荒土地方面未起到引导作用、督促不严

□减少土地撂荒没有什么意义

□没时间、精力

□其他

20. 您所在镇或村是否开展过耕地保护、减少撂荒地的相关宣传教育活动？

□有，较多次　　　　□有，但很少　　　□没有　　　　　　□不太清楚

21. 您认为当地政府对保护土地减少撂荒地起到的作用？

□很大　　　　　　　□很小　　　　　□无

22. 如果政府严格执行土地保护政策，严厉惩治撂荒行为，您是否愿意支持？

□愿意　　　　　　　□不

23. 您是否愿意将耕地转租或转包他人耕种______________________原因：

____

再次感谢您的合作，祝您愉快！

附录2　喀斯特地区农户耕地撂荒影响因素的调查问卷

尊敬的农民朋友：

您好！本次调查主要是为了了解喀斯特地区农户耕地撂荒的情况，您只需要根据您的实际情况在每题的答案上划勾或填写即可。请您放心，您提供的信息只作为学术应用，不会出现在任何公共场合。衷心地感谢您的支持与配合！

调查时间：　　　　　　　调查人员：　　　　　　　调查地点：

一、家庭基本情况

1. 您家共有____人，其中有____人常年外出打工，____人常年从事农业劳动，____人半工半农。

2. 您家户主的年龄____岁，受教育程度____。

A. 未上过学　　B. 小学　　C. 初中　　D. 高中或中专

E. 大专及以上

3. 您家有____人在上学，读大学的有____人，如果当他读完大学您是否愿意让他从事农业

A. 愿意　　B. 不愿意

4. 您家庭距最近城镇距离情况

A. 2 公里以内　　B. 2 ~ 3.9 公里　　C. 4 ~ 5.9 公里　　D. 6 公里以上

5. 您家庭主要收入来源于

A. 传统的农业、渔业、林业　　B. 家庭生产

C. 工资性收入　　D. 个体经商

E. 外出务工　　F. 其他

6. 2016 年家庭总收入____元（其中农业收入____元）

A. 2000 元以下　　B. 2000 ~ 3999 元

C. 4000 ~ 5999 元　　D. 6000 ~ 7999 元

E. 8000 元以上

7. 2016 年家庭总支出____元（其中农业生产支出大概____元）

A. 2000 元以下　　B. 2000～3999 元
C. 4000～5999 元　　D. 6000～7999 元
E. 8000 元以上

二、耕地基本情况

1. 2016 年您家的耕地面积共计____亩，耕地块数____块，人均耕地面积____亩。
2. 您家的耕地质量？
A. 很好　B. 一般　C. 很差
3. 耕地的化肥、农药等生产资料投入____耕地的产出收益
A. 大于　B. 等于　C. 低于
4. 耕地年均耕种次数____次。
5. 您家耕地的水利灌溉条件？
A. 很好　B. 一般　C. 很差
6. 您认为耕地距您家距离？
A. 很远　B. 适中　C. 很近
7. 您家农作物产量变化？
A. 基本稳定　B. 明显降低　C. 明显升高
8. 您家是否存在耕地撂荒情况？
A. 是　B. 否（若否，请跳过第 9～11 题）
9. 请问是什么原因使耕地撂荒呢？
A. 耕地太多，劳动力太少，种不过来
B. 种地收入太低，不合算
C. 外出打工收入已经足够生活开支，没有必要种地
D. 其他
10. 耕地撂荒面积____亩，撂荒地块数，撂荒最长时间____年？
11. 撂荒耕地主要是什么土地？
A. 水田　B. 旱地
12. 耕地撂荒后对家庭收入影响？
A. 影响很大　B. 影响不大　C. 没有影响
13. 您是否愿意将耕地转租或转包给他人耕种？
A. 愿意　B. 不愿意
14. 您认为在有坡的耕地上种植是否划算？
A. 不划算　B. 划算

15. 您家的坡地是否有参与退耕还林？

A. 有　　B. 没有

三、其他情况

1. 您认为目前农作物价格变化？

A. 基本稳定　　B. 明显降低　　C. 明显升高

2. 您对耕地流转政策知悉情况

A. 非常了解　　B. 了解　　C. 不太了解　　D. 不了解

3. 您是否愿意将耕地转租或转包给他人耕种

A. 是　　B. 否

4. 自然灾害对您家农业生产的影响

A. 影响大　　B. 无影响　　C. 影响小

5. 您认为保护耕地重要吗？

A. 重要　　B. 不重要　　C. 非常重要

原因：

感谢您的合作，祝您愉快！

附录3　土地整治满意度调查问卷

现阶段，农村土地整治作为改善土地结构、改变土地利用、调整土地权属关系、提高土地利用效率的最有效方式，因此整治农村土地项目的效果显得尤为重要，为了进一步完善土地整治制度，提升土地整治的综合效益，在此对龙家镇的村民进行土地整治满意度调查问卷。

调查地点：余庆县　龙家镇____________（村）性别：____________

年龄：______（岁）受教育程度：____________________

注：受教育程度包括（文盲、小学、初中、高中、中专、大专、本科及本科以上）

一、龙家镇整体基本特征

1. 您认为本村的经济发展水平如何？（　　）

①很低　②较低　③一般　④较高　⑤高

2. 您认为您的周边村还有其他的创收机会吗？（　　）

①没有　②较少　③一般，与本村差不多　④较多

3. 您对村里成立农村合作社组织是否了解？（　　）

①完全不了解　②不太了解　③一般了解　④比较了解　⑤非常了解

4. 您对村里农业产业规划是否了解？（　　）

①完全不了解　②不太了解　③一般了解　④比较了解　⑤非常了解

二、实施项目情况

5. 您愿意实施土地整治项目吗？（　　）

①愿意　②不愿意　③无所谓

6. 在土地实施前，土地整治组织部门是否征求过您的意见？（　　）

①有征求过　②开始实施时才征求　③从没有征求过　④其他

7. 您对项目实施前最希望哪些方面得到改善？（　）

①耕地质量　②生活条件　③农业基础设施　④土地结构布局合理

8. 您是否参与了项目实施？（　　）

①参与　②没有参与

9. 您是否了解土地整治的情况？（　　）

①完全不了解　②不太了解　③一般了解　④比较了解　⑤非常了解

10. 您认为龙家镇的土地整治项目信息的公开度是否满意？（　　）

①非常满意　②满意　③一般　④不满意

11. 您对龙家镇土地整治项目配套的农业产业项目支撑是否满意？（　　）

①非常满意　②满意　③一般　④不满意

12. 您对投工投劳参与项目补贴是否满意？（　　）

①非常满意　②满意　③一般　④不满意

13. 您对种植的土地位置在项目实施后发生的变化是否满意？（　　）

①非常满意　②满意　③一般　④不满意

14. 您对土地整治后的水渠灌溉条件是否满意？（　　）

①非常满意　②满意　③一般　④不满意

15. 您对土地整治后的田地整齐程度是否满意？（　　）

①非常满意　②满意　③一般　④不满意

16. 土地整治后的生态环境你是否满意？（　　）

①非常满意　②满意　③一般　④不满意

17. 您认为农地整治后，对于土地资源的利用和耕作方式有什么改变？多选（　　）

①促进新农村建设

②使耕作变得不便捷

③没有什么明显改变

④农业耕作由分散向集中化发展

⑤提高了土地利用率，改善了土地生产条件

18. 您对龙家镇通过土地整治后基本农田的粮食生产综合能力的满意度如何？（　　）

①非常满意　②满意　③一般　④不满意

19. 龙家镇通过土地整治后为您带来了哪些好处？（　　）

①增加耕地面积　②提高耕地质量　③改善农业生产条件　④促进农民增收

⑤改善农田生态系统　⑥改善居住条件

20. 您对已实施的土地整治的满意度如何？（　　）

①非常满意　②满意　③一般　④不满意

21. 您认为土地整治与您的家庭收入有何关系？（　　）

①明显提高家庭收入　②可提高家庭收入，但不明显　③与家庭收入无关系

22. 您对成立的村民代表监督小组进行工程实施全程监督满意度如何？（　　）

①非常满意　②满意　③一般　④不满意

23. 您对龙家镇土地整治项目的实施的总体认识？（　　）

①对农民根本没好处，根本没必要　②对农民的好处不大，可有可无

③对农民有好处，有必要　④对农民非常有好处，非常有必要

24. 您对龙家镇通过土地整治项目夯实了农业现代化发展基础、实现了良好的社会效益、生态效益和经济效益这一评价满意吗？（　　）

①非常满意　②满意　③一般　④不满意

25. 龙家镇土地整治项目已通过省国土厅和省土肥总站的联合验收，一致评定该项目为合格工程，在您看来是否满意省验收的这一决定？（　　）

①非常满意　②满意　③一般　④不满意

26. 您对龙家镇土地整治项目还有什么看法？＿＿＿＿＿＿＿＿＿＿＿＿

＿＿＿＿＿＿＿＿＿＿＿＿＿＿＿＿＿＿＿＿＿＿＿＿＿＿＿＿＿＿＿＿＿＿

＿＿＿＿＿＿＿＿＿＿＿＿＿＿＿＿＿＿＿＿＿＿＿＿＿＿＿＿＿＿＿＿＿＿

附录4　关于喀斯特地区农户土地流转意愿调查问卷

尊敬的各位农户：

您好！本次调查主要是为了了解目前喀斯特地区农户土地流转相关情况，调研不记名、不涉及隐私，调研信息仅用于分析研究，不作它用。希望您能根据个人实际情况作答，我将对您的回答严格保密，感谢您的配合！

一、农户的基本情况

1. 您的性别：

□　男　　　　□　女

2. 您的年龄：

□20 岁以下　　□20～40 岁　　□41～65 岁　　□66～80 岁

3. 您受教育程度：

□小学及以下　　□初、高中　　□大中专　　□大学本科及以上

4. 您所从事的职业：

□纯农业　　　　□非农业

□以农业为主兼非农业　　　　□以非农业为主兼农业

5. 您家庭年收入为：

□5000 元以下　　　　□5001～10000 元

□10001～20000 元　　　　□20001 以上

6. 您的家庭收入主要来源：

□土地耕作　　□单位工资　　□其他：______

□外出务工（包含自己创业、从事第二、第三产业）

7. 您家有____口人，劳动力____口人，实际从事劳动力的有____口人。（劳动力人数是指年龄在 16～60 岁，包括未达到劳动力年龄或超过 60 岁实际还在参加劳动的人数，但不包括在校学生）

8. 您家是否有土地流转：

□　是　　　　□　否

如果您选择（是），请回答下列问题；如果您选择（否），请回答 21～23 题开始

9. 土地流转面积：

□全部　□部分

10. 您对于土地流转的态度是：

□只愿意转出　□只愿意转入　□不愿意流转

11. 土地流转时的合同方式是：

□口头协议（无合同）　□书面协议（有合同）

12. 您对土地流转合同方式希望是：

□口头协议　□书面协议　□无所谓

13. 土地流转双方是否可以随时中断合同：

□是　□否

14. 土地流转的主要对象：

□本村村民　□村外人员　□企业　□其他：______

15. 土地流转付费方式：

□分年度以现金支付　□一次性全部现金支付

□按一定数量的粮食支付　□其他方式：______

16. 土地流转时间一般为：

□1 年以内　□1～3 年　□4～9 年　□10 年以上

17. 土地流转形式：

□租赁　□转让　□代耕、代种　□交换

□入股分红　□其他

18. 您村一般转出或（转入）土地租金大约为____元/亩。

□50 以下　□50～80　□81～120　□121～150

19. 您对土地流转相关因素了解：

□土地承包权相关法律　□土地流转中介组织

□土地股份合作制

20. 影响您土地流转意愿因素（多选题）：

□非农就业机会　□自身因素

□政府政策　□村集体工作

□农村社会保障制度　□土地流转条件

□土地收益　□土地重要性

如果您选择否，请回答下列问题

21. 如果租金价格合理，您是否愿意土地流转：

□是　　　　　　　　　　　　　　□否

22. 如果您进行土地流转，您对土地流转合同方式希望是：

□口头协议　　　□书面协议　　　□无所谓

23. 您对土地流转相关因素了解：

□土地承包权相关法律　　　　　　□土地流转中介组织

□土地股份合作制

24. 这几年您没有把土地转包他人的主要原因是：

□除了务农之外，没有其他活可干

□自己完全有能力耕种，不需要流转

□想转出来，但没人愿意或出价太低

□想转出去，但集体不同意

□担心转出，收益得不到保障

□担心转出，自己想种时难以收回

□转出去比自己耕种土地收入低，不愿转出

□其他：________

25. 您现在没有从他人那里转入土地的主要原因：

□耕种土地的效益太低，增加土地面积对收入增长影响不大

□没人愿意转出

□转入价格太高

□土地负担太重，不敢承包

□担心承包他人土地后，收益达不到保障

□其他：____________

开放式题：

26. 您希望土地流转的方式做哪些改善？

____

____

____

感谢您在百忙之中完成问卷，谢谢您的配合！祝您生活愉快！

附录5　农用地流转农户调查问卷

您好！调研信息将只用于分析研究，不用作其他目的。谢谢您的支持！请根据选择，在□中画√；或在相应选项下画√。

村名__________

一、农户基本情况

1. 您的年龄是多少？

A. 20岁及以下　B. 20～40岁　C. 40～60岁　D. 60岁以上

2. 您的学历？

A. 小学及以下　B. 初中　C. 高中或中专　D. 大专及以上

3. 您的性别？

A. 男　B. 女

4. 家庭年收入多少？

A. 10000元以下　B. 10000～30000元

C. 30000～50000元　D. 50000元以上

5. 家庭收入主要来源？

A. 务农　B. 外出务工　C. 经商

D. 流转土地　E. 其他

6. 家庭收入来源有哪些？各有多少？

7. 您家有几口人？所从事的职业是什么？

8. 您家农业生产投入是多少？

9. 您家是否有土地流转：

A. 是　B. 否

二、土地流转情况

★如果您选A是，请从第1题开始：如果回答B否，请从第三部分开始。说明：如果您把土地流出给他人，请回答以下1～7题

1. 您家土地有____亩；流出____亩；价格____元/亩

2. 土地流出时，合同方式是什么？

A. 口头协议　　B. 书面协议

3. 您家流出土地的主要原因是（可多选）？

A. 缺乏劳动力　　B. 自己耕种效益低，流出所得收益高

C. 种地太辛苦　　D. 流出后外出务工

E. 村集体或是政府统一流出　　F. 其他（请注明）______

4. 您家土地转出给谁？

A. 亲朋好友　　B. 政府或村组织　　C. 公司或企业　　D. 其他

5. 您家土地流转形式？

A. 转让、转包　　B. 互换　　C. 代耕　　D. 抵押

E. 入股　　F. 其他（请注明）

6. 您家土地流转的主要途径是？

A. 完全自发　　B. 村或政府组织

C. 中介组织协调　　D. 其他（请注明）______

7. 您家的土地流出用途？

A. 耕种　　B. 养殖　　C. 作为宅基地使用

D. 公益建设　　E. 其他（请注明）______

说明：如果您从他人那里把土地流入，请回答以下 8 ~ 13 题

8. 土地流入时，合同方式是什么？

A. 口头协议　　B. 书面协议

9. 您从他人那里转入土地的主要原因是？（可多选）

A. 有多余的劳动力　　B. 给亲戚朋友帮忙

C. 能够明显增加收入　　D. 自己或是计划成为农业生产大户

E. 其他（请注明）______

10. 您家土地流入的主要途径是？

A. 完全自发　　B. 村或政府组织

C. 中介组织协调　　D. 其他（请注明）______

11. 您家转入土地的用途？

A. 种植　　B. 养殖　　C. 宅基地

D. 建设用地或企业用地　　E. 其他（请注明）______

12. 您家土地数量____亩；流入土地数量____亩；流转价格____元/亩

13. 您家土地流转形式？

A. 转让、转包　　B. 互换　　C. 代耕

D. 抵押　　E. 入股　　F. 其他（请注明）

三、农户土地流转环境

1. 您对《农村土地承包法》了解吗？

A. 了解　　B. 不了解

2. 您知道近期中央提出的加强土地流转的新政策和精神吗？

A. 知道　　B. 不知道

3. 您所在村人均的耕地面积为多少？

A. 1 亩以下　　B. 1～3 亩　　C. 2～3 亩　　D. 3 亩以上

4. 当地政府或村集体是否支持土地流转，有没有扶持措施？

A. 支持有扶持措施　　B. 支持但没有扶持措施

C. 不支持

5. 在当地有没有土地承包经营权流转中介组织和交易市场？

A. 有　　B. 没有　　C. 不知道

6. 土地流转是否受到村集体或是政府有关部门的监管？

A. 有　　B. 没有　　C. 不知道

7. 您最希望的土地流转方式是什么？

A. 转包　　B. 出租　　C. 互换　　D. 参股合作

E. 抵押或抵偿债务

8. 在当地进行的土地承包经营权流转时有没有改变土地的农业用途？

A. 有　　B. 没有　　C. 不知道

9. 您所在的村在承包期内发包方（村集体）会任意调整承包地吗？

A. 会　　B. 不会　　C. 不知道

10. 发包方（村集体）或其他组织、个人是否有阻碍承包方依法流转土地承包经营权的行为？

A. 有　　B. 没有　　C. 不知道

11. 发包方或者其他组织、个人有没有擅自截留、扣缴承包收益或者土地承包经营权流转收益的行为？

A. 有　　B. 没有　　C. 不知道

12. 您所在的村有人自愿放弃承包土地的权利吗？

A. 有　　B. 没有　　C. 不知道

13. 在当地有没有村民或其他组织在未经批准的情况下占用土地？

A. 有　　B. 没有　　C. 不知道

14. 您认为阻碍土地流转的主要原因是什么？

15. 您认为农村土地流转是利大于弊还是弊大于利？

参考文献

［1］方创林，马海涛．新型城镇化背景下中国的新区建设与土地集约利用［J］．中国社会科学，2013（7）：10－11.

［2］曾群华，徐长乐．新型城镇化研究综述［J］．城市发展研究，2014，12（11）：38－43.

［3］王新越，秦素贞．新型城镇化的内涵、测度及其区域差异研究［D］．重庆大学，2014.

［4］单卓然．“新型城镇化”概念内涵、目标内容、规划策略及认知误区解析［J］．城市规划学刊，2013（7）：20－21.

［5］邱俊杰．新型城镇化建设中的金融困境及其突破［J］．理论探索，2013（5）：15－17.

［6］张占斌．新型城镇化的战略意义和改革难题［J］．国家行政学院学报，2013（8）：24－26.

［7］沈清基．论基于生态文明的新型城镇化［J］．城市规划学刊，2013（4）：25－26.

［8］何丹，刁承泰．重庆江津市土地利用变化驱动力分析［J］．水土保持研究，2006，13（2）：25－27.

［9］王晓峰，任志远．近14年榆林北六县土地利用变化驱动力分析［J］．水土保持研究，2006，13（6）：40－42.

［10］蔡玉梅．未利用地利用转为建设用地政策建议［J］．城市规划刊，2010，11（4）：44－46.

［11］谢婧华．西安市城镇化建设中的土地利用研究［J］．陕西社会主义学院学报，2015，11（5）：46－48.

［12］胡明，卢爱刚，胡亚丽等．县域土地利用结构变化与驱动力分析—以安塞县为例［J］．安徽农业科学，2008，23（8）：23－24.

［13］赵田．黑龙江省新型城镇化发展政策研究［J］．黑龙江农业科学，

2015，26（5）：32 –34.

［14］郭凯峰．云南省新型特色城镇化建设探讨［J］．云南地理环境研究，2013，31（2）：33 –35.

［15］冯煜雯．关中经济区新型城镇化发展路径探析［J］．陕西社会主义学院学报，2011，23（4）：38 –40，45.

［16］徐萍．城市产业结构与土地利用结构优化研究——以南京为例［D］．南京农业大学硕士学位论文，2004.

［17］温尚锟．济南市产业结构与土地利用结构关系研究［D］．山东师范大学，2013.

［18］Ventara S. J. Conflict Prediction and Prevention in Rural Land – use Planning：a GIS Approach［J］．*Progress in Rural Policy and Planning*，1992（2）：5 –8.

［19］谢菲．宜春市产业结构与土地利用结构互动关系研究［D］．江西师范大学，2011.

［20］李琴，程久苗，樊小凤．安徽产业结构与用地结构变化的相关性分析［J］．科技和产业，2008，8（3）：32 –35.

［21］陈丽红，石培基．兰州市产业结构与土地利用结构的相关性研究［J］．国土与自然资源研究，2008（3）：22 –24.

［22］耿晓伟．西安市产业结构与土地利用结构关系研究［J］．地下水，2012，34（1）：173 –175.

［23］杨云彦．区域经济学［M］．北京：中国财政经济出版社，2004.

［24］吴传钧，郭焕成．中国土地利用［M］．北京：科学出版社，1994.

［25］庞孟笔．安顺市区域经济发展战略研究［D］．天津大学，2010.

［26］［美］库兹涅茨，钱纳里．工业化和经济增长的比较研究［M］．上海三联书店，1989.

［27］牛星．区域土地利用系统演化分析与状态评价研究［D］．南京农业大学，2008.

［28］张宾．煤炭资源型城市产业转型研究［D］．黑龙江科技学院，2007.

［29］马海涛．中国土地资源保护与可持续与利用问题研究［D］．苏州大学硕士学位论文，2005.

［30］杨振强．产业结构与职业教育互动关系研究［J］．广东交通职业技术学院学报，2014，13（3）：21 –24.

［31］郭永丰．探析新型城镇化道路的显著特点［J］．经济研究导刊，2015（8）：12 –14.

［32］安宇宏．新型城镇化［J］．宏观经济管理，2014（2）：15－16.

［33］沈国琴．宁夏新型城镇化发展道路之“新”［J］．中共银川市委党校学报，2014（5）：15－16.

［34］解安，朱慧勇．中国城镇化：农民自主选择与社会秩序的统一［J］．马克思主义与现实，2015（1）：18－19.

［35］余霜，李光，杨筱珊等．新型城镇化建设对安顺市土地利用结构的影响研究［J］．南方农业，2016，10（22）：40－42.

［36］刘庆斌．推进新型城镇化中的土地问题及其解决对策［J］．广东土地科学，2014（12）：19－21.

［37］邓大才．农民增收理论的五大批判［J］．中州学刊．2005（1）：51－56.

［38］朱艳硕，代合治，谢菲菲．济南市城镇化与工业化耦合关系评价与分析［J］．地域研究与开发，2012，31（1）：70－73.

［39］周聪惠．《城乡规划法》颁布对绿地系统规划编制影响的研究［D］．上海：同济大学，2009.

［40］陈起伟，卢绍香．岩溶区水土流失与石漠化相关性研究——以贵州安顺市为例［J］．广东农业科学，2014（14）：21－22.

［41］陈坚．积极探索实现安顺改革试验区多种经济成分共生繁荣［J］．理论与当代，2008（11）：20－22.

［42］郭凯峰．云南省新型特色城镇化建设探讨［J］．云南地理环境研究，2013（4）：34－36.

［43］赵继东，韩凤翔．长江流域水土保持监测网络基本建成［J］．人民长江，2006，37（8）：50.

［44］姚淑芹．河北省新型城镇化建设面临的突出问题及对策［J］．环域在线，2015（4）：39－35.

［45］马驰．构建我国区域间耕地保护补偿机制探讨［D］．河南大学，2009.

［46］陆红生．土地管理学总论［M］．北京：中国农业出版社，2002：55.

［47］李铃．国土资源管理概论［M］．北京：中国人民大学出版社，1999：72.

［48］严金明．中国土地利用规划［M］．北京：经济管理出版社，2000：99.

［49］苏维词．贵阳城市土地利用变化及其环境效应［J］．地理科学，2000，20（5）：465.

［50］徐振君．大同市土地利用变化及其驱动力研究［D］．北京：中国农业大学，2005.

［51］洪军，江南，于雪英．上海市土地利用时空变化及驱动力分析［J］．国土资源遥感，2002（3）：58－61.

［52］史利江，王圣云，姚晓军．1994～2006年上海土地利用时空变化特征及驱动力分析［J］．长江流域资源与环境，2012，21（12）：1468－1479.

［53］银杰，南灵．城市建设用地扩展特征及驱动力分析－以西安市为例［J］．企业经济，2013（7）：150－153.

［54］吴明发，欧名豪，廖荣浩．经济发达地区土地利用变化及其驱动力分析——以广东省为例［J］．水土保持研究，2012，19（1）：179－183.

［55］李爽．城市产业用地合理结构研究［D］．同济大学，2008.

［56］贵阳市统计局，国家统计局贵阳调查队．贵阳统计年鉴［Z］．北京：中国统计出版社，2014.

［57］张臣，吴克宁，陈涛等．浙江省土地利用变化及其驱动力分析［J］．资源与产业，2010（12）：14－18.

［58］赖慧芳，陈凤桂．广州市土地利用变化趋势及驱动机制研究［J］．热带地理，2008，25（8）：455－460.

［59］李秀彬．对加速城镇化时期土地利用变化核心学术问题的认识［J］．中国人口资源与环境，2009，19（5）：1－5.

［60］王介勇，刘彦随．三亚市土地利用/覆被变化及其驱动机制研究［J］．地理学报，2009，64（12）：1411－1420.

［61］罗继文，王小英，夏斌．韶关市土地利用动态变化研究［J］．安徽农业科学，2008，36（33）：14693－14695.

［62］程攀．巴彦县土地利用空间格局模拟研究［D］．东北农业大学，2009.

［63］张木生．我国城市化与土地利用的矛盾及对策［J］．科技情报开发与经济，2005，15（6）：81.

［64］刘纪远，徐新良，匡文慧等．21世纪初中国土地利用变化的空间格局与驱动力分析［J］．地理学报，2009，64（12）：1411－1420.

［65］李昊，李世平，银敏华．承载力视角下土地资源可持续发展评价［J］．西北农林科技大学学报（社会科学版），2016，33（4）：1－2

［66］白志礼，张绪珠，贺本岚．中国四大经济区域的城镇化发展特征与趋势比较［J］．软科学，2009，2（1）：2－3.

［67］刘文丽，闫鸿．浅谈土地资源的节约集约利用［J］．经济研究导刊，

2009，11（8）：5－6.

［68］杨帆．城镇化进程中土地集约利用问题研究［J］．企业经济，2013，6（1）：9－10.

［69］杨东朗，张晓明，刘萍．基于PSR模型的城市土地集约利用评价［J］．陕西师范大学学报（自然科学版），2010，15（1）：21－22.

［70］张杰．山西省城镇化进程中土地利用问题研究［D］．山西农业大学，2013.

［71］汪波，王伟华．城市土地集约利用的内涵及对策研究［J］．重庆大学学报（社会科学版），2015，14（5）：16－18.

［72］李豫湘．西部地区经济可持续发展与土地资源节约和集约利用［A］．中国土地学会、中国科协2005年学术年会第38分会场、科学发展与土地资源节约和集约利用论文集［C］．中国土地学会，2005.（7）：21－22.

［73］张志宏．城市土地集约利用模式的探讨［D］．南京师范大学，2011.

［74］万鹏龙．中国集约型城镇化研究［D］．西南财经大学，2011.

［75］黄璜．毕节市社会经济发展与土地利用关系分析［D］．贵州大学，2009.

［76］特日格乐，李百岁，尹亚南．基于PSR模型的呼包鄂城市群经济可持续发展浅析［J］．内蒙古草业，2012，26（2）：39－41.

［77］李中才，刘林德，孙玉峰等．基于PSR方法的区域生态安全评价［J］．生态学报，2010，24（23）：25－26.

［78］顾湘．区域产业结构调整与土地集约利用研究［D］．南京农业大学，2013.

［79］陈昱．城市土地集约利用潜力挖掘分析与政策研究［D］．华中农业大学，2012.

［80］尹晓菲．基于金融支持的保定市循环经济发展模式研究［J］．重庆与世界，2012，29（3）：22－23.

［81］但承龙．西方国家与中国土地利用规划比较［J］．中国土地科学，2014，18（1）：43－47.

［82］杨君华．新一轮土地利用总体规划编制优化研究［J］．浙江大学理学院，2005（10）：53－55.

［83］马毅．英国土地管理制度介绍与借鉴［J］．中国土地，2003（12）：38－39.

［84］王静．日本、韩国土地规划制度比较与借鉴［J］．中国土地科学，2001，15（3）：45－48.

［85］牛杰．上市公司财务重述市场反应研究——基于我国上市公司的经验数据［D］．合肥：安徽大学，2010.

［86］郭熙．土地利用总体规划修编思路探讨［J］．国土资源，2004（11）：24－27.

［87］刘兴国．面向21世纪的习水发展战略［J］．农村经济与技术，1998（3）：23－24.

［88］高立娟．吉林省耕地整理探究［J］．吉林农业（学术版），2012（3）：40.

［89］陈顺军．对农村集体建设用地流转的调查与思考——以简阳市为例［J］．资源与人居环境，2010（18）：38－41.

［90］刘湘宏．科学实施土地利用总体规划，促进区域经济可持续发展［J］．经济地理，2007，27（2）：306－309.

［91］樊骋．基于土地节约集约利用和耕地保护的长丰县土地利用总体规划［J］．中国集体经济，2010（6）：95－98.

［92］张丽琴．土地利用学研究国土经济［J］．中国土地科学，1996（4）：73－78.

［93］胡健．土地利用规划与规划环评一体化实施研究［J］．地域研究与开发，2009（2）：65－66.

［94］周玉伟．损毁土地复垦潜力及效益评价研究［D］．南昌：江西财经大学，2012.

［95］葛霖，高明，胡正峰等．基于农户视角的山区耕地撂荒原因分析［J］．中国农业资源与区划，2012，33（4）：42－46.

［96］张斌，徐邓耀，翟有龙等．耕地抛荒的定量化评价方法［J］．贵州农业科学，2003，31（5）：43－44.

［97］刘珺．农村土地撂荒问题与对策研究——以湖北省为例［J］．法制与社会，2015（27）：212－213.

［98］黄利民，张安录，刘成武．耕地撂荒及其定量分析［J］．湖北科技学院学报，2008，28（3）：113－116.

［99］王亚平．礼县农村土地撂荒和流转情况的调查［J］．发展，2014（8）：48.

［100］兰敬．山村劳动力转移过程中耕地撂荒行为的制度对策——基于个案的分析［J］．中南财经政法大学研究生学报，2010（4）：37－40.

［101］石崇华．钦州市农田撂荒原因分析与对策［J］．农业研究与应用，2011（1）：59－62.

［102］曹志宏，郝晋珉，梁流涛．农户耕地撂荒行为经济分析与策略研究［J］．农业技术经济，2008（3）：43－46.

［103］王楠，刘向晖，苏丽丽．重庆市耕地撂荒问题与对策研究［J］．天津农业科学，2015，21（11）：90－93.

［104］李会芳．林州市农村土地撂荒的原因与对策［J］．河南农业，2016（10）：58－59.

［105］常连余，李天科．静宁县农村耕地撂荒情况的调查与思考［J］．农业开发与装备，2014（8）：21－22.

［106］周丽娟，冉瑞平，林武阳等．农户耕地撂荒影响因素研究——基于宜宾市南溪区158户农户的调查［J］．农村经济，2014（4）：46－50.

［107］邵景安，张仕超，李秀彬．山区土地流转对缓解耕地撂荒的作用［J］．地理学报，2015，70（4）：636－649.

［108］陈柚明，魏文均，李建平．重庆市渝北区农村土地撂荒情况调查及对策［J］．南方农业，2015，9（19）：41－42.

［109］代春燕，恭元芳．曲靖市农村土地撂荒现象的原因及对策分析［J］．学理论，2016（6）：15－16.

［110］李博．四川牟尼沟喀斯特地貌硅藻研究［D］．上海师范大学，2014.

［111］黄利民，张安录，刘成武．耕地撂荒及其定量分析［J］．咸宁学院学报，2008，28（3）：119－122.

［112］邵景安，张仕超，李秀彬．山区土地流转对缓解耕地撂荒的作用［J］．地理学报，2015，70（4）：636－649.

［113］王宝刚．加快推进贵州农业现代化对策研究［D］．贵州财经大学，2014.

［114］程莹．平凉广播电视台专业技术人员绩效考评体系研究［D］．兰州大学，2014.

［115］葛霖，高明，胡正峰等．基于农户视角的山区耕地撂荒原因分析［J］．中国农业资源与区划，2012，33（4）：42－46.

［116］胡红霞．内蒙古草原畜牧业自然灾害保险体系构建研究［D］．内蒙古大学，2011.

［117］胡雪萍．新常态下农村经济可持续发展需破解的三大土地问题［J］．福建论坛（人文社会科学版），2015，35（12）：5－9.

［118］翟月玲，袁桂林．政府干预政策的合法化危机之根源探究［J］．探索，2014（4）：63－69.

［119］姜保国，刘珊，雷贵等．关于我国土地撂荒现状的思考——基于对武

陵山片区土地撂荒的调查分析［J］．今日中国论坛，2013（17）：52－54.

［120］余霜，李光，冉瑞平．喀斯特地区农户参与造林影响因素分析——以贵州省为例［J］．林业经济，2013（8）：110－115，124.

［121］范丽星．论完善我国农村社会养老保险法律制度［D］．甘肃政法学院，2015.

［122］曹勤顺．对农村耕地撂荒现象的思考［J］．华北国土资源，2013（1）：84－85.

［123］陈心佩，信桂新，魏朝富．贫困山区弃耕撂荒及其影响因素分析——以重庆市酉阳县两乡四村为例［J］．西南大学学报（自然科学版），2016，38（9）：166－174.

［124］师正伟，张强．农村坡耕地撂荒的原因分析及对策［J］．甘肃农业，2015（19）：39.

［125］刘宗连．新农村建设背景下的农村土地整理［J］．中国土地，2006（9）：18－19.

［126］徐静．农村土地整治促进农业现代化发展水平研究［D］．南京大学，2016.

［127］吴怀静，杨山．经济发达地区农村土地整理可持续发展模式探讨——以江苏省丹阳市为例［J］．南京师范大学学报，2004，27（1）：106－108.

［128］曹玲．农民参与土地整理的问题与对策［J］．农业科技通讯，2010（4）：18－20.

［129］杨俊．土地整治项目实施后效益评价研究［D］．中国地质大学，2012.

［130］肖峰．农村土地整治项目影响因素及绩效评价方法探析［J］．农业与技术，2015（18）：224－225.

［131］刘小凤．村庄结构对农村土地整治的影响研究［D］．甘肃农业大学，2013.

［132］唐欣，王晓玲，林艳丽等．基于农民满意度视角的土地综合整治实证研究［J］．山东省农业管理干部学院学报，2013，30（4）：26－28，37.

［133］范继光．土地综合整治项目模式研究——以徐州市为例［J］．湖北科技学院学报，2014（9）：15－16.

［134］孙锋龙．土地整治项目中农民顾虑原因分析及应对措施［J］．新农村：黑龙江，2014（12）：48.

［135］赵京，杨钢桥，汪文雄．农地整理对农户土地利用效率的影响研究［J］．资源科学，2011，33（12）：2271－2276.

［136］祁昕．受访群众满意内蒙古土地整治成效［J］．西部资源，2013（6）：13.

［137］罗文斌，吴次芳，倪尧等．基于农户满意度的土地整理项目绩效评价及区域差异研究［J］．中国人口·资源与环境，2013，23（8）：68－74.

［138］高向军，彭爱华，彭志宏等．农村土地综合整治存在的问题及对策［J］．中国土地科学，2011，25（3）：4－8.

［139］吕爱东．浅谈农村土地整治项目后评价［J］．江苏农村经济，2015（6）：62－63.

［140］陈广宇，陈思含，吕秋龙．农村土地综合整治项目中农户满意度及影响因素研究——以池州市贵池区为例［J］．湖北农业科学，2017，56（18）：3594－3597.

［141］李阳．郑州市农户耕地保护行为意愿影响因素分析［D］．咸阳：西北农林科技大学，2013.

［142］胡云海．山西省临猗县农村劳动力转移阶段研究［D］．呼和浩特：内蒙古农业大学，2013.

［143］李春滟．农村宅基地制度公平与效率的研究［D］．成都：四川师范大学，2011.

［144］彭长生．农民宅基地产权认知状况对其宅基地退出意愿的影响——基于安徽省6个县1413户农户问卷调查的实证分析［J］．中国农村观察，2013，3（1）：21－33.

［145］秦秀兰，张武．石林县集体林权制度改革后林农经营行为研究［J］．中国林业经济，2012，11（6）：32－35.

［146］余霜，李光，冉瑞平．基于Logistic—ISM模型的喀斯特地区农户保护行为影响因素分析［J］．地理与地理信息科学，2014，30（3）：140－145.

［147］李红，薛礼．城乡一体背景下新农村社区文化研究——基于成都同乐社区的调查［J］．硅谷，2012，14（9）：53－53.

［148］陈霄．农民宅基地退出意愿的影响因素——基于重庆市“两翼”地区1012户农户的实证分析［J］．中国农村观察，2012，7（3）：27－36.

［149］毕颖，赵凯．陕西农户退出宅基地进城落户的政策评价［J］．贵州农业科学，2014，6（2）：219－223.

［150］于跃龙．我国农村宅基地退出机制研究［D］．中国地质大学，2013.

［151］王静，于战平，李卉．农户宅基地退出意愿及其影响因素分析——基于王口镇和独流镇的调查［J］．农村经济，2015，5（1）：35－39.

［152］黄贻芳．农户参与宅基地退出的影响因素分析——重庆市梁平县为例

[J]. 华中农业大学学报，2013，5（3）：21－24.

[153] 相子国. 农村宅基地置换工作的风险控制——以德州市为例 [J]. 管理学刊，2011，3（1）：87－91.

[154] 曹歆雨. 宅基地退出意愿影响因素分析——以四川省乐山市为例 [D]. 西南民族大学，2015.

[155] 季湘铭. 发达地区农户参与农民专业合作社的意愿及满意度的影响因素分析 [D]. 浙江大学，2010.

[156] 杜培华，欧名豪. 农户土地流转行为影响因素的实证研究——以江苏省为例 [J]. 国土资源科技管理，2008（1）：53－56.

[157] Stephen K. Wegren，哲伦. 新兴国家土地管理畅谈系列之五——俄罗斯土地制度改革与土地市场建立 [J]. 资源与人居环境，2009（15）：44－46.

[158] Duke J M，Aull－Hyde R. Identifying Public Preferences for Land Preservation Using the Analytic Hierarchy Process [J]. *Ecological Economics*，2002，42（1－2）：131－145.

[159] Lerman，Natalya，Shagaida，et al. 俄罗斯的土地政策和农业土地市场 [J]. 国土资源情报，2007（3）：12－19.

[160] Liberman V，Samuels S M，Ross L. The Name of the Game：Predictive Power of Reputations Versus Situational Labels in Determining Prisoner's Dilemma Game Moves. [J]. *Personality and Social Psychology Bulletin*，2004，30（9）：1175－1185.

[161] 詹和平，农村土地流转问题实证研究综述 [J]. 安徽农业科学，2007（24）：7710－7711，7713.

[162] 邵书慧. 土地流转动力机制初探 [J]. 党史文苑，2005（12）：53－55.

[163] 甘庭宇. 土地使用权流转中的农民利益保障 [J]. 农村经济，2006（5）：29－32.

[164] 张忠明，钱文荣. 不同兼业程度下的农户土地流转意愿研究——基于浙江的调查与实证 [J]. 农业经济问题，2014，35（3）：19－24.

[165] 冯旭芳，程巧丽，刘晶妹. 山区农户土地流转意愿实证研究——以山西省武乡县北良村为例 [J]. 安徽农业科学，2011，39（2）：945－948.

[166] 张照新，张海阳. 农村土地流转问题研究综述 [J]. 信阳师范学院学报（哲学社会科学版），2004，24（2）：57－61.

[167] 陈美球，肖鹤亮，龙颖等. 农户耕地流转意愿及驱动力研究进展及展望 [J]. 中国农业资源与区划，2008（2）：70－73.

[168] 王景新. 村域经济转轨与发展 [M]. 北京：中国经济出版

社，2005.

［169］张文信．农村经济结构调整动力机制探讨——以河南省土地流转为例［J］．曲阜师范大学学报（自然科学版），2003，29（1）：100－104.

［170］邱道持，郎义华，魏薇．城乡统筹试验区农地流转研究——以重庆市九龙坡农村农户调研为例［J］．西南大学学报（自然科学版），2008，30（6）：130－134.

［171］张文秀，李冬梅，邢殊媛等．农户土地流转行为的影响因素分析［J］．重庆大学学报（社会科学版），2005，11（1）：14－17.

［172］焦玉良．鲁中传统农业区农户土地流转意愿的实证研究［J］．山东农业大学学报（社会科学版），2005（1）：82－86，120.

［173］杜文星，黄贤金．区域农户农地流转意愿差异及其驱动力研究——以上海市、南京市、泰州市、扬州市农户调查为例［J］．资源科学，2005（6）：90－94

［174］张三峰，杨德才．农民的土地调整意愿及其影响因素分析——基于2006年中国综合社会调查数据［J］．中国农村观察，2010（1）：15－24，33.

［175］何国俊，徐冲．城郊农户土地流转意愿分析——基于北京郊区6村的实证研究［J］．经济科学，2007（5）：111－124.

［176］王春超．农村土地流转、劳动力资源配置与农民收入增长：基于中国17省份农户调查的实证研究［J］．农业技术经济，2011（1）：93－101.

［177］郭明亮，李瑶．关于土地流转对农民收入的影响分析——以雅安市雨城区为例［J］．农村经济与科技，2011，22（9）：72－74.

［178］刘淑俊，张蕾．土地流转对农民收入影响的经济效应分析［J］．东北农业大学学报（社会科学版），2014，12（6）：20－24.

［179］李丽明，吴一平．农村土地流转与农民收入关系实证分析——基于滑县176户数据调研［J］．现代农业科技，2015（5）：341－342.

［180］李瑶鹤，胡伟艳．农村土地流转对农民收入的影响分析［J］．中国农业信息学报，2016，22（9）：38－41.

［181］李长健，张红展．社会管理创新与农村土地流转——以《土地管理法》修订为中心［J］．华中农业大学学报（社会科学版），2013（5）：29－37.

［182］王守智，吴春岐．土地法学［M］．北京：中国人民大学出版社，2011：74－77.

［183］杨灿明，郭慧芳，孙群力．我国农民收入来源构成的实证分析——兼论增加农民收入的对策［J］．财贸经济，2007（2）：74－78.

［184］邢殊媛．农地流转的影响因素研究——基于成都平原6县（区、市）

的调查［D］. 四川农业大学，2005.

［185］高鸿业. 西方经济学（微观部分）［M］. 北京：中国人民大学出版社，2011.

［186］李作舟，赵凯. 山西农村土地流转的区域差异比较研究［J］. 农村经济与科技学报，2010（3）：45－47.

［187］庞皓. 计量经济学［M］. 北京：科学出版社，2014：64－85.

［188］吕杰，宁金萍. 农户农地流转行为及其影响因素研究——基于辽西北三县170户农户的调查与分析［J］. 农业经济，2011（7）：45－46.

［189］杨婷娜. 农户土地承包经营权流转行为研究——基于绍兴县的农户调查［D］浙江：浙江大学，2006.

［190］邱道持，郎义华. 城乡统筹试验区农地流转研究——以重庆市九龙坡农村农户调研为例［J］. 西南大学学报，2008（6）：130－134.

［191］刘涛，曲福田. 土地细碎化、土地流转对农户土地利用效率的影响［J］. 资源科学，2008（10）：1512－1513.

［192］董黎明，林坚. 土地利用总体规划的思考与探索［M］. 北京：中国建筑工业出版社，2010.

［193］邓红蒂，董祚继. 建立土地利用规划实施管理保障体系［J］. 中国土地科学，2002（016）：67－69.

［194］欧海若. 土地利用规划的基础理论问题研究［D］. 浙江大学，2004.

［195］吴传均. 人地关系地域系统的理论研究及调控［J］. 云南师范大学学报（哲学社会科学版），2008（8）：121－124.

［196］王文长. 发展民族经济需要正确处理的若干关系［J］. 贵州民族研究，1998（4）：94－103.

［197］林楠. 中国少数民族地区农村人力资源开发研究［D］. 吉林大学，2006.

［198］崔素莹. 少数民族地区旅游规划中的土地利用问题浅析——以富源县水族旅游文化区为例［J］. 广西财经学院学报，2011（6）：115－118.

［199］黄运安，宋律. 失地不失业——株洲云龙被征地农民就业工作探析［J］. 中国就业，2014（11）：28－29.

［200］何芳，叶瑸华，土地储备也应编制规划［J］. 中国土地，2006.（12）：67－71.

［201］崔功豪，魏清泉，陈宗兴. 区域分析与规划［M］. 北京：高等教育出版社，1999.

［202］丁宇，唐守冬. 从民族共同心理素质角度审视少数民族的文化传承与

发展［J］．黑龙江教育学院学报，2009（9）：312－316.

［203］宋景．基于反求工程的贵州少数民族物质文化遗产的保护和开发技术研究［D］．贵州大学，2009.

［204］刘梅．从多元的民族文化资源看贵州特色数据库建设［J］．图书馆，2008（5）：87－88.

［205］李仙梅．贵州省少数民族地区的发展现状［J］．科技信息，2010（21）：922－922.

［206］骆建艳，周春蕾．基于社区教育的失地农民就业培训体系研究［J］．现代经济（现代物业下半月刊），2008（7）：77－78.

［207］邓楚雄．武冈市土地生态安全评价研究［D］．湖南师范大学，2006.

［208］张松男．吉林省四平市土地生态安全评价研究［D］．东北农业大学，2013.

［209］刘凌冰．甘肃省土地生态安全评价研究［D］．西北农林科技大学，2014.

［210］曹爱霞．兰州市土地利用生态安全评价［D］．甘肃农业大学，2008.

［211］刘勇，刘友兆，徐萍．区域土地资源生态安全评价——以浙江嘉兴市为例［J］．资源科学，2004，26：25－30.

［212］蔡运龙，李玉平．河北省土地生态安全评价［J］．北京大学学报，2007，43（6）：784－789.

［213］王娟，盖艾鸿，谢保鹏等．基于GIS的土地生态安全综合评价——以合水县为例［D］．甘肃农业大学学报，2015，2（1）：147－148.

［214］姚莉，周国富．县域土地集约与节约利用存在的问题与对策探讨——以贵州省天柱县为例［J］．贵州师范大学学报（自然科学版），2008（1）：22－25.

［215］周国富，江波．土地开发整理中的经济效益分析——以贵州省天柱县为例［J］．贵州师范大学学报（自然科学版），2007，11（4）：107－108.

［216］苏小苗．山西省土地资源生态安全评价［D］．山西大学，2008.

［217］金生霞，杨倩倩，陈英等．西北干旱区土地资源生态安全评价——以甘肃省古浪县为例［J］．干旱地区农业研究，2012，30（4）：195－199.

［218］张树文，闫业超，岳书平等．公主岭市土地利用变化的生态效应研究［J］．资源科学，2006，28（6）：161－166.

［219］傅泽强，蔡运龙，戴尔阜．区域最小人均耕地面积与耕地资源调控［J］．地理学报，2002，57（2）：127－134.

［220］王国强，田克明．我国农用地生态安全评价及其方法探讨［J］．地域研究与开发，2005，24（4）：79－82.

［221］郭志永，曹新向．区域土地资源持续利用的生态安全研究［J］．水土保持学报，2004，18（2）：192－195.

［222］Diego Valbuena，Peter H. Verburg，Arnold K. Bregt. A Mmethod to Define a Typology for Agent Based Analysis In Regional Land Use Research［J］．*Agriculture，Ecosystems and Environment*，2008，128（1）：27－36.

［223］Lambin E F，Geist H J. Global Land－Use and Cover Change：What Have We Learned so Far［J］．*Global Change News Letter*，2001，46：27－30.

［224］周江．城市土地管理［M］．北京：中国发展出版社，2007.

［225］Li Xiubin. A Review of the International Researches on Land Use/land Cover Change［J］．*Acta Geographica Sinica*，2015，51（6）：553－557.

［226］GLP（Global Land Project）．Global Land Project：Science Plan and Implementation Strategy. GIBP Report No. 53/IHDP Report No. 19. IGBP Secret ariat，Stockholm，2005：64.

［227］翁扬正．土地管理［M］．北京：中国大地出版社．2001.

［228］孔杨勇，夏宜平，西溪湿地公园生物多样性保护与生态景观形成［J］现代园林，2015（2）：11－23.

［229］朱海燕，钱婕靓，俞静漪．浙江湿地保护现状与发展对策［J］．浙江林业科技，2011，38（5）：74－77.

［230］毛喜英．浅谈农药对环境的污染及生物整治措施［J］．现代农业科学，2009（6）：132－133.

［231］陆星星．生物农药的发展前景［J］．广东农业科学，2009（11）：108－111.

［232］傅伯杰，陈利项，马诚．土地可持续利用评价的指标体系与方法［J］．自然资源报，1997，12（2）：17－23.

［233］周春梅，“入世”与中国农产品农药残留的应对措施［J］．农业与技术，2001（6）：7－10.

［234］肖军，赵景波．农药污染对生态环境的影响及防治对策［J］．安徽农业科学，2005（12）：2376－2377.

［235］王韶楠，杨加水，郑兴和等．土地资源可持续利用的影响因素及对策［J］．中国人口·资源与环境，2000（S2）：20－21.

［236］邓琳．我国土地资源可持续发展与利用［J］高师理科专刊，2002，22（3）：19－21.

［237］吴春华，陈欣．农药对农区生物多样性的影响［J］．应用生态学报，2004，15（2）：341－344.

［238］林燕，庾莉萍．发展生物农药任重道远［J］．精细化工原料及中间体，2009（11）：13－17.

［239］顾勇．生物农药的不安全性与对策［J］．农药科学与管理，2006，27（2）：41－45.

［240］黄继光．非洲山毛豆中鱼藤酮的应用初步研究［D］．华南农业大学硕士论文，2001.

［241］宋秀杰，郝国防．生物农药与生物防治［J］．环境保护，2002（6）：28－30.

［242］徐冠军，李建洪．生物农药与农业可持续发展战略［J］．化工之友，2006（10）：50－52.

［243］汪洋．高毒农药走向尽头生物农药任重道远［J］．中国农资，2011（26）：8.

［244］刘淑娟．生物农药与生态环境保护［J］．泰安师专学报，2002，24（6）：74－75.

［245］黄其春．转基因食品的安全性［J］．饲料博览，2002（11）：17－19.

［246］黄不凡．中国农业发展强盛趋势与评估［M］．北京：中国农业出版社，1999.

［247］潘爱銮，申杰．南方生态养鸡实用技术［M］．北京：金盾出版社，2014.

［248］郑长山，谷子林．规模化生态养殖技术［M］．北京：中国农业大学出版社，2012.

［249］邱建军，任天志．生态农业标准体系及重要技术标准研究［M］．北京：中国农业出版社，2008.

［250］赵慧芬．主要畜禽不同规模的效益比较［J］．河北农业科学，2013（15）：6－7.

［251］闵学冲．发展专业合作社振兴农村合作经济［J］．中国农村经济，1999（4）：16－20.

［252］李文化．生态农业中国可持续农业的理论与实践［M］．北京：化学工业出版社，2003.

［253］国家统计局，农村社会经济调查司．中国农村统计年鉴［Z］．北京：中国统计出版社，2014：6－8.

［254］周景明．我国家禽产业生产消费与贸易走势分析［J］．中国禽业导刊，2015（18）：23－25.

［255］陈岩锋，谢喜平．我国畜禽生态养殖现状与发展对策［J］．家畜生

态学报，2008（5）：1－3.

［256］严力蛟．中国生态农业［M］．北京：气象出版社，2003.

［257］杨朝武，杜华锐，陈天宝等．放养鸡生产对植被特征及土壤理化性质的影响分析［J］．中国家禽，2013（17）：23－24.

［258］刘旭阳，农村环境保护与生态建设［M］．北京：北京出版社，2011.

［259］林海，杨军香．家禽养殖福利评价技术［M］．北京：中国农业科学技术出版社，2014.

［260］赵德华，乔家君．村域生态经济位的时空演化及其调控——河南省巩义市292个行政村的实证研究［J］．资源科学，2008（12）：1923－1932.

［261］林振华．旅游规划中的SWOT分析［J］．林业调查规划，2004（4）：64－69.

［262］Zouros N. The Eueopean Geoparks Network. Geological Heritage Protection and Local Development［J］. Episodes，27（3）：165－171.

［263］Butler，R. W. 1993，Tourism－An Evolutionary Perspective. Department of Geography Publication Series，Number 37. University of Waterloo.

［264］Wolfgang Eder，Margarete Patzak. Geoparks－geological Attractions：Tool for Public Education，Recreation and Sustainable Economic Development［J］. *Episode*，7（3）：62－164.

［265］黄青青．福建省地质公园保护与开发的战略思考［D］．福建师范大学硕士学位论文，2005.

［266］徐菊凤．北京文化旅游产品发展的战略思考［J］．中国社会科学院研究生院学报，2005（7）：3.

［267］何玉婷．四川发展水利旅游的SWOT［J］．科技前沿，2010（12）：78－79.

［268］苏金豹，张春萍，汤泷等．基于SWOT分析的辉河保护区生态旅游产品开发研究［J］．森林工程，2010（3）：27－31.

［269］卢志明，郭建强．地质公园的基本概念及相关问题的思考［J］．四川地质学报，2003，23（4）：236－239.

［270］吴国清．旅游资源学（第1版）［M］．北京：清华大学出版社，2009：8.

［271］Ibrahim Komoo. Geoheritage Conservation and its Potential for Geopark Development in Asia－Oceania［R］. Bangi Malaysia：Institute for Environment and Development（LESTARI）National University of Malaysia，2005.

［272］ Eder W. “Unescogeoparks” A New Inffimive for Protection and Sustainable Development of the Earth heritages ［J］. N. J. B. Geo. Palaont. abh. 1999. 214 (1/2)：353－358.

［273］ 地质矿产部．地质遗迹保护管理规定［Z］. 1995 (5)：7.

［274］ 赵逊，赵汀．从地质遗产的保护到世界地质公园的建设［J］．地质论评，2003，49 (4)：389－399.

［275］ 春燕，宋娟．SWOT 在区域研究中的应用综述［J］．山东省农业管理干部学院学报，2007 (3)：167－171.

［276］ 吴志强，李德华．城市规划原理（第四版）［M］．北京：中国建筑工业出版社，2010.

［277］ 钱易，唐孝炎．环境保护与可持续发展（第二版）［M］．北京：高等教育出版社，2010.

［278］ 曹瑾，唐志强．国外生态城市理论与实践研究进展及启示［J］．经济研究导刊，2015 (8)：104－107.

［279］ 吴江，吴斌，申丽娟．中国新型城镇化进程中的地方政府行为研究［J］．中国行政管理，2009 (4)：28－29.

［280］ 胡际权．中国城镇化发展研究［D］．西南农业大学博士学位论文，2005.

［281］ 常益飞．新型城镇化发展路径研究——以甘肃为例［D］．兰州大学，2010.

［282］ 喻新安，谷建全，王玲杰．新型城镇化引领论［M］．北京：人民出版社，2012.

［283］ 蒋晓岚，程必定．我国新型城镇化发展阶段性特征与发展趋势研究［J］．区域经济评论，2013，(2)：130－135.

［284］ 沈清基．论基于生态文明的新型城镇化［J］．城镇规划学刊，2013，42 (1)：29－36.

［285］ 廖勇．文化视域下的新型城镇化路径初探［J］．中外企业家，2014 (8)：163.

［286］ 钱俊生，余谋昌．生态哲学［M］．北京：中共中央党校出版社，2004：7.

［287］ 江兴龙，黄海，张明珍．贵州石漠化现状与防治对策探讨［J］．中国西部科技，2009，8 (3)：52－53.

［288］ 董军，霍广钊．我国城镇化现状及未来发展趋势［J］．华电技术，2014 (3)：21－24.

［289］王发曾．中原经济区的新型城镇化之路［J］．经济地理，2010（12）：42－43.

［290］王伯承．农村传统民居危房改造的问题与对策探析［J］．贵州省社会科学学术年会论文集，2011（8）：34－36.

［291］张晓忠．“逆城市化”对新型城镇化建设的影响及对策［J］．中共福建省委党校学报，2014（2）：32－34.

［292］岳文海．中国新型城镇化发展研究［D］．武汉大学，2013.

［293］李志锋．情为民所系，利为民所谋——山西省农村危房改造工作纪实［J］．中国建设报，2009（14）：10－12.

［294］十八届三中全会．十八届三中全会《决定》、公报、说明全文［EB/OL］http：//www.ce.cn/xwzx/gnsz/szyw/201311/18/t20131118_1767104.shtml，2013－11－18/2016－3－11.

［295］倪鹏飞．新型城镇化的基本模式、具体路径与推进对策［J］．江海学刊，2013（1）：18－22.

［296］胡锦涛．坚定不移沿着中国特色社会主义道路前进为全面建成小康社会而奋斗［N］．人民日报，2012－7－13（8）.

［297］曹务坤，卢丽娟．少数民族地区农村危房改造的法社会学思考——以贵州省镇宁自治县为个案分析［J］．湖北第二师范学院学报，2010（1）：14－17.

［298］丁恒．云南边疆民族地区民居危房改造问题研究［J］．民族论坛，2010（9）：17－20.

［299］周瑛鸿．农村危房改造政策实施的现状与问题研究——以湖南省A县为例［J］．农村经济与科技，2015（10）：55－56.

［300］台盟湖北省委员会．关于推进我省农村危房改造工作的建议［J］．世纪行，2010（4）：34－35.

［301］韦光正．贵州省从江县：保持地方民族特色推进农村危房改造［J］．城乡建设，2009（7）：45－49.

［302］刘李峰．我国农民住房建设：发展历程与前景展望［J］．城市发展研究，2010（1）：25－28.

［303］王乔．网络环境下青年群体社会责任现状研究［D］．东北师范大学，2012.

［304］朱远．合肥中小房地产企业发展对策研究［D］．合肥工业大学，2011.

［305］贾常先．应进一步开放各种专业市场［J］．北京商学院学报，1988（3）：49－51.

［306］田波．试论按市场经济规律培育我国技术市场的时代价值［J］．科技成果纵横，2008（1）：19－23.

［307］罗继明．新型城镇化对重庆市房地产市场的影响［D］．重庆师范大学，2015.

［308］蒙丹．贵州省城镇化发展现状及对策研究［D］．西南大学，2007.

［309］艾冰．新十八罗汉图［J］．企业观察家，2013（8）：38－42.

［310］贾珩．保障性住房对房地产业发展的影响研究［D］．重庆大学，2011.

［311］单卓然，黄亚平．“新型城镇化”概念内涵、目标内容、规划策略及认知误区解析［J］．城市规划学刊，2013（2）：22－28.

［312］李洪业．新型城镇化进程中房地产业发展研究［D］．广西大学，2015.

［313］居青，周竞龙．新常态下我区房地产发展现状的思考——2014年广西房地产业发展情况综述［J］．广西城镇建设，2015（2）：145－148.

［314］李咏梅．新型城镇化过程中房地产行业的发展模式［J］．管理观察，2014（13）：95－96.

［315］张旭，冯星淇，符力文等．经济波动对中国内陆电力行业影响分析［J］．商业经济，2010（16）：76－80.

［316］杨雅楠．宏观调控下的盘锦市房地产行业发展现状及前景预测［D］．吉林大学，2014.

［317］李传健，邓良．新型城镇化与中国房地产业可持续发展［J］．经济问题，2015（1）：125－129.

［318］李洪亮．农业转移人口市民化问题研究［D］．东北农业大学，2015.

［319］邢震．约束下的选择：产业集群促进中心镇向小城市演进——基于浙江省台州市的调查分析［J］．中共云南省委党校学报，2011（1）：98－101.

［320］吴伟伦．房地产业发展水平及影响因素研究［D］．河北工业大学，2014.

［321］王文婷．城镇化对我国房地产市场需求的影响分析［J］．现代物业（中旬刊），2010（4）：24－26.